大公司管人
小公司管事

高效率的团队管理之道

李伟 ◎ 著

**LARGE COMPANIES SMALL
COMPANIES MAKE DECISIONS**

当代世界出版社
THE CONTEMPORARY WORLD PRESS

图书在版编目（CIP）数据

大公司管人 小公司管事/李伟著. —北京：当代世界出版社，2018.6

ISBN 978-7-5090-1386-1

Ⅰ.①大… Ⅱ.①李… Ⅲ.①企业管理 Ⅳ.①F272

中国版本图书馆 CIP 数据核字（2018）第 083626 号

书　　名：	大公司管人 小公司管事
出版发行：	当代世界出版社
地　　址：	北京市复兴路 4 号（100860）
网　　址：	http：//www.worldpress.com.cn
编务电话：	（010）83907528
发行电话：	（010）83908409
	（010）83908455
	（010）83908377
	（010）83908423（邮购）
	（010）83908410（传真）
经　　销：	全国新华书店
印　　刷：	三河市冀华印务有限公司
开　　本：	710 毫米×1000 毫米　1/16
印　　张：	19
字　　数：	280 千字
版　　次：	2018 年 7 月第 1 版
印　　次：	2018 年 7 月第 1 次
书　　号：	ISBN 978-7-5090-1386-1
定　　价：	49.80 元

如发现印装质量问题，请与承印厂联系调换。

版权所有，翻印必究，未经许可，不得转载！

前 言

在大公司与小公司中,领导者的管理方法应该有什么不同吗?

有人说"麻雀虽小五脏俱全",大公司只是做大了的小公司而已,本质没有什么区别。此言差矣!相信我们大家都聚过餐,假设你和两个好朋友一起去,讲好 AA 制,那么,当你点自己的餐饮时,你不太会慷他人之慨而多多益善。因为,虽然你点的东西有 2/3 的花费是由另外两位朋友负担,可是你也要负担他们两人花费的 1/3。如果你多点的话,朋友就要多负担,朋友即使不讲,心里也会有点不舒服。反之亦然。因此,将心比心的结果,是每个人点的大概会和自己一个人单独进餐时所点的差不多。

可是,经济学家告诉我们,如果你现在是参加聚餐,总共有 30 个人,花费也是大家平均分担,情况可能就大不相同了。你少点一些,别人只少付 1/30;你多点一些,别人也不过多负担 1/30。而且,你克己复礼,别人却不一定见贤思齐,因此你又何必当傻瓜,为什么不趁这个机会大快朵颐一番?结果是,每个人最后所点的会远远超过自己一个人进餐时所点的。而每个人最后所分担的,也就远远高过自己一个人单独进餐时的花费。

透过 AA 制的这种现象,我们看到的事实是:在小公司里人数少,每个人都比较容易有礼有节,只要管好事就行了。当公司变大时,个人的重要性下降,责任感也因而减少,就要把注意力放在管人上面了。

  小公司规模小，人少，大多是老板亲自做管理，通常情况下老板事事尚须亲自操刀。谈客户、跑关系，什么钱该花，什么钱不该花都一一过问、认真打点。在这个阶段，能支配的人很少，所以要把管理的重点放在管事上。

  一旦公司做大，随之而来的雇员会很多，事情也会很多，可你的精力是有限的，事事过问是不可能的——这时，领导者就要放权，你只须知人善任，管好人，即是执牛之耳。

  哲学上讲，世界上没有完全相同的两个事物——公司也一样，尽管某些公司存在一定的相似性，但绝对没有任何两个公司是完全相同的。所以对于公司的管理的细节，我们一直提倡区别对待，对症下药。我们所说的"大公司管人，小公司管事"也不是绝对的。大公司也要管事——最起码要过问大事，不能既放权又放手，对大小事情一概不知，就易被别有用心的下属蒙在鼓里；小公司也要管人，不会管人，事也管不好。

  由于本人水平有限，时间仓促，本书有许多偏颇与不足之处，还望朋友们来电来信指出，本人电子邮箱是 aboutbook@126.com，愿共同探讨，共同进步。

李伟
2018 年 5 月于北京

目 录

第一章 明大局，识大体

事前弄清真相，以免"错杀"好人 / 2
与狗争路，不如让它先走 / 3
勿逞匹夫之勇 / 4
实干兴邦，空谈误国 / 4
大事明白，小事糊涂 / 5
成大事者不谋于众 / 6
有分寸地表态 / 7
"没有任何借口"要缓行 / 8
不要雇佣消极或悲观的人 / 9
不要让亲朋频繁地出入你的办公室 / 10
阎王爷不和小鬼称兄弟 / 11
精神状况不佳时，判断力便会减弱 / 12
任用比自己强的人 / 13
不要导致人员的过分流动 / 14
正式任命前，先给代理职务 / 15
用人不可凭个人一时之喜恶 / 16
不与小人决斗 / 17
意见和指示要分开 / 18
警惕那些时刻想引起你注意的女性 / 19
明大局，识大体 / 20
慎用不拘小节之人 / 21

秘书要聪明，不要漂亮 / 22
不越权，不管闲事 / 22
不要过分相信第一印象 / 23
为继任者着想 / 23
不要急于搞"一朝天子一朝臣" / 24
别将工作掺入过多的友谊 / 25
避免锋芒毕露，学会藏愚守拙 / 26
一定要身先士卒，哪怕是做个样子 / 27
不要轻易将自己推在最前面 / 27
不轻易将朋友委以重任 / 28
要因事设人，不要因人设事 / 29
用友不如用敌 / 30
愤怒之下不做决定 / 31
来说是非者，便是是非人 / 32
战胜"成为领头者"的压力 / 33
"事必躬亲"不是美德 / 34
不要把事情做得太满 / 35
妒忌心强的人不能委以重任 / 36
做大事不能靠哥们义气 / 36
做到大权独揽，小权分散 / 37
远离因为你的地位而与你结交的人 / 38

把自己隐藏于制度之后 / 39
痒要自己抓，好要别人夸 / 40
权力越大，越不能随意发号施令 / 40
地位和功绩是两回事 / 41
借助大多数人的力量 / 42
首先进行自我批评 / 43
避开亡命之徒 / 43
只用七十分人才 / 44
警惕个人感情影响你评估下属 / 45
喜怒不形于色 / 46
千万不要搞办公室恋情 / 47
勿与卑微者争执不休 / 47
人品胜于能力 / 48
不要在下属面前流露悲观的情绪 / 49
副职过多害处多 / 49
先做最重要的事 / 50
切忌打击报复而不择手段 / 51
勿轻易"纵向兼职" / 52
识时务者为俊杰 / 53
对杰出人才要做出适当计步 / 54

切莫过了嘴瘾，伤了信用 / 55
不以出身论英雄 / 56
把握与下属之间的远近亲疏 / 57
急躁之火会烧毁一切有价值的东西 / 58
基层单位不需要"政治家" / 58
不搞人才"小圈子" / 59
莫为小恩小惠 / 60
留意下一个当权者 / 61
让自己站在竞争者中间 / 62
多向公司负责，少向下属负责 / 63
别因"公事"而结"私怨" / 64
要懂得"人微言轻"的道理 / 65
切勿口无遮拦 / 66
妇人之仁要不得 / 67
不可过分仰仗权力 / 68
不要为鸡毛蒜皮的事忙得不可开交 / 68
玩弄手腕者终究会失信于人 / 69
抑制住自己一步登天的冲动 / 70
不可追求过分完美 / 71
大敌当前，当一致对外 / 71

第二章　爱人者，人恒爱之

可以严于律己，不可严于律人 / 74
加班只是权宜之计 / 75
不与下属谈个人隐私问题 / 76
展示令下属心动的远景 / 77
不做权力的奴隶 / 78
不患寡而患不均 / 79
没有牢固根基，最终难以长久 / 80
不要独占功劳 / 81
不能"牛不吃草强按头" / 81
威信胜于权力 / 82

把自己的决断变成集体的决策 / 83
组建自己的班底 / 84
寻找德才兼备的人 / 85
认真负责，才能站稳脚跟 / 86
记住下属的姓名 / 87
勿轻易涉足别人的地盘 / 88
不要让其他人随便指挥你的下属 / 89
多琢磨事，少琢磨人 / 89
不可冷落任何人 / 90
不要把下属孤立起来 / 91

关照别人就是关照自己 / 91
宁落一群，不落一人 / 92
机智地避开下属的痛处 / 94
君事臣以礼，臣事君以忠 / 94
背后称赞别人的优点 / 95
多商量，少命令 / 96
感化恃才傲物者 / 97
做一名宽厚的长者 / 98
爱人者，人恒爱之 / 99
适当保护你的下属 / 100
让下属不好意思失败 / 101
做到明奖与暗奖相结合 / 102
有爱才之心，更要有容才之量 / 103
认真倾听，对方才会向你坦露心迹 / 104
学会宽容 / 105

不让部下背黑锅 / 106
雇用完整的人 / 107
送给下属超出预期的礼物 / 108
告诉下属：忠诚就会得到奖励 / 109
至少也要做到相对的公平 / 109
重视"防火者" / 110
官僚主义害死人 / 111
不乱开空头支票 / 111
慎搞"一朝天子一朝臣" / 112
不要给人以"坏脾气"的形象 / 113
远离诚信危机 / 114
亲近多谋善断之人 / 116
选择那些与你不同的人 / 116
慎做"性情中人" / 117
高手在身边 / 118

第三章　高高举起，轻轻放下

让鸟自己飞进鸟笼 / 120
不要让人感到无以为报 / 120
让员工只为自己的责任"埋单" / 121
高高举起，轻轻放下 / 122
多下柔性的命令 / 123
家丑不可外扬 / 124
先集权，后民主 / 125
温和的指责 / 126
既不能权力旁落，也不可大权独揽 / 127
不搞"秋后算账" / 128
不要把弦绷得太紧 / 129
信任当然必要，监督也必不可少 / 130
可以温和，但绝不软弱 / 131
杀鸡不能儆猴 / 131
让正直敢言成为一种风气 / 132

让被解雇者体面地离开 / 133
遇事先打个招呼 / 134
轻易不要说"我要升除你"之类的话 / 134
"严格"与"高压"是两码事 / 135
众人皆醉，你应独醒 / 136
只提供看法，不做出结论 / 137
放过无碍大局的小错误 / 138
劝过于暗室，扬善于公堂 / 139
不痴不聋，不做家翁 / 140
有保留地赞美 / 141
要信任部下 / 142
不可随意拿下属出气 / 143
要下属明白为什么受罚 / 144
于事无补的话，坚决不要说 / 145
有十分的把握，说七分的话 / 146

用人不疑已不合时宜 / 146
先说"是"再说"但是" / 147
权力要做到收放自如 / 148
多用称赞和鼓励 / 149
遇事不要急于做决断 / 149
指责只限于现在的错误 / 150
威迫手段要慎用 / 151
先不要急于表达自己的意见 / 152
新领导的处世秘诀：多看少说 / 153
体谅别人是你应有的品德 / 154
好汉爱好汉，英雄惜英雄 / 155
与成功者合作 / 156
没有人可以独自成功 / 157
不能大搞"扶上马，不撒缰" / 157
不要把下属孤立起来 / 159
奖赏不能搞一步到位 / 159
适当沉默一下 / 160
低调对待敌意 / 161

不能听风就是雨 / 162
不要批评多数人 / 163
识人要全，知人要细 / 164
配备"避马瘟"式人物 / 166
不要给人以"心机很深"的印象 / 166
用人才，不用奴才 / 167
实施"工资保密"制度 / 168
勿轻易"纵向兼职" / 169
爱摆架子吃大亏 / 170
金钱是重要的 / 171
制度合理了，则事半功倍 / 172
与其使权，不如用威 / 173
张狂的结果，只能是自己受伤 / 173
认错并不等于承认愚蠢 / 174
先入易为主，后来难居上 / 175
带责授权 / 176
开场风光，不如收场成功 / 176
多思考，少说话 / 177

第四章　扶他上马，再送一程

不要有意无意地收回授权 / 180
给对方以特殊的声誉 / 180
不要只看病不治病 / 181
让下属直接面对问题 / 182
不要毁了他人的进取心 / 182
要管头管脚，但不要从头管到脚 / 183
让下属感觉到自己很重要 / 184
好人做到底 / 184
你必须首先那样做 / 185
裁员不是最好的办法 / 186
有幸得到好助手，就不要换来换去 / 187
担起必要的责任 / 188

授人以鱼不如授人以渔 / 189
建立严格的接班人制度 / 189
你必须学会给下属加油 / 191
要对调走的下属充满惜别之情 / 192
不要期待下属做得跟自己一样完美 / 192
背地里观察人的言行 / 193
给别人一个成为"大人物"的机会 / 194
重视"小人物" / 196
经常进行"人才盘点" / 197
要有耐心听人把话说完 / 198
"跟我冲"而不是"给我冲" / 199
让他负责，就要给他权力 / 200

不要担心别人超过你 / 201
站在对方的角度思考 / 202
礼贤下士 / 203
重赏之下，必有勇夫 / 204
不要轻易就把压力讲给下属听 / 205
奖得多，不如奖得及时 / 206
不要指望感恩 / 207
防止出现人才断层 / 208
给下属明确的指示 / 209
做事先做人 / 210
热烈欢迎，也要热烈欢送 / 211
强制留人是双输的愚蠢行为 / 212
让你的管理"扁平化" / 213
谁都不喜欢改变自己的决定 / 214
与其喊破嗓子，不如做出样子 / 215
用好外行人 / 216

注意那些口碑极好的普通人 / 217
记住失败者的名字 / 217
晋升太快，不利于人才成长 / 218
给下属留点发挥的余地 / 219
扶他上马，再送一程 / 220
提出问题，而不是简单地下命令 / 220
赋予下属更大的权力 / 221
笼络人心不在钱 / 222
造就一批后备人才 / 223
不要过早地确定接班人 / 223
不把人固定在一个岗位上 / 224
先别忙于收获 / 225
频繁"跳槽"的人不成熟 / 226
无知是成功的大碍 / 227
把工作趣味化 / 228

第五章　施霹雳手段，显菩萨心肠

惩罚不当会令人记恨 / 230
不能有"离不开的人" / 231
让试图偷懒的人没有好结局 / 232
对待冥顽不化者，不必顾虑重重 / 233
警惕下属的"中国式"不满 / 234
距离产生威严 / 235
适当地有点"架子" / 236
不合理的晋升，对于双方都是
　一种折磨 / 237
要下属明白"军令如山倒" / 238
不妨来点喜怒无常 / 239
除掉"烂苹果" / 239
让别人对你产生依赖 / 240
严师出高徒 / 241

警惕"跳槽"来的人员 / 243
让部属安安静静地做事情 / 243
远离薄情寡义者 / 244
慎对上访者 / 245
令行禁止 / 246
不要轻易道歉 / 247
胡萝卜加鞭子 / 247
打造自己的"嫡系部队" / 248
不要助长告密的风气 / 249
更要看重败军之将 / 250
真正的官兵平等是危险的 / 251
别让一条鱼腥了一锅汤 / 252
"严刑重罚"与"法外施恩"开施 / 253
叫下属既爱又怕 / 254

不要一次给人太多的好处 / 255
圆而不方，难成大事 / 255
不要做"老好人" / 256
人善被人欺，马善被人骑 / 256
要对人"狠"一点 / 257
授权但不弃权 / 258
带兵如带虎 / 259
不要做暴君 / 260
重视任何一个挑战者 / 261
言语要严厉，胸怀要大度 / 262
警惕有能力而又奉承你的人 / 263
人才都是逼出来的 / 263
如果水不够深，就不要养大鱼 / 264
明确地下命令 / 265
当断不断，必留后患 / 266
一件事一抓到底 / 268
让能者上劣者下 / 268
既允许报喜，更鼓励报忧 / 269
赏得太滥就失去了诱惑力 / 270
不要给对手反咬一口的机会 / 271
要平等，但不要平起平坐 / 272
及早拆散小圈子 / 273

重用有情有义的人 / 273
树立一个不好惹的形象 / 274
不做和事佬 / 275
迫使对方先亮出底牌 / 276
以德报怨，应该缓行 / 277
转移抱怨者的注意力 / 278
不施霹雳手段，难显菩萨心肠 / 279
不要重用告密者 / 280
不要让人觉得你是在笼络人心 / 281
只有权杖在手，你才是国王 / 281
重视新人的观点 / 282
没必要征求每个人的意见 / 283
打脱牙和血吞 / 284
变无用为大用 / 285
官做得越大，越是需要包装 / 286
慈不掌兵 / 287
有大勇者，猝然临之而不惊 / 287
中庸之人是天下最厉害的角色 / 289
要么根除，要么安抚 / 290
领导者要稍微掩饰一下锋芒 / 290
保持距离，适度冷漠 / 291
用人不疑，疑人不用 / 292

第一章

明大局，识大体

事前弄清真相，以免"错杀"好人

……当你不能清晰地判断谁努力工作，谁是敷衍了事，谁是混日子的人时，且慢作决定。

在某个单位，那些真正努力工作的好职员很兴奋。原来，单位里要调来一位新主管，据说是个能人，专门被派来整顿业务。可是日子一天天过去了，新主管却毫无作为。每天一到单位后，他就躲在自己的办公室里难得出门。于是，那些本来紧张得要死的"坏分子"，现在反而更猖獗了。

坏分子们窃笑：他哪里是个能人嘛！根本是个老好人，比以前的主管更容易"对付"！

几个月过去了，就在真正努力的好职员对新主管感到失望时，新主管却发威了——"坏分子"一律开除，能干者获得晋升。下手之快，断事之准，与几个月来表现保守的他，判若两人。

年终聚餐时，新主管在酒过三巡之后致辞：

"相信大家对我刚到任时的无所作为，以及后来的大刀阔斧，一定会感到很不理解。我现在给大家讲个故事，各位就明白了。

"我有个朋友，买了栋带着大院的房子。他一搬进去，就将那院子全面清理，杂草树木一律清除，改种自己新买的花卉。某日，原来的房主来访，一进门就大吃一惊地问：'那株最名贵的牡丹哪里去了？'

"我的这位朋友才发现，他竟然把牡丹当作杂草给铲了。

"后来，他又买了一栋房子，虽然院子更加杂乱，但他并没有急于清理它。果然，冬天以为是杂树的植物，春天繁花似锦；春天以为是野草的，夏天花团锦簇；半年都没有动静的小树，秋天里却红叶满树。直到临冬，他才真正认清哪些是无用的植物，并将它们统统铲除，同时使所有珍贵的草木得以保存。"

说到这儿，主管举起杯来："让我敬在座的每一位，如果咱们办公室是一个花园,那么,你们就都是其间的珍木,珍木是不可能一眼就能看出来的,只有经过长期的观察才认得出来!"

当你不能清晰地判断谁努力工作,谁是敷衍了事,谁是混日子的人时,且慢作决定,否则难免会"错杀"好人。

与狗争路,不如让它先走

……真正的说服艺术不是争论,甚至最不露痕迹的争论也要不得。人的意愿是不会因为争论而改变的。

天底下只有一种能在争论中获胜的方式,那就是避免争论。避免争论,要像你避免响尾蛇和地震那样。

十之八九,争论的结果会使双方比以前更相信自己绝对正确。你赢不了争论。要是输了,当然你就输了;即使赢了,但实际上你还是输了。为什么?如果你的胜利,使对方的论点被攻击得千疮百孔,证明他一无是处,那又怎样?你会觉得洋洋自得;但他呢?他会自惭形秽,你伤了他的自尊,他会怨恨你的胜利。而且——

"一个人即使口服,但心里并不服。"

潘恩互助人寿保险公司立了一项规矩:"不要争论!"

真正的说服艺术不是争论。甚至最不露痕迹的争论也要不得。人的意愿是不会因为争论而改变的。

释迦牟尼说:"恨不消恨,端赖爱止。"争强疾辩不可能消除误会,而只能靠技巧、协调、宽容以及用同情的眼光去改变别人的观点。

林肯有一次斥责一位和同事发生激烈争吵的青年军官,他说:"任何决心有所成就的人,决不会在私人争执上耗时间,争执的后果,不是他所能承担得起的。而后果包括发脾气、失去自制。要在跟别人拥有相等权利的事物上,多让步一点;而那些显然是你对的事情,就让得少一点。与其跟狗争道,被它咬一口,不如让它先走。因为,就算宰了它,也治不好你的咬伤。"

勿逞匹夫之勇

……也许有些事情是我们个人的力量所无法控制的，但是我们可以提前应对，充分准备。

在一望无际的大草原上，一匹狼吃饱了，安逸地躺在草地上睡觉，另一匹狼气喘吁吁地从它身边经过，焦急地说："你怎么还躺着，难道你没听说，狮子要搬到咱们这里来了，还不赶快去看看有没有别的地方适合咱们生存？"

"狮子是我们的朋友，有什么可怕的，再说这里的羚羊这么多，狮子根本吃不完，别白费力气了。"躺着的狼若无其事地说。那匹狼看自己的劝说没有效果，只好摇摇头走了。

后来，狮子真的来了，虽然只来了一只，但由于狮子的到来，整个草原上羚羊的奔跑速度变得比以前快多了，这匹狼再也不像从前那样轻而易举就能获得食物了。当它再想搬到别处去时，却发现食物充足的地方早已经被其他动物捷足先登了。

也许有些事情是我们个人的力量所无法控制的，但是我们可以提前应对，充分准备。如果仅凭自己的主观臆断，凭借匹夫之勇，只能等危险降临到你头上时，再幡然醒悟恐怕已经来不及挽回损失了。

实干兴邦，空谈误国

……空谈既谈不出效益，谈不走贫困，谈不好治安，谈不出现代化，也谈不来真正的威信。

在改革开放和现代化建设中，对于我们各级领导干部来说，应当少讲空话，注重实干。然而，眼下我们少数领导干部却沾染了只说空话、套话的不良习气。对于这些干部，群众说他们是患了"空谈症"。

患上这种"空谈症"的人,有的高高在上,不调查,不研究,制订目标时豪言壮语,气吞山河,听起来似乎决心很大,道理很多,但是有唱功,没有做功,嘴行千里,屁股仍在屋时。时间一年年过去,本单位、本地区的面貌依然故我,变化甚微;有的不是学先进,争上游,而是习惯坐在办公室里,颐指气使,"茶杯一端,说话无边;香烟一点,专说人短"。处理问题"踢足球";"办起来事来"打排球,有的"不当战斗员,只当裁判员,只吹哨不上场",别人在前面干,干好了他说"早该如此",干错了他说"意料中事"。凡此种种,这些人虽没贪污受贿,作奸犯科,然而他们的官僚主义作风却涣散了别人的斗志,污染了周围的风气,贻误了社会主义事业。

空谈,也叫清谈,历来就是我国士大夫中存在的一种不良习气。空谈误国事,在历史上屡见不鲜。"实干兴邦,空谈误国",这是中华民族历史经验的科学总结。现在我们的各级领导干部,是实现新世纪宏伟目标的带头人,若老是空谈,既谈不出效益,谈不走贫困,谈不好治安,谈不出现代化,也谈不来真正的威信。有人患上了"空谈症",这是形式主义、官僚主义在他们头脑中作怪,其要害是"脱离群众,做官当老爷"。

大事明白,小事糊涂

……所谓小事糊涂,只是装糊涂而已,因为真正的智者不屑在小事上浪费时间和精力。

在管人上有句话叫"大事明白,小事糊涂",其实"大事明白"者,怎么可能"小事糊涂"呢?须知大事就是小事积聚起来的啊!所谓小事糊涂,只是装糊涂而已,因为真正的智者不屑在小事上浪费时间和精力。

人的精力是有限的,如果事必躬亲会活得很累。诸葛亮在中国人的心目中是智慧的象征,但是他治理蜀国事必躬亲,最后活活累死了。而他死后不久,"蜀中无大将,廖化作先锋",使蜀在三国中最先灭亡。

在处理大事与小事的关系上,有人提出了一种论点:大事小事都精明——少；大事精明小事糊涂——好；大事糊涂小事精明——糟。在古罗马律法中就有"行政长官不宜过问细节"一条。在现实生活中，不仅仅是领导者，普通人也时时面对一些所谓的大事和小事，我们就没必要在鸡毛蒜皮的事情上耗着。

何为大事？影响全局的事为大事，决定整体的事为大事，范围内的工作之重为大事，也就是说以结果来评价事之大小，而不是以事之大小决定结果。对于一个企业管理者来讲，不管其工作性质如何，内容多寡，其工作程序和本质是不变的。工作的关键环节和关键行为应当做重点来看待，在这些问题上，思路必须清楚，不能糊涂。

成大事者不谋于众

……自己看准了，去做就是了，如果处处和别人商量，反倒增添麻烦。

不会独立思考的人，就是没有独立人格的人，甚至是没有独立灵魂的人。

很多人无视你的存在，总是要你往这边走、往那儿去的；他们最常挂在嘴边的是："你应当……""你不应该……"。一般人碰到这类要求，通常都很难回绝，尤其是如果提出要求的人是你最亲密的伙伴，"不"字就更难出口。时日一久，这种互动关系定型，形成了一种默契或是彼此的承诺。

不要忘了，我们有权决定生活中该做些什么事，不应由别人来代做决定，更不能让别人来左右我们的意志，让自己成为傀儡。况且，他人并不见得比我们更了解情况，也不会比我们聪明到哪里去，所以，他们所提出的这类"理所当然"的事就很可能不是我们的最佳抉择。你的最佳抉择还是应该由自己进行深入分析、思考之后，所做的独立判断来取舍。

从现在起，做你自己，不要让别人的"理所当然"控制了你。

"成大事者不谋于众"，这一原则通俗地说，就是谋求特别重大的事情，不必与人商量。因为谋求非常重大事情的人，自己必定有非同一般的眼光、心胸与气度，自己看准了，去做就是了，如果去和别人商量，反倒麻烦。首先，如果别人见识低下，心胸狭小，气度平凡，必定不理解你的想法。七嘴八舌，会动摇你的意志，也会破坏你的信心和情绪。第二是人多心杂，还会出现走漏风声、葬送机会的可能。

有分寸地表态

……尺度感和分寸感，能够体现领导者的领导艺术水平。

领导者经常需要表态，这种表态对于下属来说，可能是指示、要求，也可能被认为是对某种事的定论。因此，领导者的表态绝不可随心所欲。表态要有根有据，既不做老好人，又不无谓得罪人。领导者的角色地位决定了领导者必须持重练达，不论讲什么话，表什么态，都不能超越一定的原则限度。

领导者表态，应该在坚持原则的基础上发挥灵活性，这样更易达到事半功倍的效果。

上级有明文规定的事情，领导者就必须按规定表态，没有明文规定的，则应结合实际表态，灵活性是原则性在运用过程中的必要补充。

一般来说领导者在表态之前应做到：必须清楚了解问题的真正含义和问话的真正意图，设法获得足够的思考时间，考虑好是直接表态还是委婉表态，对不值得表态的问题不必表态。表态时，应做到因事、因人而异。对关系复杂、不宜把握的问题，领导者应把握时机，注意场合，适时委婉表态。

古人云："事之难易，不在大小，务在知时。"就是讲火候分寸的问题。所以领导者在表态时应掌握"尺度"，讲究"分寸"，做到语言准确、态度诚恳。

尺度感和分寸感，能够体现领导者的领导艺术水平。表态应讲究尺度、分寸，达到"适度"。适度程度越佳，表态的效果就越好，达到最佳适度就能获得最好效果。领导者与被领导者之间的关系，既有双方情感的交流、情绪的感染，又有双方心理上一定色彩的凝结，只有态度诚恳，领导者的表态才会对下属产生指导、激励作用。

"没有任何借口"要缓行

……有些理由不是找借口，也不等于自我辩解，而很可能是一种认真负责的工作态度。

有一本《没有任何借口》的书曾经深受管理人士的追捧，该书的中心观点"上级安排的任何任务都必须无条件完成"得到了广泛的认同。如果把这一观点作为强化下属工作主动性、创造性的培训要点也无可厚非，但是如果管理者用它来指导自己的实际工作和评价下属的具体表现，那就大错特错了。因为实际情况总是复杂多变的，更何况还有管理者本人的指令是否正确这一因素在里面，一味强调"无条件"、"不找任何借口"，而不看下属为此付出的努力，是对"原则"、"规矩"的滥用，是缺乏灵活的表现，其结果势必抑制下属工作的积极性。

在《没有任何借口》一书中写道："它（没有任何借口）强化的是每一位学员要想尽办法去完成任何一项任务，而不是为没有完成任务去寻找借口，哪怕是看似合理的借口。它体现的是一种完美的执行能力，一种服从诚实的态度，一种负责敬业的精神。其核心是敬业、责任、服从、诚实。这一理念是提升企业凝聚力、建设企业文化的最重要的准则。"

但实际情况是，"想尽办法去完成任何一项任务"，与无法完成时提供一个理由并不矛盾，这应被称为"合理的原因"。事实上，"合理的原因"不是借口，借口是不合理的，合理的只能是理由、原因。如果不顾客观情况，不顾领导者的命令是否正确，以及是否有实现的可能性，只是盲目去做，包括以让企业付出沉重的牺牲为代价也在所不惜，还算得上"完美的执行能力"吗？还算得上"负责敬业"吗？

绝对的服从等于愚忠，这甚至恰恰表现了一种不诚实。如果看到这个任务不可能完成，却不提出自己的意见，而只是一味服从，这能算诚实吗？所以，"没有任何借口"这一理念与所谓的"核心"是不能划等号的。至于说这一理论"提升企业凝聚力"，更是不可靠。企业的凝聚力是要靠共同的价值观，相互尊重，相互给予，重视员工的价值来实现的。

"没有任何借口"强调的是一种霸权思维，一种管理者至高无上的不平等意识，只能用来驯服奴才，唬住弱者，让真正有能力的员工暂时收敛锋芒随时准备跳槽。其必然的结果是离心离德、企业涣散，何谈凝聚力？

提出对某一任务的反对或未完成的理由不是找借口，也不等于自我辩解，而很可能是一种认真负责的工作精神。

对于员工来讲，每个员工都是有差异的，都是有所长也有所短的，如果运用好了，这正是一个企业的人力资源优势，但如果不顾员工的个体差异，一味地认为没有完成任务就是找借口，只能将优势变为劣势，从而导致人才无法真正发挥其应有的实力。

心理学告诉我们，受到挫折的人自我寻找理由或借口，是一种自我保护，自我疗伤，能够有效地避免一蹶不振，帮助他们度过心理上最脆弱的时期。而并不意味着，这些自我疗伤的手段，就会使他们丧失今后的工作热情和进取精神。

灵活性并不是对原则的背叛，相反，是对原则的最好补充。把灵活性和原则性有机地结合在一起，才能最大限度地发挥原则的效力。

不要雇佣消极或悲观的人

……一个具有消极性格且不服从指挥的人，会把他的消极传染给同一个组织的其他人，并造成巨大损害。

在一个组织或家庭中，个性积极的人会做出好事，个性消极的人能造成许多的破坏。就这两种个性的影响程度而言，消极的个性往往会更强。我们都知道，生活在粗鲁人中间的人，身上会发生什么——有时候他也会变得粗鲁。在美国边远地区的部落里，受聘为种植园或矿井经营者的英国人，通过每晚剃须和精心打扮参加晚宴来抵御粗鲁的人的影响。

让一个组织运行平稳，成员必须与领导的想法协调一致。因此，一个非常紧张的人处在领导的位置上，会把每一个员工带入紧张的状态。任何办公室或商店中，当领导处于紧张状态时，你会发现员工也是如此。有时候这种情感模式会扩散到整个组织。一个具有消极性格且不服从指挥的人，会把他的消极传染给同一个组织的其他人，并造成巨大破坏——就像一个烂苹果放在箱子里，会让其他的苹果也迅速腐烂一样。

同样，一个女人哭泣会引起同屋的人一起哭泣，一个人笑会带动其他人一起笑，一个人打哈欠会引发传染性的哈欠。如果你是一个积极的人，要避免结交消极或悲观的人。许多牧师和人事顾问，往往会成为带着问题找他们的人所带来的消极思想的牺牲品——不断听到悲哀和悲伤的故事，最终推翻了他们积极的一面，把他们带进了消极状态。

不要让亲朋频繁地出入你的办公室

……为了你的前程，为了你的形象，一定要记住一句话：公司办公室不是你家的客厅。

领导者的家庭住址最好与公司距离较远。虽然每天上班要来回坐车，却可以有效地把公事、私事分别开来。领导者在与自己的亲戚朋友往来时，留给他们的个人地址应该是家庭住址，而不是办公室；留给他们的电话号码也应是家中的而不是办公室里的。亲朋好友找你时，可直接到家中，同样也避免了那些送礼的人把礼物抬到你的办公室里的尴尬。

领导的一些重要的私人关系，不宜向员工、同事透露。如果领导的亲人、朋友过多地出入于办公室，不但泄露你一些私人的秘密，同时也会造成公司高层人物对你的不信任。

不要让亲朋频繁地出入你的办公室，不单单是公私分明的问题。我们承认，每个人都有一些虚荣心，特别是在公司举足轻重的领导人，当然会有一些殊遇。如此前呼后拥的景象，一旦被亲朋看到，肯定会风光无限，这也就是一些领导人喜欢在办公室接待亲朋的原因吧。

说到底，这只是小小的虚荣心在作怪，这种做法的危险不只在于会暴露你的私人关系网，你想过没有，花无百日红，人无千日好，一旦哪天你的亲朋好友反目成仇，闹到你的单位来，你的后果是什么？

阎王爷不和小鬼称兄弟

……适度的距离对管理者是有好处的。即使你再"民主"，再"平易近人"，也需要有一定的威严。

有些管理者认为，越平易近人，越和下属打成一片、称兄道弟就越好。其实，这种看法是错误的。如果你是个主管，请你回想一下，你是否经常与你的下属共同出入各种社交场合？你是否对你的某一位知心的下属无话不谈？你的下属是否当着其他人的面与你称兄道弟？如果已经出现了上述几种情况，那么危险的信号灯已经亮了，你需要立即采取行动，与你的下属保持一定的距离。

俗话说得好：有距离才有美。适度的距离对管理者是有好处的。即使你再"民主"，再"平易近人"，也需要有一定的威严。当众与下属称兄道弟只能降低你的威信，使人觉得你与他的关系已不再是上下级的关系，而是哥们了，于是其他下属也开始对你的命令不当一回事。隐私对于每一个人来说都是必要的和重要的，让你的下属过多地了解你的隐私，对你来说只能是一种潜在的危险。你敢肯定他哪天不会把你的秘密公之于众吗？你能确定他不会利用你的弱点来打倒你吗？这实在是太可怕了。

你可以是下属事业上的伙伴，工作上的朋友，但你千万不要与他成为"哥们"。

精神状况不佳时，判断力便会减弱

……在谈判中耐心和对方周旋，消耗他的体力和精力，让他的判断力和思维能力都降低，自觉地做出让步。

1944年，二战已进入尾声，反法西斯同盟在各个战线上都取得了重大的战果。为了妥善地处理战后遗留的问题，尤其是如何处置战后的德国问题，反法西斯同盟的领袖决定举行最高首脑会议。

问题的关键是，会议要在哪里召开，时间定在什么时候。各国为了自己的利益，都希望可以按照本国的意志选择时间和地点。美国总统罗斯福当时的身体状况非常糟糕，所以他建议将会议的时间定在第二年的春天，会议地点不要太远，这样的话，他的身体才能吃得消。

老谋深算的斯大林早已猜到了罗斯福的用意，因为他知道罗斯福的身体状况，他也知道罗斯福现在的身体状况是不可能精神抖擞地坚持完整个会议的。时间一长，罗斯福肯定会感到焦虑、虚弱、不耐烦，所以他会更容易让步。于是斯大林一再坚持，会议的时间不能太晚，因为形势太紧急，很多问题都迫在眉睫，最迟只能推到第二年的二月份。

万般无奈之下，罗斯福只能同意斯大林的提议。随后斯大林又将会议的地点定在了克里米亚半岛的雅尔塔，这样一来斯大林就可以以逸待劳，而罗斯福却不得不拖着病体，硬着头皮前往冰天雪地的雅尔塔。

罗斯福刚到，无休止的会议安排就开始了，光首脑会议就有20余次，而罗斯福每次都要参加，会议之后的宴会、酒会、舞会，他更是一个都不能落下，这使得本就疲惫不堪的罗斯福一直处于精神萎靡的状态之中。

在谈判中，罗斯福强打精神与斯大林讨价还价，但是精神总是不能集中，很多细节的东西都没有注意到，所以最终还是被斯大林占了上风。协议签订之后，美国人愤怒了，他们觉得罗斯福向苏联做了太多的妥协，是对自己祖国的背叛。

斯大林为什么能够在谈判中占上风呢？他靠的就是心理战术。要知道当人的身体状况或是精神状况不佳时，精神就很难集中，思路自然就不够清晰，从而致使判断力减退。斯大林让本来身体就不好的罗斯福经历了长途的跋涉之后，又立即投入到繁忙的工作中，罗斯福的判断力自然就被削弱了，再加上体力不支，妥协也就是理所当然的了。

人的精力和体力是有限的，如果在谈判中耐心和对方周旋，让对方焦头烂额，消耗他的体力和精力，让他的判断力和思维能力都降低，自觉地做出让步，那么我们在谈判中就可以为自己争取到更多有利的条件。

任用比自己强的人

……任用强过自己的人，是一种健康心态的表现，而且，与比自己强的人共事，也是提高自身的一条捷径。

奥格威在一次董事会上，事先在每位与会者面前放了一个玩具娃娃。那是有名的玩具——俄罗斯套娃。

"大家都打开看看吧，这里面就代表着你们自己！"奥格威说。

董事们很吃惊，疑惑地打开了玩具，发现里面还有一个小一号的玩具娃娃；打开这个小一号的玩具娃娃，里面还有一个更小的，接下来还是如此。当他们打开最后一层时，发现娃娃身上有张纸条，那是奥格威写的留言：你要是永远都只任用比自己水平差的人，那么我们的公司将沦为侏儒；你要是敢于起用比自己水平高的人，我们就会成长为巨人公司！这就是有名的"套娃定律"，也就是"奥格威法则"。

现实中，我们常常可以看到这样一种现象：一些管理者确有爱才之心，但是有一个上限，就是所用之人不能超过自己，一旦发现所用之才在某些方面比自己高明，特别是当他与自己的意见不一致，而事实证明自己错了的时候，嫉妒之心便油然而生。比自己强的下属往往恃才傲物，令上司大伤脑筋。同时，能人又往往锋芒毕露，令上司对自身的安全产生危机感。

其实这些担心是不必要的。任用强过自己的人，是一种健康心态的表现，而且，与比自己强的人共事，也是提高自身的一条捷径。

评价一个经理人的表现，不仅要看他个人本身的才能，还要看他的下属是否精英辈出。公司应将经理人能否带领优秀的下属发挥出最佳的团队精神，作为评价经理人管理能力的重要指标。管理者不可能是全才，下属在某一方面超过自己也是很正常的事。

实践证明，一个管理者使用比自己强的人愈多，其事业成功的概率也就愈大。

不要导致人员的过分流动

……肩上的担子太重，人会被压垮。在不堪重负之中，人会千方百计地撂下担子，另寻出路。

物极必反，我们在利用激励的同时，必须警惕过度激励。

从经济的角度看，任何事物的利用都必然会出现收益递减现象，最终甚至出现负收益。资本、劳动、技术等生产要素的投入如此，作为激励制度的运用亦是如此。

曾经被媒体爆炒的北京房地产业发生的某公司6位销售副总监集体跳槽事件，正说明了"过度激励"的后果。此次事件的发生虽说有外部因素，但根本原因是雇主和雇员双方一致认为"压力太大"。该公司实行时下流行的"末位淘汰制"，每月都要淘汰掉6个销售小组中销售额最少的那个小组的销售副总监，而不管其销售额的增长速度、各个小组的实力不同等因素。这实际上是一种很不合理而且不近人情的制度，难免人人自危，工作毫无乐趣可言，压力之大可想而知。

一个人的承受能力是有限的。肩上的担子太重，人会被压垮。在不堪重负之中，人会千方百计地撂下担子，另寻出路。因此激励不能过度，必须考虑人的承受能力。

撂担子或者人员流失对企业是不利的，它直接影响企业人员的稳定。而一个人员不稳定的企业不可能具有很强的竞争能力，终将在竞争中败北。因为，人员的过快流失，意味着企业组织的学习曲线屡屡被打断，没有持续的上升。换言之，经验作为企业的一种无形资产都将随着人员的流失而流失，难以积累起来，形不成稳固的核心能力。

总之，企业需要激励，但不能过度，不要导致人员的过分流动，导致短期行为和"机会主义"行为的泛滥。这样企业才能有发展的后劲。

正式任命前，先给代理职务

……你可以先让他代理职务，如果不合适还可以随时撤换，但如果正式任命，想换掉就要颇费心思了。

一般来说，人们喜欢"收入越多越好，工作越少越好"，并且收入越多，收入的边际效用越低；工作越多，工作的边际成本反而越高。通俗地说，就是对富人（收入多）而言，一块钱的价值远远小于穷人的一块钱。收入越多，每增加的一块钱收入对他们起到的作用就不算太大，他们也就越不愿意为了再增加收入而工作；相反，工作越多，人们就越不愿意增加工作量，为了激励人们继续工作就需要付出更大的成本。从这些简单的假定中，一名合格的领导者应该至少可以读出薪酬激励的三种含义：一是工资水平必须随着工作量的增加而递增；二是收入越高激励成本也就越高；三是确定的收入和不确定的风险收入不是等价的，承担风险越大的人需要得到的补偿越多。

以色列心理经济学家丹尼尔·卡尼曼，通过运用感知心理学分析法研究人类的分析决策行为得出：人的心理其实非常复杂，当所得的比预期的多时，人们会非常高兴，而当失去的比预期的多时就会非常痛苦。关键在于这两种情绪是不对称的，人们在失去某物时愤怒痛苦的程度远远超过得到某物时高兴的程度。

张维迎说："如果某个位置空缺，你可以先让他代理职务，如果不合适还可以随时撤换，但如果正式任命，想换掉就要颇费心思了。同样，在制定薪酬制度时，收入波动较大的企业如果想要把浮动的收入变成固定的收入，也一定要谨慎地考虑，否则当业务进展不利时再想把固定收入降下来就会非常困难，企业在这方面的灵活性就会受到限制。"他表示，人们最在乎的是自己已经得到的东西，而且占有的时间越长，失去时的痛苦就越大。

用人不可凭个人一时之喜恶

……人是感情动物，所以很多事情都会受情感的支配，如此便容易偏离理性的轨道，做出与事实相违的判断。

领导在用人时，只凭个人感觉，凭个人喜好，不察明他的本质，就有可能看不清楚人才的真相。

战国时卫国有一个臣子叫弥子瑕，因为生得俊美而得卫王宠爱。一次，因母亲生了急病，弥子瑕私下驾卫王的马车回家探视，触犯了卫国律法，应受刖刑。卫王不仅没有处罚他，反而赞美弥子瑕有孝心，为了母亲忘记了刖刑！

又一次，弥子瑕与卫王游园，弥子瑕摘下一个桃子吃了一半，觉得味美，遂把剩下的一半送给卫王。卫王非常高兴并赞道："弥子瑕真爱我呀，碰到味道好的桃子，就是只剩下一半也想着献给我。"

后来，弥子瑕年老色衰，因一小事而得罪卫王，卫王便说："弥子瑕曾私驾寡人马车，违犯律法；又拿吃剩下的桃子给我，侮慢寡人。"便免去了弥子瑕的官。

卫王反复无常，喜欢对方时，对方什么都好；厌恶对方时，对方一切都坏。如此用人实是在受个人喜好左右，这样又怎能任用真正的人才呢？

不与小人决斗

……不值得做的，千万别做。因为不值得做的事，会让你误以为自己完成了某些事情。

生活中最聪明的人，往往是那些对无足轻重的事情无动于衷的人，他们很清楚该理睬什么，不该理睬什么，知道什么事情可以改变命运，也知道什么事情只会消耗青春。这样的人对那些较重要的事务无一例外会感到兴奋，同时也善于把无关紧要的事情搁置在一边。

有一次，一只鼬鼠向狮子挑战，要同他一决雌雄。狮子果断地拒绝了。"怎么，"鼬鼠说，"你害怕了吗？"

"非常害怕，"狮子说，"如果答应你，你就可以得到曾与狮子比武的殊荣；而我呢，以后所有的动物都会耻笑我竟和鼬鼠打架。"

这只狮子无疑是明智的，因为它非常清楚，与鼬鼠比赛的麻烦在于：即使赢了，所战胜的仍然是一只"老鼠"。一般情况下，对于低层次的交往和较量，大人物是不屑一顾的，就像一个优秀的武士，是不会与一个毛贼公开决斗的。

同样的，一个人对琐事的兴趣越大，对大事的兴趣就会越小，而非做不可的事就越少，越少遭遇到真正的问题，人们就越关心琐事。这就如同下棋一样，和不如自己的人下棋会很轻松，你也很容易获胜，但永远也长进不了，而且这样的棋下多了，棋艺会越来越差，所以好棋手宁可少下棋，也尽量不与不如自己的人较量。

美国哲学家威廉·詹姆士曾说："明智的艺术就是清醒地知道该忽略什么的艺术。"他的言下之意就是，不要被不重要的人和事过多打搅，因为成功的秘诀就是抓住目标不放。很多人都想成为一流的人，有一流的事业、一流的思想、一流的生活，但遗憾的是，很少有人能像一流的人那样做事。

不值得做的，千万别做。因为不值得做的事，会让你误以为自己完成了某些事情。你消耗了大量时间与精力，得到的可能仅仅是一丝自我安慰和虚幻的满足感。当梦醒后，你会发现该做的事一件都没有做，而自己却已经疲惫不堪了。

意见和指示要分开

……对下属说话也不可太随便，因为下属会把你的一字一句都当作指示奉行不误。

有些领导对下属下命令和提意见时，都用一个态度一个语气。这样就很容易导致下属误解，从而导致工作上的失误。

譬如，一个厂长，欲推行绿化工程。他率领有关人士做现场巡视时，一边走一边比划着，"这里可以种些夹竹桃"、"这里可以种些杜鹃花……"一个月以后，厂长提到之处都遵照厂长的指示种满了植物，而厂长没有提到之处仍是老样子。过了一段时间，厂长突然想起了这件事，便将总务科长叫到了办公室："上次谈到的绿化计划，你还没有呈报上来，是不是有什么问题啊？"

"啊？那一件事，早就实施了。"

"谁做的决定，我怎么不知道呢？"

"怎么会呢！你在那日巡视工厂时，就下达了指示，我特地记录下来了。"

这就是一场误解造成的工作失误。其实厂长心目中认为这项绿化工程需要一大笔经费，那些话只是为了下属计划做参考的，没想到下属竟把它当成命令了。

而做主管的虽没受训，但也心怀不满。

其实做领导的，对下属说话也不可太随便，因为下属会把你的一字一句都当作指示奉行不误。不过，最关键的一点还是领导应该把自己对下属的意见和指示分开，遇到指示，要特别强调明说，交待清楚。

到合适的时候再下达命令，比那些经常性的指示威力大得多，如果你胡乱说一大通，只能让下属瞎猜：那是意见还是命令？这样的话，就很容易造成工作的失误。

警惕那些时刻想引起你注意的女性
……女性在你面前的种种表现，只是因为你是老板，不是因为你是个男人。

如果你是男人，管理着女人，你就是处在那种最传统的男女之间的人际关系之中。因为男女不同的早期教育，使大多数的男孩子，都会成长为把注意力放在工作和成就上的男子汉；而女孩子，当她们成长为女人之后，则会更多地关注人与人之间的关系，以及把注意力集中在照顾别人上。

这种男女的不同特点也会体现在工作上。许多女人认为，社会公认的成功就意味着与别人建立良好的人际关系。她们对服装、发型、化妆、体重、魅力甚至于性吸引力的关心全基于一点，那就是她们想取悦于人，这并不奇怪。然后，问题就来了。在工作时间里，一些女性想方设法引起老板或最强壮的男性的注意，以期得到他们可以给予的一些保护或者某些小恩小惠。

这种引人注意的行为可以有许多种形式，从极微妙的令人难以察觉的引诱到十分无耻的勾引。一些女性选择扮演"无助的小女孩"这一角色，像小孩子那样奶声奶气地说话，并夹带着与孩子一般无异的手势。这就使得某些男人觉得他们自己强壮有力，且滋生了保护欲——他们乐意扮演一个"老爸"的角色——虚荣心得到了无限满足。一些女性则扮演一种"女性杀手"的角色，打扮得花枝招展，以色相引诱男人，甚至于还会做出含蓄的有时甚至是明确的发生性关系的承诺。这些女人以性别为武器，以期达到目的。毫无疑问，这会引诱一些男人，他们会因为这些女人企图得到他们而沾沾自喜。一些女人则扮演着"好妈妈"的角色。她们会帮你缝松了的纽扣，给你倒杯水或咖啡，从家里带些小点心来，她们对你很热心且老围着你打转。

一些男人对这种关心甚为满足，乐得体验一下被人照顾和受人关心的滋味。还有一些女人则像"难啃的骨头"，她们言语尖刻，睚眦必报，善于挑刺、嘲弄别人，而且通常直截了当与男士们交换看法。有时候，这种交杂着智慧的伎俩会挑起某些男人的好斗性来，从而吸引他们的注意力。

说到底，不论那些女人扮演的是什么角色，她们的目的如出一辙，那就是：她们希望引起老板对她们的某种特别的注意；比别人更受喜欢；可以得到额外的恩惠，以及与老板有比别的女人更亲密的关系。有一些经理曾经抱怨过，说他们被那些企图利用性魅力去达到升职、加薪、受训机会或别的什么目的的女性下属们弄得烦透了。

对一个男性的老板而言，重要的是得记住：女性在你面前的种种表现，只是因为你是老板而不是因为你是个男人。这对那些认为，对大多数为你工作的女性来说，你都具有吸引力的人而言，这并不是好消息。但是，情况就是如此，吸引她们的是你的权力，而不是你强壮的外形和宽阔的肩膀。

明大局，识大体

……因小失大，是为官者大忌。

我们都知道明朝的崇祯皇帝，在李自成的农民军打进北京的时候，在现今的景山公园的煤山上上吊自杀，作为一个王朝的结束。崇祯成了人们所不齿的人，但他的另一面却为许多人所不知。他励精图治、勤于朝政，而且朴素节俭，这在中国历代的皇帝中也不多见。但他的节俭却走向了吝啬一端，并由此而直接葬送了他的政权。

1644年正月，已经在西安建立政权的李自成，其百万大军攻下平阳和太原。此时明朝政权岌岌可危。这时，崇祯召集吴三桂的父亲吴襄，还有户部、兵部的官员讨论放弃宁远、调吴三桂回京事宜。吴襄说，吴三桂回京大约需要100万两白银的军需，而崇祯却舍不得。这样，只好坐困北京。但北京的守军也需要银两，而国库里只有40万两，也解决不了燃眉之急，崇祯就骂户部大臣。因情况紧急，大臣们上疏奏请皇上拿出自己的内帑，以充粮饷。崇祯还是舍不得，说内币已用尽。左都御使李帮华急了，说社稷已经到了这般地步，皇上还吝惜身外之物，皮之不存，毛将焉附？但崇祯就是不往外拿钱。结果，在李自成打进皇宫后，发现宫里有银子3700万两。

一个领导者，尤其是运筹全局、决定群体命运的领导者，在关键时刻，因自身弱点而导致全局的失败，这确实是令人疾首的。清朝将领胡林翼说："为统将者必明大体，知进退缓急机宜；其次知阵法，临敌决胜；又其次勇敢，此大小之分也。"

慎用不拘小节之人

……不认真遵守规章制度的行为，往往会导致一个人形成对任何事都无所谓的不良心态。

有位公司老板在招聘员工时，别出心裁，他让面试者在市中心随意游览，自己则暗中观察。凡是闯红灯的人，即使硬件符合招聘要求，他也让其出局。他说："交通行为是一面镜子，这面镜子映照出一个人的素质。通过这面镜子就可以看出一个人素质的高低。小事不在乎，有无监督两个样，这种人不能用。"

接着这位老板又解释说："认为闯红灯这种行为是'不拘小节'的人，他们自以为这是精明，是灵活处事，其实大错而特错。因为不认真遵守规章制度的行为，往往会导致一个人形成对任何事都无所谓的不良心态。没有车辆，没有警察监督他敢闯红灯，那么同理，老板不在的时候，他就敢于闯工作的'红色警戒线'。这也是为什么我用过马路这件小事来测试应聘者的原因，其目的就是以小见大，看他们是否具有自律、自制这种优秀的品质。"

如果过马路时，没车或没有警察监督就敢闯红灯，那么老板不在时，他们就会"忙里偷闲"、迟到、怠工，在上班时间做与工作不相干的事。可见，外在的硬性约束不是最有效的行为规范。

最严格的行为标准是一个人的内在标准，这种标准是自己设定的，不具有外附性。它才是最有效的行为准则。如果你对自己的工作标准，比老板对你的要求还高，那么你就能做到老板在与不在一样干。这是对工作负责，也是对自己内在素质的展示。

秘书要聪明，不要漂亮

……选秘书，不是选美，只要聪明肯干，不必过于靓丽。

一提到秘书，现在人多联想到"小蜜"。这也不奇怪，确实有某些男领导把选秘书当成选美，故意挑选那些容貌迷人、身材窈窕、温柔娇媚的靓女，不说倾国倾城，也算长得花容月貌。这是曲解了秘书的意义和作用。

靓女在侧，难免有人议论，是是非非，清白也不清白，定会影响你的声誉。古来男女是非多。本来，男领导女秘书是敏感的组合，没事也让人怀疑，若再选择靓女当秘书，则恐怕是非就接连不断了。

不越权，不管闲事

……迁升的首要条件是做好自己的本职工作。

不同层次的管理人员，应该只决策本层次工作中的问题，如果决策其他层次的问题，就是"越权"。

如果企业中层领导去决定作业班次的投入产出，决定机器设备如何维修等具体事宜，就是对下属的"越权"；如果决定对外联营、合资经营等重大问题，就是对上级的"越权"。

正职管理人员一般是负责本部门的全面工作，副职管理人员是负责某一方面的工作。在实际工作中，正职领导往往抛开他的副手，作出一些应由副手作出的决定，而副手也常常有应该请示正职领导的事情而不请示，擅自决定问题的现象。

管理人员应该主要管好自己的事,而不少领导人喜欢管别人的事。对下属,甚至对下属的下属的工作,这也看不惯,那也不满意,这也不行,那也不对,在这里挑剔一番,在那里指责一气。在这样的领导人眼里,别人干什么都不行,唯有自己才是最有事业心、责任感的。这样的管理人员总是企图把别人熔化掉倒在自己的模子里,重新浇铸得跟自己一模一样。群众称之为"爱管闲事的领导"。

不要过分相信第一印象

……第一印象往往具有一些欺骗性。因此,在招聘员工时,不要完全指望第一次面试。

第一印象往往具有一些欺骗性。因此,在招聘员工时,不要完全指望第一次面试。

多研究一下他们的应聘材料,了解一下他们有关的背景,充分进行面试。你可以带上你所挑中的候选人员去参观一下公司,观察他们对公司的兴趣程度,询问他们一些问题,让他们讲一下自己所做的事情,让他们每个人表述一下自己。最后,你一定会发现最合适的人。

当然,你也不能完全依靠自己的判断,你应让更多的人参与录用工作。你应当仔细倾听上司、同事和员工的意见,而不仅仅是自己的意见。

为继任者着想

……一个全心全意为企业发展而考虑的管理者,他会把企业可持续发展作为自己的责任。

唐太宗知道自己快要死了,就把贤臣李世贬到偏远的地方,并且下令说，如果李世不肯到那地方上任就杀死他。李世一接到命令，就无可奈何地赴任了。

李世就任以后，唐太宗告诉太子李治："我把李世贬到偏远边区，是因为他的才能卓越。你即帝位以后，要马上把他召回京里予以重用。这样他就会对你心存感激，成为忠心不二的股肱之臣。"

不久，唐太宗去世，唐高宗即位。他照着父王的话去做，立即召回李世加以重用。果然如唐太宗所言，李世为了感谢唐高宗的洪恩，尽忠职守。

一个全心全意为企业发展而考虑的管理者，他会把企业可持续发展作为自己的责任。在他任职期间，他不仅会恪尽职守，而且也会为企业以后的发展着想。因此，他在选择人才时就将此视为一重要因素。

不要急于搞"一朝天子一朝臣"

……对原所有干部仍应持信任态度，这样有利于稳定干部队伍情绪，便于有条不紊地进行新老交替，也有利于自己站稳脚跟，打开局面。

在上任不久，立足未稳，对原有干部还不了解的情况下，新领导应当处理好与原班子的关系。对原有干部仍应持信任态度，这样有利于稳定干部队伍情绪，便于有条不紊地进行新老交替，也有利于自己站稳脚跟，打开局面。待到局势基本稳定之后，再有计划有步骤地整顿干部队伍。

如果一到任就搞"一朝天子一朝臣"，急于大换班，就容易使局势动荡，决策失误。用错一个人，影响一批人。人事上出现较大失误之后，那些受到伤害和冷落的人及其追随者的不满情绪就会迅速蔓延，这将是你今后长期工作的"不安定因素"。

如果恰恰在这时，上级对你支持的"热度"下降，内部又发生危机，便很容易形成"内外交困"的局面，使你没法再工作下去。这方面的教训是很多的，领导者要认真汲取。

别将工作掺入过多的友谊

……站在上司的角度考虑，你们的铁关系，有可能是种拖累。

任何事情都不能过度，和顶头上司走得过近，会给自己招来很多麻烦。

首先，和上司走得太近，可以让上司了解你的优势，同样也可以暴露你的缺点。我们并不是说要特别隐瞒什么缺点，但人的心理很微妙，"距离产生美"，当你和别人保持一定距离的时候，别人往往更易看到你的优点；而走得很近时，则"审美疲劳"，更易发现你的缺点——"老婆总是别人的好"就是这个道理。职场终究是个做事的地方，如果你在工作上颇有能力，何必多事，让自己其他的缺点冲淡这些优势呢？

其次，和上司走得太近，容易招致他人嫉妒。要求身边的同事，尤其是与你有竞争关系的，评价你时完全做到客观是不现实的。你很有能力，很勤奋，业绩出色，但如果你与上司太近，其他同事定会觉得你的成绩，多半是靠拍马屁、与上司搞关系得来的。人都有自我保护心理，面对他人表现好过自己时，更容易将他人的成绩解释为外因（老板帮忙），而非其个人的实力——人们大都会不自觉地逃避"别人比我更好"这种损害自我价值感的现实。

再次，有些中层领导者常常只从个人角度出发，一厢情愿地认为，上司和我关系铁，以后定会关照我。如果做换位思考，站在上司的角度考虑，你们的铁关系，有可能是种拖累。当他要提拔人的时候，即使你能力很强，他也很可能因为你们那众所周知的很铁的关系，"大义灭亲"把你Pass掉，因为这样才不会被指责为"任人唯亲"。

此外，如果你和上司的关系中掺入过多友谊的成分，你往往在工作的时候也会不自觉地表现很随意，无形中对领导的权威构成威胁，当你的上司感受到这一点的时候，他就会开始刻意地疏远你了。

最后，别忘记一朝天子一朝臣的道理。管理层发生变动是常有的事，新领导往往更愿意使用他信得过的人，如果你被当成过去领导的人，也许你该做好被打入冷宫或者走人的准备了。

避免锋芒毕露，学会藏愚守拙

……根基不稳，虽长势很旺，但经不住风撼霜摧。

古往今来，锋芒毕露者，总是惨遭排挤与打击，藏愚守拙者总能得到重用与利益。锋芒毕露者往往处处表现自我价值，有强烈的个性，人际关系处理不当，丧失人缘，最终被弃用。因此，便常有怀才不遇之感而郁郁寡欢。空有一腔抱负，徒有治国平天下之鸿才。藏愚守拙者往往在内敛中实现自我价值，人际关系处理得当，甚有人缘，所带的团队，都是团结型的，领导也觉得他没什么野心而放心大胆地使用、提拔。最终能大展鸿图，实现自我的抱负。

因此，当一个人意识到自己的锋芒毕露会对实现自己的抱负产生障碍时，就应该在失败的痛苦中学会藏愚守拙。

许多新上任的领导者都急于显露自己的才能和实力，以期得到上司的首肯和同级的认可。事事都要争个"先手"，有时甚至还要来个"抢跑"，这对于不懂得职场潜规则的新领导者来说是有百害而无一利的。

在当今复杂的社会中，过早地"崭露头角"是危险的，是会使自己陷入被动的。首先，处处显露自己的才干和见识，上司和同级就会对你产生排斥感，因为谁都不希望别人大过自己的光芒。所以，如果一旦你有所闪失，轻则说你还欠火候，重则对你幸灾乐祸，落井下石。

锋芒毕露会使你过早地卷入权势之争，权势之争必然带来残酷的淘汰。由于新领导者在公司目前还根基未稳，所以，就有可能在不公平的暗箱操作和利益交换中，成为无辜的牺牲品。

根基不稳，虽长势很旺，但经不住风撼霜摧。因此，如果你现在还不具备厚积薄发的实力，那你就不要亮出自己全部的十八般武艺，否则，你会很快被清理出局。

一定要身先士卒，哪怕是做个样子

……越是最困难的时期，越能显示出一个领导者的智慧和胆识。

人类的本性会从危急时刻所采取的行动中表露无遗。比如平常说话大声、表现得很豪爽的人，一旦面临危机存亡时，说不定会弄得一副狼狈不堪的样子。部下若是看见自己的上司，在紧要关头表现出不知所措的模样，一定会让他们觉得非常失望。

群众期待的领导者，是在非常时期能够表现得与众不同，且能够断然地做出决定，迅速敏捷地采取行动。只有这样的领导者，才能强有力地领导部下。

有一个动物园进行过一项测验，该园的员工利用狮子皮伪装成狮子，进攻黑猩猩群。

黑猩猩群刚开始觉得害怕而一片哀号，不久猩猩的首领就拾起身边的树枝，做出勇敢地向狮子挑战的样子。猩猩老大自己也很怕狮子，但它却没有逃跑，反而勇敢地率先向狮子挑战。正如前面所说过的，如果猩猩老大在这个时候临阵脱逃，它就一定会被同伴鄙视，再也不能做大家的首领了。

企业中的领导者也是如此。在竞争愈来愈激烈的今天，企业随时随地都会面临各种困难。当面临困境时，领导者能够率先垂范面对难关，这样的精神就会影响部下，让大家都能够勇敢地面对挑战。

不要轻易将自己推在最前面

……将自己推在最前面，固然可以在成功时独领风骚，可是失败时也会成为众矢之的。

郑板桥的一句"难得糊涂"，对于领导者来说，堪称制胜法宝。使古今中外多少掌权者渡过了难关，使他们进可攻退可守，处理事情游刃有余。

一些管理者往往认为，如果事必躬亲，所有功劳将会归于自己。但是他们没有想到，每一个决定都是有风险的，成功了是功劳，失败了是责任，光想成功而不想失败，未免有点过于天真。

将自己推在最前面，固然可以在成功时独领风骚，可是失败时也会成为众矢之的。撇开个人得失不讲，这样对企业毫无好处。如果将权力下放给部下，自己退到第二线，对自己未必没有利。

如果部下成功了，这功劳自然少不了自己一份。即便不是领导有方，至少也是用人得当；如果部下失败了，自己还可以挽回局面，可以干预、调整，若能转败为胜，仍不失英明。当上级领导追查下来时，还可以起一种责任缓和层的作用，例如，可以说："这事不是我亲自抓的，不太清楚。""我调查一下，由我处理吧！"如果再加上一句"这事我也要负责任"，那么还可以令下属感激涕零。

管理者应学会难得"糊涂"，在有些并非主要的问题上"糊涂"一点，进可攻退可守，处理问题游刃有余，就是人们常说的"大智若愚"。

不轻易将朋友委以重任

……给朋友委以重任免不了有施恩的意味，但他们却常常视之为理所当然，不仅不会有更多的感激，而且常常嫌之不足。

领导者重用自己的朋友是很自然的事情。

问题在于人们往往不像自以为的那样子真正了解朋友，朋友通常会避免争执而不发表不同的意见，他们会避免彼此冒犯，而掩饰令人不快的个性。朋友会说他们喜爱你的诗，崇拜你的音乐，羡慕你的服装品味，然而却是口是心非。

往往到了关键时刻，你才会逐渐发现朋友隐藏起来的个性和品质。给朋友委以重任免不了有施恩的意味，但他们却常常视之为理所当然，不仅不会有更多的感激，而且常常嫌之不足。

"忘恩负义"有长远的历史。自古以来忘恩负义不断展现其强大威力，而人们依然继续掉以轻心，真是令人吃惊！

许多经验教训告诫人们，朋友很少是最能够帮助你的人，技能和才干远比友谊重要得多。

友谊归友谊，做事还是应该选择能干、胜任的人。

要因事设人，不要因人设事

……提拔人才时应以有能力的人为先，而不能凭一己的好恶，所以应着眼于所用之人能有绩效，而不在于所用之人是否肯顺从己意。

德鲁克强调，职位应该是客观的，职位应根据任务而定，而不应因人而设。他指出，假如"因人设事"，组织中任何一个"职位"的变动，都会造成一连串的连锁反应。组织中的职位，都是互相关联的，牵一发而动全身。我们不能为了给某人安插某一个"职位"，而使整个组织的每一个人都受到牵连。因人设事的结果势必会造成大家都是"人不适职"的现象。

此外，德鲁克认为，只有因事设人，我们才能为组织选用所需的人才，也只有这样，我们才能容忍各种人的脾气和个性。只有容忍了这些差异，内部关系才能保持以"任务"为重心，而不是以"人"为重心。

成就的高低应以贡献和绩效的客观标准来衡量。只有在"职位"的设计和划分不以"人"为参照时，这种衡量才有可能。否则，我们只会注意"谁好谁坏"，而忽略了"什么好什么坏"；用人的时候，我们也只会问"我是否喜欢此人"或"此人是否能用"，而不会问"此人在这一职位，是否最能有所成就"。

因人设事的结果，一是会形成恩怨帮派。任何组织都经不起的内耗。人事的决策，必须保证公平和公正，否则就会挤走了有用的人。同样，组织也需要各方面的人才，否则就会缺乏改变的能力，也难于得到正确决策所需的不同意见。

因此，凡是能建立第一流经营体制的管理者，对他们最直接的同事及部属，都不应太亲密。提拔人才时应以有能力的人为先，而不能凭一己的好恶，所以应着眼于所用之人能有绩效，而不在于所用之人是否肯顺从己意。因此，为了确保选用适当的人选，他们与直接的同事及部属应保持适当的距离。

用友不如用敌

……管理者要善于区别对待员工过去的错误和现在的表现，任用员工时要不翻旧账、不计前嫌。

很多管理者都习惯于对自己的错误采取宽容的态度，今天出的问题，第二天就忘记了，根本没有引起警惕和重视。然而，对于员工犯的错误，管理者却总是念念不忘，甚至于在想起某个员工时，首先浮现脑海的就是他曾经犯过什么错误，尽管那件错误已经过去很久。

春秋战国时期的齐桓公，就是一个敢用、善用得罪过自己的人才的贤君。在齐国君主僖公刚过世时，齐国各公子争夺王位，其中最有竞争力的就是公子纠和公子小白。当时，管仲是公子纠手下的头号谋士，不仅多次出谋划策想要杀害公子小白，还曾经亲手用箭射杀他，差点儿把他一箭射死。后来，公子小白终于坐上了王位，并率领齐国打败了支持公子纠的鲁国，还要求鲁国杀死公子纠，交出管仲。

消息传出来后，大家都十分同情管仲，有人甚至建议他自尽，以免受齐桓公的折磨。管仲笑笑说："如果小白要杀我，我早就和主君一起死了。"于是，很坦然地被押送回了齐国。

结果是齐桓公不但没有杀管仲，而且还让他做了宰相。同时，管仲也为齐桓公成为春秋五霸立下了汗马功劳。

管理者要善于区别对待员工过去的错误和现在的表现，任用员工时要不翻旧账、不计前嫌。否则，找遍整个世界也找不着可用之才——试问谁的过去是没有犯过错误的呢？

愤怒之下不做决定

……人在发怒的时候，智商基本上是零。

《孙子兵法》中说："主不可以怒而兴师，将不可以愠而致战。"发怒等负面的情绪对工作业绩有很大的影响。因为，人在发怒的时候，智商基本上是零，如果这个时候做决策、干工作会缺乏效率。

人是感性动物，生活在爱恨情仇的交织中，而人生又是处在不断地选择之中，有些选择或许无关痛痒，有些选择却事关全局；有些失误可以尽力弥补，有些失误却无力回天。因生气而做出错误决定的事，在每个人身上都发生过。如果你没有被那些错误的决定所伤害，那要感到庆幸，但幸运并不一定永远垂青。

作为一名公司管理者，身负公司发展的重任，所以，要时刻保持清醒，保持舒畅的心情，使自己在管理过程中做出明智的决策，创造更高的价值。

每一个人都有自己的情绪，而情绪分为"好情绪"及"坏情绪"。当一个人处于不同的情绪状态时，所做的决定也有很大的差别。所谓的好情绪乃是清楚自己的思绪；而坏情绪是不受理性所控制。不同的情绪感受会使个体对同一信息的理解截然不同。

根据心理学家的测算，人在愤怒的时候，智商是最低的。在愤怒的关头，人们会做出非常愚蠢的决定而自以为是。这个时候所做的决定，90%以上都是极端的错误。

来说是非者，便是是非人

……管理者如果对人多怀有疑心，那么，形形色色的离间术就会乘虚而入。

在识人用人的问题上，为了避免疑心用人的错误，管理者一定要从客观实际出发，多层次、多侧面地去了解、考察识别对象，不能因为所识对象有小过而毫无根据地怀疑其有大问题，也不能因所用之人犯有前科而胡乱猜测。还有些人认为是耳闻目睹就千真万确了，其实很多时候，亲眼所见、亲耳所闻的东西也不一定能反映事实。

有一群因重大变故不得不横穿一段荒芜地区的人，他们只剩下了一袋大米，大家就推选了一个忠厚老实的人负责保管大米和烧水做饭。这群人的长者在活动筋骨的时候，发现那做饭的小伙子正在偷吃米饭。长者有点难过，认为一向诚实的人也会因身处危难之中而失去本性。长者没有张扬此事，但心中对那小伙子的看法已有了彻底的转变。后来小伙子牺牲在战场上，长者重提此事时，有一个曾随行的人告诉他，那个小伙子当时并非在偷吃米饭，而是鸟屎掉在了锅里，他不忍浪费，悄悄地拣了那团米饭吃了。长者听了以后，呆呆地坐了良久。

管理者如果对人多怀有疑心，那么，形形色色的离间术就会乘虚而入。离间术能扩大他人之间的分歧，或加深误会，或编造谎言、制造矛盾、破坏他人团结。离间术的目的就是使人人为己，抑人扬己，损人利己。作为管理者，在对下属产生怀疑时，一定要警惕离间术乘虚而入。"来说是非者，便是是非人"，对离间术的破译方法是，要建立在对怀疑对象的行为特征综合分析的基础之上，既不能盲目猜疑，又不可掉以轻心，不能抱着"宁可信其有，不可信其无"的态度，而是要让事实来说话。

战胜"成为领头者"的压力

……一个很大的压力,有时甚至有积极的影响——它促使你发生质的变化,成为一名真正的领导者。

成为一名领导者,很多未知的领域有很多未知的问题等待着你,要你一个人独自面对——虽然你有一些下属,但他们都在看着你,等待着你的决定。在一群羊中,压力最大的是领头者,它不但要行走,更要思索,并且为后果负责。一个很大的压力,有时甚至有积极的影响——它促使你发生质的变化,成为一名真正的领导者。

经历改变感知,这种理论在斯蒂芬·克莱恩的小说《红色英勇勋章》中得到了阐述。它以美国南北战争为背景,讲述了联邦军队一名年轻新兵和他初次作战的故事。

那时,和其他年轻人一样,亨利·弗莱明渴望荣誉,他不顾母亲的反对加入了联邦军队。在他参加的第一次战斗的准备期间,亨利考虑到自己可能会因太害怕而不能作战的可能性,但是他排除了这个念头。他一生中都在梦想着战斗,而现在机会来了。在一系列错误的警报之后,亨利最终经历了真正的、惨烈的战斗。他周围的士兵或阵亡或受伤,这与他希望的敌人伤亡、我军大胜的梦想正好相反。正当他庆幸战斗结束时,敌人再一次发动进攻。这对亨利·弗莱明来说压力太大了。他扔掉了枪,像兔子一样无耻地逃跑了。

他的脸上充满着恐惧。他逃离了战斗,他的害怕就更加剧了。

在恐惧和迷惑中,亨利在战场边上的一片森林里盲目地走着。他试图询问另一个联邦军队的逃兵该怎么办,但是,这个吓坏了的人神经质地用枪托对他猛击,把他打晕在地。恢复知觉后,亨利重新回到前线加入了他的部队——他的战友错误地认为,他头上的伤口是与敌军作战造成的。他的精神则被他们对他敬佩的态度所鼓舞。

不久，亨利重新陷入激烈的战斗中。然而这一次，他像变了一个人似的。他已经遭遇了战争的恐怖并幸存了下来，这个经历改变了他。现在，与因恐慌而逃走相反，他像一只猎豹一样英勇作战。

当掌旗军士被击倒后，亨利抓过旗帜并吹起冲锋号。他因英勇而受到了表彰，当他胜利离开战场时，亨利思索着他经历的深刻变化：他曾经差点就光荣牺牲，当他经历了鲜血和愤怒的痛苦后，他的灵魂发生了变化。他从硝烟弥漫的战场憧憬着宁静生活的前景，就好像弥漫的战火已不存在。伤疤像鲜花一样消退……他摆脱了战争的恐惧，可怕的噩梦已成往事。

另外，在对参加越战的美国士兵的研究中发现，一些军人的压力激素水平，在激烈的战斗中比不在战场时要低。在经过高度训练并有很强组织凝聚力的精英部队更是如此。在军事医学中，部队离"第一线"越近，士兵越不可能抱怨生病和各种苦恼（当然重伤和死亡是另一回事）。忧心忡忡的后方人员，实际上会比前线突击队员感觉更糟。

"事必躬亲"不是美德

……"事必躬亲"在某种程度上讲，是一种权力欲的表现。

大江东去，斗转星移，中国历史上智慧与忠诚的化身——诸葛亮，火烧新野、鏖战赤壁、三气周瑜、智取西川、七擒孟获、六出祁山的故事至今仍是脍炙人口。古往今来，多少志士仁人，骚人墨客，无不为其雄才大略和高度负责的敬业精神所折服。然而，冷静地沉思一下，孔明的"事必躬亲"确有可鉴，亦有可诫。

李严在刘备眼中是仅次于孔明的人物。刘备临终时，"严与诸葛亮并受遗诏辅少主，以严为中督护，统内外军事，留镇永安。"目的很清楚，刘备是让诸葛亮在成都辅刘禅主政务，让李严屯永安拒吴并主军务。孔明秉政，本应充分发挥好李严等人的作用，然而他仍是"事无巨细"，惹得李严不高兴，两人矛盾日益加深。后孔明以第五次北伐为借口，削了李严的兵权，调往汉中负责后勤工作。因运粮事件，孔明抓住了李严的把柄，"乃废严为民，徙梓潼郡"。废了李严后，孔明就亲自抓起了运粮事宜，耗费了无数精力。

五丈原对峙，旷日持久，士兵涣散，确需整顿军纪。本应授权众将管理部属，可孔明却是罚三十以上，皆亲自处理，忙得没日没夜。司马懿闻后断言："亮将死矣。"果如其言，不久，孔明就累死在阵前。

孔明先生"事必躬亲"，不仅累垮了自己，而且还间接导致了蜀国的覆灭。

不要把事情做得太满

……可靠的属下往往不是招聘来的，而是培养出来的。没有机会锻炼，一个再好的人才也只能去纸上谈兵。

一位著名企业家在做报告，一位听众问："你在事业上取得了巨大的成功，请问，对你来说，最重要的是什么？"

企业家没有直接回答，他拿起粉笔在黑板上画了一个圈，只是并没有画满，留下一个缺口。他反问道："这是什么？"

"零？""圈？""未完成的事业？""成功？"台下的听众七嘴八舌地答道。

他对这些回答未置可否。"其实，这只是一个未画完整的句号。你们问我为什么会取得辉煌的业绩，道理很简单，我不会把事情做得很圆满，就像画个句号，一定要留个缺口，让我的下属去填满它。"

目前中国很多企业的老总都是第一代创业者。这些人就好比是当年的马上皇帝，自认为是文武全才，在各个方面都争强好胜，结果造成了拒人千里之外的局面。

可靠的属下往往不是招聘来的，而是培养出来的。没有机会锻炼，一个再好的人才也只能去纸上谈兵。即使谈得再好，在实战的时候，也会像赵括一样一败涂地。所以这个时候，留下一个"缺口"让属下去完善就显得异常必要。

妒忌心强的人不能委以重任

……如果妒忌心太强了，就容易产生怨恨，觉得他人是自己前进的最大障碍，到了这种地步，往往就会做出一些过激的事情来，甚至于愤而谋叛也毫不为奇。

人们难免会妒忌别人，这也是一种正常的表现，因为有时候这种妒忌可以直接转化为前进的动力，所以不能说妒忌就一定是消极的。但是如果妒忌心太强了，就容易产生怨恨，觉得他人是自己前进的最大障碍。到了这种地步，往往就会做出一些过激的事情来，甚至于愤而谋叛也毫不为奇。

俗话说："宰相肚里能撑船。"如果一个人器量太小，绝对不是一个好的干将，因此不能委以重任。三国时的周瑜不能不说是一位帅才，可就是因为妒忌心太强而栽了跟头。

做大事不能靠哥们义气

……如果说一个人能在金钱面前不动声色，究其原因，只有一点，那是因为钱的数量还不够多。

1990年，西安的冬天特别冷，冷得让荣海终身难忘。

年底，一直在深圳忙着跑生意的荣海回到西安。不料等待他的却是公司3个副手趁他不在的时候早已酝酿成熟的瓜分公司的计划。理由就是荣海在创建公司曾经说过的那句话："海星是大家的，大家都有份。"

荣海恪守了自己当初的诺言，虽然在当初创立海星时，3个副手并没投过一分钱。他怀着痛苦而超然的心情对"哥们儿"说："钱尽可以分，但牌子得留下。"于是，公司核心层4个人走了3个，他们除瓜分了海星几年来积累的100万自有资金，还带走了大部分客户。普通员工20人走了一半。给荣海留下的仅有海星这块牌子和一些旧机器。当然留下的还有部分对海星眷恋万分的普通员工和他们之间的精诚团结。

就凭着这些，9年以后，海星集团的总资产已逾26亿，海内外直属子公司18家，二级公司40余家。然而，那次"内阁"的哗变毕竟是惨痛的。所以后来荣海总结：做事情一开始就先要把话讲清楚，不能靠哥们义气；决策要集中，重大事情不能以少数和多数来决定，公司只能有一种声音；留下来的人，可以给很高的工资，但全都与产权无关。

做到大权独揽，小权分散

……如果一个企业没有一个权威，没有一个能最后做决策拍板的人，这个企业就可能是一盘散沙。

在指派工作的同时，管理者应对下属授予履行工作所需的权力。这就是"授权"两个字的由来。

主管所授予的权力应以刚好能够完成指派的工作为限度，倘若授予的权力超过执行工作的需要，则势必将导致下属滥用权力。

领导者应该做到：大权独揽，小权分散；绝不可权力集中，事必躬亲。善于分配工作，并进行有效的指导和控制，使下属有相当的自主权。

领导者授权后，仍然对下属所履行的工作的成效负全部责任。这就是说，当下属无法做好指派的工作时，领导者将要承担其后果，因为前者的缺陷将被视同后者的缺陷。另一方面，为确保指派的工作顺利完成，领导者在授权的时候必须为授予权力的下属订下完成工作的责任。下属若无法圆满地执行任务，则授予权力的领导者将唯他是问。

主动承担责任，他们将更加信任你。

远离因为你的地位而与你结交的人

……有的人在对自己有利或利益无损时，可以称兄道弟、亲密无间。可是一旦有损于他们的利益时，他们会见利忘义。

在利益面前，各种人的灵魂都会赤裸裸地暴露出来。有的人在对自己有利或利益无损时，可以称兄道弟，显得亲密无间。可是一旦有损于他们的利益时，他们就像变了个人似的，见利忘义，唯利是图，什么友谊，什么感情统统抛到脑后。比如，在一起工作的同事，平日里大家说笑逗闹，关系融洽。可是到了晋级时，名额有限，"僧多粥少"，有的人真面目就露出来了。他们再不认什么同事、朋友，在会上直言摆自己之长，揭别人之短，背后造谣中伤，四处活动，千方百计把别人拉下去，自己挤上来。这种人的内心世界，在利益面前暴露无遗。

春秋末年，晋国中行文子被迫流亡在外，有一次经过一座界城时，他的随从提醒他道："主公，这里的官吏是您的老友，为什么不在这里休息一下，等候着后面的车子呢？"中行文子答道："不错，从前此人待我很好，我有段时间喜欢音乐，他就送给我一把鸣琴；后来我又喜欢佩饰，他又送给我一些玉环。这是投我所好，以求我能够接纳他，而现在我担心他要出卖我去讨好敌人了。"于是他很快就离去。果然不久，这个官吏就派人扣押了中行文子后面的两辆车子，献给了晋王。

在普通人当中，有中行文子这般洞明世事的人并不多见。

中行文子在落难之时能够推断出"老友"的出卖，避免了被其落井下石的灾难，这可以让我们得到启示：当某位朋友对你，尤其是你正处高位时，刻意投其所好，那他多半是因为你的地位而结交，而不是看中你这个人本身。这类朋友很难在你危难之中施以援手。

把自己隐藏于制度之后

……只要严明法纪，完善制度，下属的注意力就转移到这些形式上的条文中，而不是管理者身上。

作为管理者，你不能因为自己是"领导"就对别人颐指气使，也不能对下属"平易近人"到他们瞧不起你，不把你当回事的程度；你不能玩弄权术，让别人觉得你太阴险，也不能诚实到你心里有什么事别人马上就能看出来；既不能冷酷到不近人情，又不能心肠太软；你既要做到和蔼可亲、平易近人，又必须令出禁止、威严有度……可见，管人是一门艺术，更是一套高深的谋略。

老子就曾教导领导者要无为而治。而这种无为，实际上是有为，不仅是有为，而且是有大为。

有一次阳子臣问："假如有一个人，同时具有果断敏捷的行动与深入透彻的洞察力，并且勤于学道，这样就可以称为理想的官吏了吧？"

老子摇头回答说："这样的人只不过适合做个小官吏罢了！只有有限的才能却反被才能所累，结果使自己身心俱乏。如同虎豹因为身上美丽的斑纹才招致猎人的捕杀一样，有了优点反而招致灾祸，这样的人能说是理想的官吏吗？"

阳子臣又问："那么，请问理想的官吏是怎样的呢？"

老子回答说："一个理想的官员功德普及众人，但在众人眼里一切功德都与他无关；其教化惠及周围事物，但人们却丝毫感觉不到他的智慧。当他治理天下时不会留下任何施政的痕迹，但对万物却具有潜移默化的影响力。"

"无为而治"只是人力本身的"无所作为"，但所制定的制度本身在发挥着极大的作用。只要严明法纪，完善制度，下属的注意力就转移到这些形式上的条文中，而不是管理者身上。管理者隐藏于制度之身后，以制度管理员工，这才是真正聪明的管理之道。

痒要自己抓，好要别人夸

……对领导形象的最好宣传莫过于借他人之口，收己之惠。这要比领导自吹自擂要有效得多，更有说服力和真实感。

俗语云："痒要自己抓，好要别人夸。"对领导形象的最好宣传莫过于借他人之口，收己之惠。这要比领导自吹自擂要有效得多，更有说服力和真实感。而且，下级广泛的人际关系网还会把这些好名声传送到一个很广泛的范围内。

良好的上下级关系和社会名誉，会给领导带来意想不到的收获。声名远扬会使领导受到更上一级领导的重视，从而为其"加速"发展提供了一种契机，在我们的周围不乏其例。

相反，如果上下级关系恶化，臭名远扬，即使领导的"后台"再硬，终究难平众怒，逃脱不了狼狈下台的命运，哪里还谈得上事业的发展呢？

权力越大，越不能随意发号施令

……手中权力越大、地位越高的人，越是不会随意地发号施令。

一只山羊爬上一农家的高屋顶，屋下有一只狼走过。山羊以为自己居高位，野狼奈何不得它，便破口大骂："你这傻瓜，笨狼。"狼于是停下来说："你这胆小鬼，骂我的并非是你，而是你现在所站的位置。"

的确，有不少管理者并非靠"影响力"，而是靠权力来管理下属。最好的证据是：当他将退休时，即可发现下属一反常态，不再听其指示了。当他尚有权力时，经常可以听到下属阿谀献媚的话，一旦即将离去，再也无人对他百般讨好了。

有一些新上任的主管者，尤其是那些升迁快速的主管，难免会自命不凡而盛气凌人。其实，你的升官很可能只是由于运气好，或者按顺序轮到你，然而，你本人却以为是自己的才能及努力所赐，因而，难免产生一种狂妄自大的心理。

管理者手中有权，用权力说话，别人听也得听，不听也得听，所以用权是最省力、最简便的管理方式。但问题也会随之而来，如果下属口服心不服，权力的效力在这里会大打折扣。

所以，聪明的管理者不会一味以权压人，他在日常的管理中，会有意识地培养个人在权力之外的影响。

地位和功绩是两回事

……谁的工作业绩好，谁就应该是提升的候选人。提升有业绩的人，而不是提升你喜欢的人。

论功行赏做得不好，其后果真比不做还坏。其中很重要的一条，就是不以地位论功绩。

地位一般是依据人的能力与特长来安排的，功绩则应依据各人在不同地位上的努力程度和实际效果来评定。

地位高的人，不一定取得的功绩就大，地位低的人也不一定功绩就小。

如果以地位高低来决定功绩大小的话，实际上论功的意义也就失去了。虽然，地位高的人所完成的工作，从绝对值来说，一般比地位低的人要大，但那是他职务上的本分，若不能出众，是没有必要褒奖的，也就是说这是他工作中应做的事。

社会是一架庞大的机器，每个人都在一定的位置上工作，论功行赏，就是鼓励每个部件都发挥出最好的作用，最终求得整个机器的高效率运转。失去了论功行赏的意义，而只留下地位竞争，其后果是不难想象的。

提升，是对员工卓越表现最具体、最有价值的肯定方式和奖励方式。提升得当，可以产生积极的导向作用，培养向优秀员工看齐和积极向上的企业精神，激励全体员工的士气。什么是提升的依据呢？他过去工作业绩的好坏，这是最重要的提升依据，其余条件全是次要的。因为一个人在前一工作岗位上表现的好坏，是可以用来预测他态度与能力的指标。如果被提升者只是很听话，投主管脾气，也"精明强干"，工作却搞不上去，而一些性格不合主管意而又有真才实学的人却报效无门，这种提升标准是绝对不行的。

借助大多数人的力量

……事必躬亲，管这管那，从来不放心把一件事交给手下人去做，这样，整天忙忙碌碌不说，还会被公司的大小事务搞得焦头烂额。

孔子的学生子贱，有一次奉命担任某地方的官吏。当他到任以后，时常弹琴自娱，不管政事，可是他所管辖的地方却治理得井井有条，民兴业旺。这使那位卸任的官吏百思不得其解，因为他每天即使起早摸黑，从早忙到晚，也没有把地方治好。于是他请教子贱，子贱回答说："你只靠自己的力量去做，而你的力量是有限的，即使十分辛苦也未必能做得好；而我却善于借助大多数人的力量。"

现代企业中的领导者，喜欢把一切事都揽在身上，事必躬亲，管这管那，从来不放心把一件事交给手下人去做，这样，使得他整天忙忙碌碌不说，还会被公司的大小事务搞得焦头烂额。

其实，一个聪明的领导者，应该像子贱那样，正确地利用部属的力量，发挥团队协作精神，不仅能使团队很快成熟起来，同时，也能减轻领导者的负担。

一个优秀的管理人员，不在于你多么会做具体的事务，因为一个人的力量毕竟是有限的，只有发挥集体的力量才能战无不胜，攻无不克。

首先进行自我批评

……人们在批评别人时,往往会忘记自己的责任,而这正是被批评者反感的原因。

有位哲人曾经说过:"人们在批判社会的时候,却往往忘记了自己的责任。"同样道理,人们在批评别人时,往往也会忘记自己的责任,而这正是被批评者反感的原因。可能在开始的时候,大家一起制订了计划,可在工作中出现了失误,有些人首先想到的是开脱自己,婉转地说明自己当初曾经表示过反对的意见。这种事后诸葛亮的推诿责任的方式,会使他后面的一系列批评都失去作用,反过来却促使大家都为自己辩护,实际上任何工作都无法进行了。

正直而富有经验的领导者在这种情况下,都是诚恳地先承认自己在计划、决策方面的失误,对自己责任内的过失进行自我批评,从而引导对方进行自我批评,或先自我批评后再批评对方。

领导者应多站在别人的立场上,设身处地地替别人着想。在批评别人时,要考虑对方的实际情况,如能力、环境等对他的过失的影响,以及自己在相同条件下可能达到的水平。首先应该承认自己的不足,以己之短,比彼之长,再去批评,对方就会欣然接受。

避开亡命之徒

……聪明人不会作无谓的牺牲,不会卷入没有价值的冲突。

亡命徒的典型语言就是"死都不怕,还怕活着"、"今天不是你死,就是我亡,有我没你,有你没我"、"只要给我留一口气,总有一天毁了你"。

这样的人为不大一点事，就敢下毒手，拼个你死我活。惹上亡命徒就会给我们带来数不清的麻烦和损失。

在亡命徒眼中，伦理道德、正义、法律一钱不值。他们无所顾忌，没有什么东西能够压服他们。

不跟亡命徒较劲，主要原因是为了不搅乱我们的正事，而不是因为懦弱害怕。我们多数人都是有正经事要去办的，为了避免一些不必要的麻烦，就不能与这类人较劲，否则会耽误了大事。与亡命徒计较是最没有价值可言的，这种人视生命如儿戏，置公理于不顾，与这种人发生冲突一点好处也不会有。

聪明人不会作无谓的牺牲，不会卷入没有价值的冲突。社会自有正义，秩序自有法律来维持，亡命徒迟早会受到惩罚的。但我们在日常交往中，还是尽量去识别亡命徒、避开亡命徒为妙。

只用七十分人才

……脱离了企业经营发展的实际需要而去招揽"最佳、全优"人才，并为此支付昂贵的薪资，其结果难免要搞成大材小用或人才闲置的局面。

日本松下公司素来珍视人才，却又偏偏尽可能地不用顶尖级的人才，而是"多多益善"中等的、可以打七十分的角色。依松下的眼光，企业用人，固然素质越高越优越好。但是，那些出类拔萃的顶尖人物往往自我感觉过分优越，自负感强烈，不太愿意与人平等沟通、默契合作，还容易抱怨环境影响了自己才能的发挥，计较企业给予的职位、待遇与其才识本领不相称，喜欢动不动就摆谱、"撒娇"、"撂挑子"，以这样的心态来干事业，对企业绝非有利。而七十分的人才，则一般较少"傲"、"娇"两气，他们多数对于待遇、环境容易满足，内心很看重企业的信任和委托，常常有一股子要与顶级人才比试身手、较量高低的念头。因此，他们特别富有竞争激情，乐于团结合作，握成拳头。如果使用得法，用到好处，这些七十分角色同样会发挥出巨大的能量，使企业如虎添翼，活力不竭。

显然，松下的这种"七十分人才"观是极有见地的。它从心理学的角度，从组织行为学的层面，细腻入微地剖解了人才使用的利弊，于理于情，皆说到了点子上。何况，企业用人也不能不精捯细量，讲究投资成本。一味地追慕"百分百"，标榜"高门槛"，脱离了企业经营发展的实际需要而去招揽"最佳、全优"人才，并为此支付昂贵的薪资，其结果难免要搞成大材小用或人才闲置的局面。人非所用，薪资虚掷，这不是一种事实上的浪费资源的赔本买卖吗？

警惕个人感情影响你评估下属

……好好反思一下你为什么喜欢某种行为或某个人，是很重要的。

我们都会无缘无故地、莫名其妙地喜欢这个人、讨厌那个人。因为你喜欢这个人，所以当你和他在一起的时候就觉得很高兴，感觉良好，什么原因你自己也说不上来。其实谁也说不清，这只能归结于人性。

你在评论你所喜欢的人时总会赞誉有加，而对你不大喜欢的人则往往吹毛求疵。因此，上司坐下来写行为评估时，动笔前应先注意自己对下属的感情问题。你在心中应不停地问自己：我对这个人看法如何？我喜欢他吗？我不喜欢他，为什么？如果你不能找到足够的理由加以证明，那你级可能受到了潜意识的影响，而这些潜意识形成于一些和工作无关的事。

你可能有一个属下独立工作能力很强，善于创造性地开展工作，他不常征求你的意见，甚至也不在意你的赞美。你可能喜欢他，理由充足：他使你免于分心，让你有时间和精力专注于其他事情。你也可能不喜欢他，理由很多：你对他常擅自行动，无视你的权威，使你陷入非常尴尬的境地而表示不满，认为他应该更多地征求上司的意见。像这样的例子会让你清楚地认识到，好好反思你为什么喜欢某种行为或某个人是很重要的。只有当你对这种情况保持警惕时，你才能做到评价的是属下的工作而非其个人。

在你对某些事情或个人进行评估之前，你必须具备详实可靠的资料，全面回顾过去一段时间的工作情况，并且明确自己的态度，保持警惕不让个人感情而影响评估的公正性。

喜怒不形于色

……关键时刻，要努力控制住自己的情绪。

第二次世界大战就要结束之时，反法西斯同盟的巨头美国总统杜鲁门、英国首相丘吉尔、苏联主席斯大林齐聚波茨坦进行会谈。

会议进行期间，杜鲁门别有用心地对斯大林说，美国已经研制成功一种新式杀伤性武器，其威力比最先进的导弹还要大许多。他暗示说这种新武器就是原子弹，并且反反复复地重复着原子弹的杀伤威力问题。说完之后，杜鲁门双眼一动不动地盯着斯大林的面部表情，希望从那张沉着如同一潭静水的脸上看出一些变化。但是，杜鲁门失望了。坐在远处的英国首相丘吉尔也在和杜鲁门做着同样的事情，他从另一个角度对斯大林的神态进行了仔细的观察。但结果和杜鲁门完全一样。事后，丘吉尔对杜鲁门说："自始至终我都盯着他的一举一动，但他没有丝毫的变化，好像一直在倾听着你的谈话，仿佛对你们的新型武器早有所知。"本来杜鲁门和丘吉尔打算以此来要挟恐吓斯大林，想在战争结束时多捞取点利益，但见斯大林对此无动于衷，只得作罢。

其实，斯大林当时的神情全是装出来的。对于杜鲁门的暗示他听得明明白白，但他努力控制住自己的情绪。会议结束之后，他马上离开，命令自己的科研人员加紧研制原子弹。不久，苏联也研制成功了自己的原子弹。

千万不要搞办公室恋情

……所谓的"美人关",大多是自作多情,是自己给自己设置的。

作为一个众望所归的男性领导,还要能过得了美人关。处于领导地位再加上风度翩翩的仪表,成为女下属聚焦的中心是再平常不过的事。但是,作为领导者要清楚,不要在烟花雾柳中迷失方向。

女下属对你献殷勤也不一定就是有特别的意思。出于对领导的尊重和爱戴,出于人与人之间的礼貌,她们也会对你微笑鞠躬,甚至向你多看几眼。此时,切不可自作多情,这是男人常犯的毛病,不要以为多看一眼就是暗送秋波,不要以为一噘嘴就是故意撒娇。其实,有时候只是女下属偶然的即兴动作,其实连她自己也未曾觉察到。

如果领导真的与某个女下属两情相悦,这也不是绝对不可以,只是当你们要决定发展个人感情时,必须下决心终止你们的工作关系,要么你离开原单位,要么女下属回家安心做你的妻子,绝对没有第三条路可以走。否则,就会给双方带来意想不到的麻烦。

勿与卑微者争执不休

……你如果与一个不是同一重量级的人争执不休,就会浪费自己的资源,降低人们对你的期望,并无意中提升了对方的地位。

不要被不重要的人和事多打搅,因为成功的秘诀就是抓住大目标不放,而不把时间浪费在无谓的事情上。

你是狮子,你就要选择好你的对手,对于老鼠的挑战,你要懂得放弃比赛。

你如果与一个不是同一重量级的人争执不休,就会浪费自己的资源,降低人们对你的期望,并无意中提升了对方的地位。同样的,一个人对琐事的兴趣越大,对大事的兴趣就会越小,而非做不可的事越少。越少遇到真正的问题,人们就越关心琐事。

威廉·詹姆斯说过:"明智的艺术,就是清醒地知道该忽略什么的艺术。"

真英雄之所以是真英雄,不仅在于他的勇猛或胆识过人,更在于他的肚量和策略不凡,他不与小人一般见识,不逞一时之气。

人品胜于能力

……如果人品上有问题,一个人能力越大,他给公司造成的损失就越大。

王永庆曾经说过:"有才有德者重用,有德无才者量才适用,无才无德者顺其自然,白食其力,有才无德者坚决不用。"

在当今讲究诚信、讲究和谐的社会里,特别能体现人品的价值。试想在一个公司里,有人天天在动歪脑筋挖公司的墙脚,这人能用吗?在一个机关里,有人天天与领导对着干,搞些小动作,破坏团结,这人能用吗?在一个集体里,有人天天当面一套背后一套,这人能相信吗?

微软的总裁比尔·盖茨说:"我把人品排在人才所有素质的第一位,超过了智慧、创新、情商、激情等,我认为一个人的人品如果有了问题,这个人就不值得一个公司去考虑雇用他。"

如果用单一的道德标准品评人,分出好人、坏人,并不一定公平和正确。人或诚实或虚伪,一时之间,很难分辨。但随着时日的增长,两者分界逐渐明显,一个人是诚实还是虚伪,其日常的言行举止,总会有所表现。

人品胜于能力,并不是对能力的否定。人品就像一艘船的舵,而能力就是它的马达，马达决定船行的快慢，舵却控制着船行的方向。你只有开足马力，并沿着正确的航线前行，才能更好更快地到达目的地。

不要在下属面前流露悲观的情绪

……不要在自己的下属面前流露悲观的情绪，否则他们不但不会以你为榜样，反而会看不起你。

悲观会让人失去信心，失去奋斗的勇气，一个悲观的领导不会有积极的员工。因此，领导不要在下属面前流露悲观的情绪。

一个对公司前途悲观失望、缺乏热情的主管，是不会成为下属学习的榜样的，下属的悲剧总是领导一手造成的。自然界同样有这样的例子，德国动物学家霍斯特研究过，鯦鱼因个体弱小而常常群居，并以强健者为自然首领。将一只稍强的鯦鱼脑后控制行为的部分割除后，此鱼便失去自制力，行动也发生紊乱，但其他鯦鱼却仍像从前一样盲目追随。下属也一样，他们觉得最没劲的事是跟随了一个没劲的上司。要想改变自己的形象，你必须永远乐观向上，对工作充满热情。

如果你控制不住脾气，或者长期陷入沮丧的状态，那么你永远也控制不了别人。实际上，你永远也得不到下级的信任和尊敬。

不要在自己的下属面前流露悲观的情绪，否则他们不但不会以你为榜样，反而会看不起你。

副职过多害处多

……领导工作多派了人，在大多数情况下，都将发生内耗，把事情搞糟。

作为领导者，在组织领导班子的过程中，有一个重要问题不可忽视，就是副职设置过多，也就是职位的设置超过了实际的需要。这是当前领导中的一大弊病。如果因为洗一定量的衣服，两个人洗一般来说总比一个人洗得快且轻松，就以为做领导工作也同样如此，那就大错特错了。大家应该清楚，智力的结合同体力的结合在质上完全是两码事。如果说，其它工作多派了人能够做得快一些或者只是造成一些窝工浪费现象，而领导工作多派了人，在大多数情况下，都将发生内耗，把事情搞糟。

一个组织中副职多，害处也就随之而来。首先副职多，容易造成人浮于事，明明一正一副就可以办的事，硬设上好几个副职，就容易使一件事推来推去，一个文件传来传去，最后没有人办事。出了问题大家负责，共同承担，实际上等于谁也不负责。

其次，副职多，造成分工过细，每个人只管自己分工的工作，而不过问其他方面的事情，协调不好，就出现"一人一把号，各吹各的调"的状况，甚至不顾集体利益，互相削弱力量，无法形成一种合力。

再次，副职多，下级的"婆婆"也多，"一个君主一道令"，往往使下级无所适从，特别是有时要花费很大的精力去保持与上级数职之间的关系平稳。在下级不愿得罪任何一个上级时，往往煞费苦心寻找一个几全其美的方法进行协调，而这种"几全其美"的方法往往是效率平平。

总之，副职过多，多弊而无利，容易出现的结果便是整个领导班子的效率低。正如有的领导者深为感慨地说："让我一个人干，也会比现在这样好！"

先做最重要的事

……每个人的精力都是有限的，如果在不重要的事情上花费过多的精力，就没有足够的时间考虑重要的事情，仓促的决定等于巨大的危险。

有一天，动物园的管理员们发现袋鼠从笼子里跑出来了，于是开会讨论，一致认为是笼子的高度过低，从而导致袋鼠从笼子里跳出去。所以他们决定将笼子的高度由原来的 10 米加高到 20 米。可是第二天，他们发现袋鼠依旧能够跑到外面去。于是他们又加高了笼子的高度，没料到第三天袋鼠依旧在笼子的外面活动。长颈鹿好奇地问袋鼠："你看，这些人会不会再继续加高笼子呢？"袋鼠说："很难说，如果他们再继续忘记关门的话！"

袋鼠逃跑，不是因为动物园的笼子不够高，根本的原因在于工作人员根本就不关门！一个多么可笑的错误，可悲的是，很多人每天都在犯这样的错误。事有"本末"、"轻重"、"缓急"，关门是本，加高笼子是末，舍本而逐末，当然就不得要领了。其实我们只要界定问题的重要性，那么问题就解决了一半。

其实不论在什么位置、干什么工作，抓住重点都是必要的。

美国汽车公司总裁莫瑞要求秘书，把给他看的文件放在各种颜色不同的公文夹中。红色代表特急；绿色代表要立即审批的；橘色的代表这是今天必须审阅的文件；黄色的则表示必须在一周内批阅的文件；白色的表示周末时须批阅；黑色的则表示是必须他签名的文件。

把你的工作分出轻重缓急，条理分明，你才能在有效的时间内，创造出更大的财富，也会使你工作游刃有余，事半功倍。每个人的精力都是有限的，如果在不重要的事情上花费过多的精力，就没有足够的时间考虑重要的事情，仓促的决定等于巨大的危险。

切忌打击报复而不择手段

……遇到麻烦的时候，你要保证解决问题的方法不比问题本身更糟。

一匹马多年来独享一块肥沃的草地，后来有一只鹿也发现了这块草地。

本来按马和鹿的食量，就是活一万年，也吃不完这块地上的草，但它却对鹿的闯入心存不快。

于是，它想借助人的力量征服可恨的鹿。但狡猾的人却说："我抓不到鹿，除非你让我骑着追上它。"马同意了，结果人骑着马追上了鹿。

本来马和鹿的奔跑速度是人远不能及的，但为了报复鹿，马甘受其缚，结果它们都成了人的俘虏。

直到这一刻，马才感到悔恨，但一切已无法改变，最终的赢家，不是跑得最快的马，也不是跑来分一杯羹的鹿，而是有智慧的人。

直到今天，马依然被人带上辔头，为其劳作，马是否反思过自己的错误呢？

明朝末年，李自成率起义军攻入北京，俘虏了吴三桂的女人陈圆圆。吴三桂冲冠一怒为红颜，遂引清兵入关，结果是把李自成赶跑了，同时自己也失去了自由，成了清人的鹰犬。虽然日后有所反复，但也没有洗去千古罪人的骂名。所以说，逞一时之快，为了打击报复而不择手段，终会让自己付出沉重的代价。

记住，遇到麻烦的时候，你要保证解决问题的方法不比问题本身更糟。

勿轻易"纵向兼职"

……凡纵向兼职，除非在某一职务上什么事也不管，即虚职，否则就会产生混乱。

纵向兼职，就是一个领导者身兼两级职务。在这种情况下，领导者在商量工作或找人说话时，不可能每句话后面都解释一下他这句话是以某身份说的，另一句话是以另一级领导的身份说的。下级或平级因此也往往无法判断他是在哪个级别上说话，因而常常导致误会。

某车间主任兼副厂长，分管全厂的职工福利工作。他所在的车间有一职工因家庭困难申请补助，这位兼职副厂长签字批准后，使财务部门犯了难。财务制度规定这类申请必须有车间主任、主管副厂长两人签字，现在两人成了一人，财务部门只好如数付款。后来其他车间的主任也直接给这类申请签字，找财务人员领款，他们的理由是，每个车间主任都必须对自己的下属负责，别的车间主任有财权，他们也应该有。因此，这一项财务制度就被破坏了。

凡纵向兼职，除非在某一职务上什么事也不管，即虚职，否则就会产生混乱。我们说，领导者兼职就要履行所兼职务的职责，这样，当下级把矛盾原原本本地交上来时，而领导者又不得不亲自做出处理，处理的依据则往往是间接的汇报反映，使处理的结果常常失之于独断和片面。

如果在某一个职务上什么事也不干，那又何必兼职呢？此外，兼职后哪一级的会议都要参加，只有发言权，并无任何职权，对组织无任何好处，个人的时间也被浪费掉。如果仅仅是为了地位和待遇而兼职，那么就应该把他看作部门内多余的人。

识时务者为俊杰

……历史上凡是阻碍大局的人，没有不遭祸害的。因为阻碍与被阻碍是两个方向相反的力，它们之间没有存在共同的利益。

历史上凡是阻碍大局的人，没有不遭祸害的。因为阻碍与被阻碍是两个方向相反的力，它们之间没有存在共同的利益。刘备杀张裕，诸葛亮为他求情，刘备说："芳草和兰草有什么罪！罪就在生长得不是地方。"宋太祖（赵匡胤）讨伐南唐李煜，徐铉请求暂缓用兵，太祖说："卧榻之侧，岂容他人酣睡！"酣睡有什么罪？罪在睡的不是地方。

古代还有一件奇事：狂人的后代花氏兄弟二人，对上不向周天子称臣，对下不同诸侯结交来往。自己在原野上耕种，吃从它上面长出来的东西；自己在原野上凿了口井，喝从它里面拎上来的水。这明明是空谷幽兰，明明是酣睡在自己家榻上，似乎可以免掉祸害了。但姜太公来到丘后，首先就把他们杀了。这是什么道理呢？因为太公在这个时候，正想用官爵俸禄驱使豪杰，偏偏有两个不肯接受官爵俸禄的人横空拦阻在前面。这仍然是阻碍了路线，如何容得他们？

逢蒙杀死后羿，是先生阻碍了学生的路；吴起杀死妻子，是妻子阻碍了丈夫的路；汉高祖分杯羹，是父亲阻碍了儿子的路；乐羊子吃羹（儿子的肉做的），是儿子阻碍了父亲的路；周公杀管叔鲜、蔡叔度，唐太宗杀李建成、李元吉，是哥哥阻碍了弟弟的路。

可见路线冲突了，即使是父子兄弟夫妇，都要起杀机的，更有何义气可谈！

对杰出人才要做出适当让步

……进取心强的员工是公司最富有价值的、积极的资产，这一类型的员工往往具有很强的自我表现欲。

进取心强的员工是公司最富有价值的、积极的资产，这一类型的员工往往具有很强的自我表现欲，当管理者无法满足他们实现自我价值的要求时，就会感到自己的价值取向和公司的价值取向存在较大的差距，因而抱怨得不到公司充分的重视和支持，而有可能另寻更加重视、更能发挥他们才华的环境。所以，挽留这类人才，最简单的方法是做出适当让步，为能够充分发挥其才华创造条件。

获得博士学位后，杰克·韦尔奇进入了 GE 公司，主要负责 PPO 材料的研制工作，他以极大的热情，努力去克服一个又一个的难题。

韦尔奇成功地推出 PPO 材料时，他被公认为 GE 公司塑胶部门的一颗脱颖而出的新星，成为众多化工公司关注的焦点，于是有猎头公司开始盯上他了。就在韦尔奇雄心勃勃地要大展宏图之时，他发现 GE 公司存在着严重的官僚主义，首先体现在薪酬管理问题上。年底时，公司给韦尔奇加了 1000 美元的薪水，他为此感到很高兴。但很快，韦尔奇发现无论员工表现好与坏，在工作的第一年年终时，每一个人都获得 1000 美元的加薪。

生性要强的韦尔奇无法忍受 GE 公司对人才的偏见，他认为既然付出了努力，就应该得到等额的回报。而他相信自己应该获得更高的薪水，所以他毅然向 GE 公司塑胶部门主管提出了辞职。当时位于芝加哥的国际矿物化学公司十分欣赏韦尔奇的才华，他们向韦尔奇提出，只要他愿意加入 IMC 做一名化学工程师，他就能获得 2.5 万美元的年薪，相当于韦尔奇在 GE 公司的两倍。韦尔奇略做考虑，就接受了这个职位。

就在韦尔奇准备动身的这一天，正在麻州考察的 GE 公司副总裁鲁本·加托夫闻讯赶到了塑胶部门。他对这位年轻的化工博士早有耳闻，尤其是他研制出 PPO 材料以后，塑胶部门的业绩直线上升。加托夫意识到，GE 公司应该留住像韦尔奇这样的人才并委以重用，不然对公司是一大损失，同时会增加竞争对手的锐气。

加托夫找到韦尔奇，极力劝他留在塑胶部门。他知道年轻人的脾气，便许诺给他以三倍于现薪的薪酬作为他的年薪，工作出色后还有奖励，并且答应他只要他工作再出成绩，就委以更高的职位。

加托夫使用更高的薪水和更高的职位使韦尔奇重新回到 GE 公司上班，他成功了。这个来公司不到一年就想跳槽的小个子青年在之后的 40 年内一心一意在 GE 公司工作。并在 1981 年成了公司的总裁，领导 GE 公司雄踞全球企业 500 强之首。

事实证明 GE 公司副总裁竭力挽留韦尔奇是个英明无比的决定。

切莫过了嘴瘾，伤了信用

……与当时脱口而出相比，实现自己的诺言实非易事。

许诺越高，兑现越难，一旦兑现不成，失望也越大，而当失望超过一定的限度，就是绝望。这就意味着死亡。与当时脱口而出相比，实现自己的诺言实非易事。领导们到这时都会后悔当时夸下海口，结果自己难为自己。许诺不能兑现，最容易使人走向反面。很多时候人们原本的期望值并不高，但经领导轻易许诺一刺激，期望值顿升，虽然心里也知道有些不切实际，但人就是这样:"上去容易下来难。"

更严重的问题是,许多领导根本就没有打算兑现。当初的许诺只是"逗你玩",让你努力工作而已,现在你的价值不大了,也就没有兑现的必要了。这种过河拆桥的实用主义观点,简直就是让企业自杀,因为你的信用下降及对员工的不公正,会影响到企业所有员工。兔死狐悲,他的今天就是我的明日,那么其他员工就会对企业、对领导毫无信心。如果是在你这儿干,那一定是出于无奈,否则一有机会肯定会拔腿就走的。这种有意的不兑现,给企业带来的危害是灾难性的,是用多少心血,多少钱都无法挽救的。

因此,领导们不要信口开河,有一分说半分,给自己与别人都留点余地,切莫过了嘴瘾,伤了信用,否则得不偿失,会遗恨终身的。

不以出身论英雄

……出身卑贱的未必品德卑劣,历史上大多舍生取义、铁骨铮铮的汉子,多来自于下层。

把出身作为一种选人、用人的主要条件,是一种陈腐的用人观念。以出身取人的用人者,门第观念十分严重,这些用人者不问人的德才如何,只关心人的身份家世。在他们看来,龙生龙,凤生凤,老鼠生儿会打洞,所以人的出身决定了他的能力,理当成为一个人被任用与否的重要条件。

出身高贵的未必德行高尚,许多王公将相世代公卿,在民族危亡之际,想的不是力挽狂澜,救民于水火,而是怎么样苟且自保,甚至卖国求荣;出身卑贱的未必品德卑劣,历史上大多舍生取义、铁骨铮铮的汉子,多来自于下层。出身富贵的未必知识丰富,出身贫贱的未必才干拙劣,这是人所共知的道理。

领导者不想在识人的过程中出现失误,必须改变自己的识人之法,打破传统观念,以自己的眼光和需要去观察人才、考验人才,这样才能有所作为。相反,如果光是用教条的办法评判下属,肯定是给自己堵死了一条活路,更谈不上识准人才了。

把握与下属之间的远近亲疏

……与下属关系过密，往往会带来许多麻烦，导致领导工作难以顺利开展，影响领导形象。

作为一名领导者，要善于把握与下属之间的远近亲疏，使自己的领导职能得以充分发挥，这一点是非常重要的。

有些领导想把所有的下属团结成一家人，不分时间和场合地与他们说笑，这种想法很不正确，事实上也是不可行的。如果你现在正在做这方面的努力，劝你还是赶快放弃。

与下属建立过于亲近的关系，并不利于你的工作，反而会带来许多不易解决的难题。时间长了，你的下属并不把你当成领导看，而把你当成哥们儿。既然是哥们儿，什么事就都有可能发生了。

在你做出一项决定要通过某个下属贯彻执行时，你的这个决定很可能会触犯到他的利益，恰巧这个下属又与你平常交情甚厚，不分彼此。他如果是一个通情达理的人，为了支持你的工作，就会放弃自己暂时的利益而去执行你的决定，这自然是最好不过的。但是，如果他是一个不晓事理的人，便会找上门来，依靠他与你之间的关系，请你收回决定，这无疑是给你出了一个大难题。

你如果要收回决定的话，必然会受到他人的非议，引起其他下属的不满，工作也无法开展。不收回，就会使你与这位下属的关系出现裂隙，他也许会说你是一个不太讲情面的人，从而远离你，甚至在你们共同的朋友间散布不利于你的言论。

与下属关系过密，往往会带来许多麻烦，导致领导工作难以顺利开展，影响领导形象。当然，与下属保持距离，并非不关心下属疾苦，这种关心与距离是两回事。

急躁之火会烧毁一切有价值的东西

……就像电线短路会将整个电器烧毁一样，任何直接的冲突和斗争，都会让参与的双方付出惨重的代价。

有很多领导者都是火爆型性格，急躁易怒，犹如鞭炮一样见火就着，随时都有可能"爆炸"。具有这种性格的领导者，难以成功地自我控制，在不想发火的时候发火，不该发火的时候发火。有的时候，因发怒而破坏了自己愉快的心境；有的时候，因发怒而损害了下属和职工的感情及工作的积极性；有的时候，则因发怒而把事情办得更糟，甚至造成难以挽回的后果。

英国著名的政治家、历史学家帕金森和知名的管理学家拉斯托姆吉，在合著的《知人善任》一书中谈道："如果发生了争吵，切记：免开尊口。先听听别人的，让别人把话说完。要尽量做到虚心诚恳，通情达理。靠争吵难以赢得人心，立竿见影的办法是彼此交心，这在吵架中绝对得不到。"

就像电线短路会将整个电器烧毁一样，任何直接的冲突和斗争都会让参与的双方付出代价。不仅没有人能够真正赢得胜利，而且还要承受仇恨带来的后遗症。

基层单位不需要"政治家"

……基层的工作就是把你那一块的事情做好，如果这个单位总是吹政治风，那么，它是没有办法完成中心任务的。

中国人格外关注政治，喜欢参与政治。无论是什么样的单位，不只是政治单位，就是企业、事业部门，也总是有那么一些人十分关心政治，还有那么很少的一部分人，更是以关心这个单位的命运为己任，警惕地注视着这个单位，尤其是领导的一举一动。他们成了这个单位的"政治家"。

他们的工作可以做得非常一般，甚至很差，连他们的家庭也常有"战争"，但对他们的关注对象却十分热心；他们有政治头脑，团结可以团结的人，结成一个小群体，经常在一起磋商政治事项；他们还很善于把观察到的问题归结起来，报告给上级，以寻求上级的支援。最有势力的"政治家"是那些已经有了相当地位的人，他们利用已经取得的权力，结成了一个同级，甚至上级都难以攻破的政治堡垒。

不管是哪一种，他们都是那个单位的、甚至社会的不安定因素。他们的共同点是唯恐天下不乱，以便浑水摸鱼。在局部上看，他们的看法有对的成分；但从全局和倾向上看，则没有任何积极的意义。

应该说，基层单位是不需要"政治家"的，不管这个"政治家"是什么含义。因为基层的工作就是把你那一块的事情做好，如果这个单位总是吹政治风，那么，它是没有办法完成中心任务的。

郭士纳在主持 IBM 工作后就提出："不能有政治家"、"应解雇政治家"。他是要摧毁公司内部已经建立起来的人为的势力范围。由此，他公开处理了几个不愿意执行新计划的人。

西班牙神父葛拉西安说过："有些人性格非常挑剔，他们能在一千种美好的事物中找出一处缺憾来加以责难，并将其曲解扩大。他们是强者和智者的垃圾收集者，他们是不幸的，因为他们只与苦涩为伍。"

不搞人才"小圈子"

……以个人的好恶识别人才，没有客观标准，没有原则性，在管理上，就会随心所欲地处理问题。

每个人的兴趣、爱好、性格各不相同，不能只凭自己的爱好，以己之见来断定某人是否有用。有的领导往往以感情用事，看到某人的脾气和志趣与己相投，便不再注意这个人的其他方面，就把他当成了人才。这样，往往会出现只有情投意合者才被重用，搞自己的"人才小圈子"，而埋没了真正的人才。

据专家研究分析表明，以自己偏爱、偏恶的标准来识别人才，这种管理者大多心态不正，最根本的原因在于其为人做事没有原则，以感情用事，随心所欲。这样的领导自觉不自觉地以志趣、好受、脾气相投作为惟一的识才尺度。实际上，这是一种把个人感情置于企业利益乃至国家利益之上的错误做法。从近处来讲，许多与他志趣不投的有才之士，他视而不见，感情上有抵触情绪，其结果是企业人才的流失。从长远看，以个人的好恶识别人才，没有客观标准，没有原则性，在管理上，就会随心所欲地处理问题，管理制度本身就会失去约束性和原则性，在领导者周围就会出现一群投其所好的无能之辈，长此下去，势必会严重影响企业的发展。

总而言之，只有会识人的领导才能用好人才，识人是用人的前提。而领导在识别人才时，必须把个人的感情置之度外，抛开自己的爱好与志趣，以整体利益为重，这才是治国安邦、持家敬业的根本。

莫为小恩小惠

……小善就是只顾及眼前所见，而不怜天下，他的善并不是从普天下所有的人出发，没有博爱天下的气魄，所以成不了事。

小善，就是常说的"妇人之仁"，其表现是："繁礼多仪，而换却自然；外宽内忌，用人旋疑；怜饥寒而不恤所不见。"

《三国演义》中的曹操是个大恶人，他的理念是"宁可我负天下人，不可天下人负我"，但历史上的曹操却完全不是这样，反而是一个雄才大略、文武双全、接济苍生的英雄。历史上著名的官渡之战，以曹操的胜利和袁绍的败北而告终。当时，袁绍据有四州之地数十万大军，帐下谋士如云，战将林立，是北方势力最大的军阀集团。但战争的结果却是使四世三公、名门望族之后的袁绍一天天走上败亡的下坡路,其原因就是谋士郭嘉对袁绍分析的十败。这其中之一便是曹操在"仁"方面的胜利。郭嘉是这样说的:"绍见人饥寒,恤念之情形于颜色,其所不见,虑或不及,所谓妇人之仁也;公于目前小事,时有所忽,至于大事,与四海相接,恩之所加,皆过其望,虽所不见,虑之所周,无不济也,此仁胜也。"袁绍的小善就是只顾及眼前所见,而不怜天下,他的善并不是从普天下所有的人出发,没有博爱天下的气魄,所以成不了事。这也正是曹操与刘备煮酒论英雄时,说袁绍"见小利而忘命,干大事而惜身"的由来。

无独有偶,项羽与袁绍一样,有着小善。项羽对人很有礼貌,很慈善,总是好言好语,遇到有人病了,还要哭哭啼啼,把自己吃喝的东西分给他。可是,当遇到该封赏有功者时,他却把爵印抓在手中,都玩出了缺口,也舍不得封赏。韩信对此是这样评论的:"项王见人恭敬慈爱,人有疾病,泣涕分食饮。致使人有功当爵封者,印玩赏,忍不能予,此所谓妇人之仁也。"

留意下一个当权者

……你不要只迎合当权者,还要留意明日的权势者,就像一个老于棋道的棋手一样,当你走出第一步棋之后,还要想到第二步、第三步如何走。

你不要只迎合当权者,还要留意明日的权势者,就像一个老于棋道的棋手一样,当你走出第一步棋之后,还要想到第二步、第三步如何走。

商鞅在秦国实行变法之初,反对者数以千计,连太子也不以为然,一再犯法。

商鞅说:"变法的法令之所以不能贯彻执行,是由于上层有人故意反抗。"便想拿太子开刀。可是太子是国君的接班人,是不能施刑的,结果便拿太子的老师公子度和公孙贾当替罪羊,一个被割掉了鼻子,一个在脸上刺了字。当时商鞅甚得秦孝公的宠信,权势极盛,太子拿他也无可奈何。

然而，正当商鞅的权势如日中天之时，秦孝公死了，太子继位，是为秦惠文王，他一上台，他的老师、那个被割掉了鼻子的公子虔便出面告发，说商鞅想要谋反。

商鞅这才是真正的作法自毙，他走投无路，被车裂（即五马分尸）于咸阳街头，家人也被灭族。

常言道，人无远虑，必有近忧。商鞅其人，作为一个改革家，在政治上是极具远见的，但他长于谋国，拙于做人。他没有想到，宠信他的秦孝公不可能陪他一辈子，未来的天下毕竟还是太子的，这样的人怎么可以得罪呢？熟谙为官之道的人都明白，走一看二眼观三，这样你才能在瞬息万变的政治舞台上，始终立于不败之地。而商鞅却一步把棋走绝，没有给自己留下抽身退步之地。在改革大业上他是一个英雄，在如何做人上，他却是个失败者。

欲在社会上立于不败之地，就要广交朋友，引以为援，但若只顾眼光向上，不及其余，他日靠山一倒，所谓墙倒众人推，必遭众人攻击，使自己身陷险境。

做人的艺术，其实是一个平衡的艺术，既要左顾右盼，照顾到方方面面的利益，又要瞻前顾后，考虑到事情的前因后果。不能只在一棵树上上吊，也不能一条道走到黑。

让自己站在竞争者中间

……当竞争的双方或多方争相争取你的关注时，你立刻就会成为抢手货，看起来会非常有影响力。

要想提高自己的身价，单靠才能与品德还是远远不够的。就像出售商品一样，如果单以质量取胜，不足以赢得过多的顾客；一味降价，更是费力不讨好的事。最好的办法莫过于——不断涨价，并使顾客感到货很抢手，如果不赶快行动，有钱也买不到了。简而言之，就是站在竞争者中间，给他们以竞争压力。

毕加索在历经早年的贫困后，终于成为全世界最成功的艺术家之一。但是很长时间，他没有将自己全权委托给任何一位经纪人，虽然这些人从四面八方包围着他，个个都以吸引人的条件和优越的承诺诱惑他。他没有上钩，反而表现出对他们的服务毫无兴趣的样子。这套伎俩可把那些经纪人逼疯了，就在他们为他而竞争时，作品价格也就自然节节高涨了。

如果你渴望权力和影响力，那就让自己站在竞争者中间，审时度势。当竞争的双方或多方争相争取你的关注时，你立刻就会成为抢手货，看起来会非常有影响力。这种策略会让你增加自己的分量，获得更多的权力。

更完美地施行这套策略，必须保持内心的自由，不要受情感的牵绊，作自己的主人，而不是为别人摇旗呐喊。

多向公司负责，少向下属负责

……要做一名成功的领导，到任何时候都不能怕扮黑脸。

有一天，你接到老总的通知，你掌管的部门要裁减一名员工，并由你去做他的思想工作。你会感到十分烦恼。因为每一个下属都有其特长，最重要的是你与下属合作愉快，交情也不错，你该怎么办？

身为领导，有义务保护和照顾下属，但作为中层主管，当下属面临被辞退时，请你保持冷静，对事情分析清楚。首先，摒除下属是你的好友这个包袱，一旦有了无形的压力，你一定不够客观。事实上，站在公事公办的立场，是没有人情可讲的。

其次，面对你的下属，坦诚地把整件事的来龙去脉讲一遍，告诉对方，绝无任何隐瞒，否则，难以面对好友。

面对公司老总，你没有必要申辩什么，可以把下属以往的良好纪录和成绩拿出来，提醒老总，这是一个人才，偶尔失误，还是应该给予机会的。何况你若失去这个助手，工作可能会受到影响。

记住,你应向公司负责而不是向下属负责,这与义气无关。老总做出怎样的裁决,都应该遵守,你也应该问心无愧。

要做一名成功的领导,到任何时候都不能怕扮黑脸,否则只会左右为难,处处被动,里外不是人,最终将一事无成。

别因"公事"而结"私怨"

……每个人都有属于自己的"领地",别人工作的地方,没有必要时,不要随便靠近。

每个人都有属于自己的"领地",只不过当它以无形的方式表现出来的时候,就常常容易被忽略,而这也恰恰是最易出问题的地方。

你不要以为这没什么,或是有"我又没什么坏念头"的想法,事实上,你的举动已经侵犯到了别人的领土,对方会感到不快的。这不快会藏在心底,对你有了坏的印象,甚至怀疑你到底有什么企图?或是来刺探什么……你不能怪别人这么想,因为有这种想法是非常自然的,换成你,也是如此!所以,别人工作的地方,没有必要时,不要随便靠近。

有句俗话说:"狗拿耗子,多管闲事。"按理说,谁能"拿耗子"对主人来说都是一样的,但对猫来说,问题就不这么简单了。

猫有理由认为拿耗子是它分内的事,不用"狗"来管,狗去看好大门就是尽责了。其实,这里的"领土范围"之争有一个明显的原因,如果主人有一只既会看门又会抓耗子的狗,他还要猫干什么?狗的好心被视为"抢饭碗"。

有时,你的部门一时人手紧张忙不过来,此时切不可以你的职位,不通过其他部门的主管就随意调用该部门的人员。对该部门主管而言,你是"手太长",没把他放在眼里;对被调用人员而言,心中也感到不平,"你算哪儿的,你管我!"这些通常不会显露在脸上,可你又没有意识到,傻乎乎地以为人家很愿意帮你似的。然而实质上,你已经"侵犯"别人的"领土范围"了。

还有一种情况,就是过于依赖个人的关系而忽略应该走的"过场",这也是一种"领土"侵犯行为。

比如,你与打字室的某人关系不错,因此你便直来直去,把一些打字的文件直接送到这个人的手中,全然忽略了打字室的主管。这是最容易得罪人的一种行为,这无异于是对其"领土"的"公然践踏",本来忙的都是公事,却不小心结下了"私怨"。

应切记,你所代表的是一个部门而不仅仅是你个人,这样你的行为往往被人们上升为部门行为,所以更要小心。

要懂得"人微言轻"的道理

……如果自己还不是"重量级"人物,就不要随意发展长篇大论。

绝大多数领导,注定只能是一个中层领导者,也就是有下属,也有上级。

人是社会动物,身份地位常常左右着一个人说话的分量,也就是受重视的程度。

比如身居高位者,说一句顶十句;而多数人说的话却常常是几句不顶一句。我们时常会看到这样的情况,那些有身份的人身旁总是前呼后拥地跟着很多人,专心致志地准备聆听教诲。而他说起话来也是底气很足,一句本来没有什么可笑的话,也能把大家逗乐。

而另一种情况是,有的话本来很重要,但却因为说话人是小人物,导致说出来的话丝毫不能引起反应,甚至还会招来奚落和耻笑。

"人微言轻"实在是自古而然。赵高之所以敢于颠倒黑白、指鹿为马,群臣心知肚明却没有人敢作声,就是因为他已经"权倾朝野"了。这道理用在我们管人上,就是要做到"不轻言、不轻信"。如果自己还不是"重量级"人物,就不要随意发表长篇大论;听取别人的言论,也不要取决于对方的身份高低。

切勿口无遮拦

……拥有丰富阅历的人经常会为自己说过的一些话感到懊悔,但从不后悔自己曾经保持过的沉默。

法国有一句谚语:"语言伤人比刺刀伤人要可怕得多。"尖刻的话语,可能会使对方无地自容,因此,必须有很强的自制力,尽量不说出这些话来。布雷默夫人在《家》一书中说:"老天爷不允许我们说伤人肺腑的话,因为这会比锋利的刀剑更伤人心,甚至会使人一辈子都感到撕心裂肺的疼痛。"

所以,伟人在说话时,时刻注意控制自己的情绪。明智的人和知道自我克制的人,说话时总会小心谨慎,顾及他人的情绪,三思而后言;但缺乏理智的人却会口无遮拦,无所顾忌,甚至因此而失去许多朋友。所罗门说:"明智的人的嘴,代表着他的心灵,愚昧的人则把心灵挂在嘴上。"

但是,生活中也有很多智商高的人,却缺乏责任感和忍耐力,很容易冲动,不能控制自己。他们虽然思维敏捷,但说话十分尖刻,而且容易沉迷于各种欢呼和喝彩声中,夸夸其谈,骄傲自满,这可能给他带来无穷的后患和伤害。边沁曾说:"一句话的表达方式,可能会决定一个人的命运,甚至可以决定国家的命运。"所以,我们要好好克制自己的言行,尽量避免写一些尖锐的批评文章。西班牙有句格言说:"一支鹅毛笔,会比狮子的爪子还要锋利。"

我们经常会听说,有些拥有丰富阅历的人经常会为自己说过的一些话而感到懊悔不已,但从不后悔自己曾经保持过的沉默。毕达戈拉斯说:"如果不能保持沉默,就一定要说得恰如其分。"乔治·赫伯特也说:"要么恰如其分地说出来,要么明智地保持沉默。"被利·亨特称为"绅士圣人"的圣弗朗西斯·德·沙列斯说:"沉默总比口无遮拦好,口无遮拦就像把一道精美的菜肴败坏掉的调味品一样。"

当然,不可否认,在某些适当的场合或时间,释放和发泄愤怒是合理的,也是必要的。具有正义感的人会对卑鄙、自私和残忍的行为愤怒不已。

然而,我们必须时刻警惕自己的急躁情绪。培养容忍、宽大的个性,这是成为杰出人物所不可缺少的人格。

妇人之仁要不得

……一个人的恶行因为你的"妇人之仁"获得了宽容,你的"妇人之仁"不但没有感动他,反而让他有另外的机会犯下恶行,对别人造成伤害。

女人的特点之一是心特别软,她们容易感动,意志容易受到情绪影响而动摇。这种特色在有孩子的妇女身上尤其明显,因为她们全身的血液流着一种母性的爱。当孩子犯错误流着眼泪时,妇女都会抱着他,原谅他。这种爱有时显得很没原则,很不理性,甚至是非不分。古人便将有这种特性的爱称之为"妇人之仁"。

一个人的恶行因为你的"妇人之仁"获得了宽容,但有时你的"妇人之仁"不但没有感动他,反而让他有另外的机会犯下恶行,对别人造成伤害。

因此,"妇人之仁"不是好事,可是,天生心软的人怎么办?难道注定在人性丛林里做个被剥削、被凌辱者?这种人应该要训练自己的思考与判断,用理性与智慧来指引自己的行为,而不要让感情牵动;这需要时间,也需要面对"挥泪斩情丝"的痛苦,但总是要经过种种磨炼才能成长、果断。

"妇人之仁"的风险和代价很高,如果不能去除这种感情物质,那么你只好庆幸自己还没有遇到坏人了。

不可过分仰仗权力

……把强制使人服从的力量深藏不露，才是最聪明的办法。

领导者负有达到企业生产目标的任务，为了完成任务，他被赋予一种强制别人的力量，这个力量就是权力。它可以用作指示、领导，也可用以纠正过失。

"仰仗"这个词带有贬义，意为依靠或凭借什么东西来干不好的事。领导者若想树立权威，就万万不可过分仰仗权力，因为越想得到、越夸耀的东西就往往离人们越远。如果太仰仗权力，不管什么事都采取强硬手段来压制员工，口口声声说"我说这么做就这么做"，不厌其烦地一再向人们显示自己的权力，就不能使员工信服。

领导者应该认清，指责下属应该根据事实，就事论事，要具有充分的指责理由。而不应因为被赋予了权力、赋予了使人服从的权势而滥用指责。把强制使人服从的力量深藏不露，才是最聪明的办法。

最好的办法是改变指责方式，从权力的宝座上走下来，以一种交换意见的态度，和气地解决问题，这才是上策。

不要为鸡毛蒜皮的事忙得不可开交

……为鸡毛蒜皮的事情忙得不可开交的领导者，收获的只能是"鸡毛蒜皮"。领导者应宏观管住，微观放开，大胆地让能干的人去做他能干的事。

大多时候，和朋友谈起话来，他们常常抱怨自己的工作多么繁忙，属下工作多么不让人放心。为此，每当有什么任务由他们负责时，自己总是要累个半死。

其实我们之中的许多人都有这样的遭遇，我们总是相信自己要多于相信别人，这是一种正常的心理。这种心理表现在工作中，就是常常担心把事情交给别人去做达不到理想的效果，或者担心别人会把事情搞砸，甚至有时明明知道别人也能做得很好，却仍然放心不下——偏偏要亲自去做不可。要改变这种状态，就要在工作中学会信任别人，知人善任。

正如一艘海上航行的巨轮，船长的职责不是要去驾驶，也不是去升帆，更不是去掌舵，而是掌握航向航线，要处理意外的突发事件，最主要的是要将船上的人有机地组织起来，调动起来，通力合作，以求航行一帆风顺。

领导者正是这样，不是要去做具体的某某琐事，而应是去做事关总体大局的、方向性原则性的事情。为鸡毛蒜皮的事情忙得不可开交的领导者，收获的只能是"鸡毛蒜皮"，还有咸涩的汗水和来自各方的讥笑和挫伤。领导者应宏观管住，微观放开，大胆地让能干的人去做他能干的事。

玩弄手腕者终究会失信于人

……也许能一时欺骗蒙哄某些年幼无经验者。可是第二次或第三次，一旦被识破，别人就不会再相信你了。

失信于人，说话不算数，许诺不兑现，从深远的方面来说，意味着你丢失了人之所以为人的起码品质，意味着在别人眼中你失掉了为人的信誉。这个损失多么惨重，你当然会掂量得清清楚楚。

除轻诺寡信之外，好耍小聪明、玩弄手腕者也大多失信于人。这样的人也许可以一时欺骗蒙哄某些年幼无经验者，可以得利于一时，赚到一笔，捞到一把。可是第二次或第三次，一旦被识破，别人就不会再相信你了。如此，你必将得不偿失。从根本上看，从总体价值上看，你骗到的是一粒芝麻，丢失的却是一个大西瓜。

要信守约定，看起来似乎很简单，做起来却相当困难，你只要稍有疏忽，就可能无法守信。所以，你在对待别人时，千万别轻易许诺，许了诺，便一定遵守，别人会为你的态度所感动，他们认为你是一个信者，从而会信赖、依赖你，你在生活中、工作中便会战无不胜，攻无不克。

抑制住自己一步登天的冲动

……深知事物的发展是一个循序渐进的过程，若鼠目寸光，为眼前小利所驱而坏了大计，实为不智之举。

华人首富李嘉诚有很多经商的哲学值得我们学习。有一次，记者问他的儿子李泽楷：你父亲教了你一些什么赚钱的秘诀？结果李泽楷说，父亲什么赚钱的方法也没有教，只教了我为人处世的道理。记者觉得吃惊，不肯相信。李泽楷解释说："父亲跟我说，你和别人合作，假如你拿七分或八分是合理的，那么拿六分就可以了。"

这是什么意思？就是说，每让出的一分利是让别人知道和李家做生意，是一件双赢的事，这给李家带来了数百倍于小利的人脉资源。想想看，虽然他只拿六分，但现在多了一百个人和他做生意，他现在多拿多少分？假如他拿八分的话，又会有多少人乐意和他合作？

一个有成就的商家，多数情况下能抑制住自己一夜暴富的冲动，他们深知事物的发展是一个循序渐进的过程，财富也是由少到多，一步一步积累而来，不可能一蹴而就。暴富的情况很少，大多数人是靠自己辛勤的劳动和艰苦的努力获得成功的。

要想成为一个成功者，就不能贪图一时一事的小利。若鼠目寸光，为眼前小利所驱而坏了大计，实为不智之举。无论是上学、经商，还是为工、为农，只要是有远大目标的人，都不会去计较眼前的一点小利而失去更大的利益。道理人人都懂，但在生活中难免有人为利所驱，做下种种蠢事。要想获得长远的利益，有时不可避免地要牺牲眼前的小利益，这是常理，也是舍小取大最重要的内涵。

不可追求过分完美

……才高者必遭众忌，功高者最易震主。

聪明的下属，常常不露痕迹故意在明显的地方留一点儿瑕疵，让人一眼就看出他"连这么简单的问题都搞错了"。这样一来，尽管你出人头地木秀于林，上司也不会对你敬而远之，他的风也不会"摧"你，因为当上司一旦发现"原来你也有错"的时候，反而会失去对你的戒心，更加相信你不会背叛他。

其实，与上司打交道时适当地把自己安置得低一些，就等于把上司抬高了许多。当被人抬举的时候，谁还有放不下的敌意呢？须知，只有当他对别人谆谆教导的时候，他的自尊与威信才能很恰当地表现出来，这个时候，他的虚荣心才能得到满足。

上司交代一件事，你办得无可挑剔，这似乎显得比上司还高明。你的上司可能就会感到自身的地位岌岌可危，大有担心别人取而代之的念头。为了保证位置稳固不受威胁，任何一位领导者都会毫不犹豫地打击出头之鸟。

才高者必遭众忌，功高者最易震主。屈原贞而自沉汨罗江，岳飞"精忠报国"而死。这些历史经验告诉我们，处理事情不可过分追求完美，伟大的人一般都会喜欢比自己稍微愚钝的人。

大敌当前，当一致对外

……大敌当前，应全力以赴，尽力攻敌为第一要务。

老鼠和黄鼠狼每年都发生战斗，可每次战斗的结果都是以老鼠的失败而告终。

有一次仗打下来，老鼠又损失惨重。于是，老鼠们坐下来总结经验教训。一个上了年纪的老鼠说:"我看我们打不过黄鼠狼的主要原因,是因为它们是狼,而我们是鼠,什么时候听说过鼠战胜过狼呢?不信你看看,它们有多大,而我们则多小啊!"

但有一个大老鼠不同意它的看法,它说:"我们总是失败,我看是因为我们没有指挥作战的将领,一旦有了将领,我们一定能战胜黄鼠狼。"

它的话引起了老鼠们的争论,最后,它们举手表决,大多数老鼠同意大老鼠的意见。于是,它们选出了五位老鼠做将领。这五位将领为了显示它们的与众不同,便要手下为它们做了一些犄角戴在头上。

不久,老鼠与黄鼠狼又发生战争。在将领们的带领下,老鼠们奋勇向前,但仍然无法抵抗黄鼠狼的强大攻势,刚一交手,便一触即溃,被杀得落花流水。老鼠们见失败已成定局,一个个望风而逃,谁也不去管那五位将领了。

老鼠们看准自己的洞,一个个都以最快的速度钻了进去。再看那五位将领,由于头上戴了犄角,想钻洞试比登天。当它们想甩掉头上的犄角时,黄鼠狼已冲到跟前,将它们一口一个全都吞掉。

虚荣是灾祸的根源。大敌当前,应全力以赴,尽力攻敌为第一要务,而他们想的是做了头领就应该与众不同,于是非要将"一些犄角戴在头上",这样的领导者,如何能领导人们走向胜利?

第二章

爱人者，人恒爱之

可以严于律己，不可严于律人

……"原则性强、律己律人、刚直不阿、不肯变通"成就了一些人的事业，同时也导致了他们的孤立。

于谦是中国历史上的一位著名人物，《明史》称他"英迈过人，历事三朝"。他的命运与明朝的两次重大事件——"土木之变"和"夺门之变"紧密联系在一起。"土木之变"之后，他成为救时的英雄，举国拥戴；而"夺门之变"则使他身败名裂，命丧刑场。于谦的悲剧固然是由多种因素促成的，但有一个问题可能是于谦至死也未能想透的，那就是自己一身正气致使同僚最终倒戈相向。

"土木之变"于谦立下了盖世的功劳，而"夺门之变"是文臣武将及宦官联合"倒谦"的结果。在"倒谦集团"中，文臣、武将、宦官分别以徐有贞、石亨、曹吉祥等为代表。这些人在"土木之变"后，曾与于谦共同守卫京城并共同拥立新君。然而，在随后的日子里，这些人对于谦由协作、支持逐渐转变为敌视，必欲除之而后快。

这是为什么呢？原因很简单，那就是于谦做事情唯标准是从的价值观。

电视剧《大明风云》中，有一段情节是描述于谦的个人生活的，讲的是他的结发妻子早亡，他一生怀念，对其他的异性一概不接受。在那个历史时期，男人妻妾成群是很平常的事情，但他对感情的执著如一，可见其为人处世的原则性及其标准。

古人做官颇有讲究，所谓"水至清则无鱼，人至察则无徒"。在传统思想文化熏陶下的官僚士大夫，在官场中表现出来的是两种截然对立的价值观：一种是刚正不阿、不谙熟也不肯融入于圆滑的官场，不愿曲意奉迎他人，对于懦弱、贪腐多有鄙视；另一种则是投机钻营，左右逢源，见缝插针，一切从个人私利出发，拉朋结党。毫无疑问，在封建社会的官场中，后者更为普遍。于谦的原则性近乎于不近人情，从而得罪了那些投机钻营、牟取私利者。于谦始终坚持自己的信念，律己律人，但最终的悲剧性结局一定在他内心留下了永久的困惑。

原则性强、律己律人、刚直不阿、不肯变通是他们的天性，也正是这样的天性，成就了他们的事业，也导致了他们的孤立，在非常时期不可避免地会遭遇坎坷曲折。

于谦是一个执著的理想主义者，是民族英雄。但他至死都未明白中国传统文化中，那些为大部分人所认同的为人为官之道。他的所作所为在后人看来是正义而高尚的，但在当时的人际环境中不仅难以被理解，反而成为招致怨恨的主要因素。于谦的悲剧是时代造成的，也是其个性的必然结果。

加班只是权宜之计

……如果稍微留意和了解一下中下层人士的生活，常会发现，大部分人都希望下班以后，就属于私人时间，绝不想将之用于工作上。

当你在下班时间看见下属们仍在埋头苦干，你也许会有很大的满足感，认为下属们有干劲，值得嘉奖和鼓励。

偶然一次加班，可以刺激下属的工作效率，但长期加班，就会打击他们的情绪，此种做法并不值得鼓励。事实上，长期需要下属加班，只能说明人手的不足，加班只属短期权宜之计，不能长期如此。如果你以为下属会稀罕那份加班的额外收入的话，就未免太看轻别人了。

如果稍微留意和了解一下中下层人士的生活，常会发现，大部分人都希望下班以后，就属于私人时间，绝不想将之用于工作上。

下属经常加班，为他们增添了不少问题，除了家庭生活会受到一定的影响外，对工作本身并无好处。由于太晚下班，回家后处理私人事务，往往弄到凌晨时分，延迟了睡觉的时间，造成睡眠不足。睡眠不足，使精神较难集中，以致影响翌日的工作，效率自然下降。

增加人手，比要雇员经常加班更实际，且更能鼓舞下属的士气。

不与下属谈个人隐私问题

……与员工的距离也要保持适当，甚至可以略远一些，这样更有利于自己权威的体现。

心理学家研究表明，领导者要想搞好工作，应该与下属保持较为亲密的关系，这样容易赢得下属的尊重，下属在工作时也愿意从领导的角度出发，替领导考虑，并尽可能地把事情做好。但同时又要保持适当的距离，尤其在心理距离上。这样可以保持领导的神秘感，因为不十分了解而使下属不敢轻举妄动和为所欲为。

在很多中小型企业的人力资源部、企划部等部门的人员一般都很少，大多数都是一个经理带着一个"兵"。在这个时候往往两者之间的距离很亲近，有种相依为命的感觉。这时的管理通常很简单，不必使用过分复杂的管理技巧和手段。多数时候只要经理吩咐，下属就会照做，但绩效通常不会很好，不过还可以过得去。因为员工和经理的距离很近，经理通常布置工作后不好意思催促或监督下属，即使有时不痛不痒地说了几句，也因为关系密切而被忽略了。

所以在这种条件下的管理，最应该注意的是心理距离问题，在工作中不应带有日常的感情，更不要过多地交流关于个人的隐私问题。虽然这对增进感情很有好处，但由于过分亲密又没有竞争的压力，如果再加上管理不当，会造成工作拖延、懈怠，绩效低下等不良现象。

当你的下属人数很多，这时的管理者多数是在扮演你所在职位应该扮演的角色，而不是做你自己了。领导者做的很多工作都要注意自身形象和地位的维护。与员工的距离也要保持适当，甚至可以略远一些，这样更有利于自己权威的体现，员工在工作中也会表现得比较尊敬和畏惧。在工作之余可以和员工走得近些，尽量平易近人。但切不可距离很近，否则很容易暴露个人的缺点，影响下属对领导的敬佩，甚至造成失望。

展示令下属心动的远景

……一定要切记一点，不要把目标过分夸大！不切合实际的目标会让人怀疑你的目的，它甚至比没有目标更可怕。

1876年，年仅27岁的拿破仑担任了意大利军团的总司令，他受命去征服整个亚平宁半岛。当时的情况非常糟糕：部队没有统一的服装，建制不全，补给也时断时续，而政府除了一纸委任状以外——什么也没有给他。于是，拿破仑面对他衣衫褴褛的士兵们发表了那个著名的演说：

"士兵们，在你们的前面，我们将越过阿尔卑斯山，我将带领你们进入世界上最肥美的平原，那里有你们无尽的荣誉和财富！"

拿破仑的迷人前景曾让他的部队所向披靡。

现代领导学中，展示有足够魅力的蓝图给下属，也是一项有效的励志之策。

如果这个具体的理想或目标规划得生动鲜明而详细，部下就会毫无疑惑地追随。如果领导者不能为部下规划出具体的理想或目标，部下就会因迷惑而自乱阵脚，丧失斗志。善于带领团队的人，能够将大家所期待的未来远景，涂上鲜丽的色彩。这远景经过他的润饰后，就不再是件微不足道的小事，而变成了一个远大的理想和目标。

领导确立远大的目标固然很重要，更重要的是你要把这个目标明明白白地告诉你的下属。让他们明白自己所处的位置与境况，充分发挥他们的主观能动性，集思广益，与领导一起为实现这个目标而共同奋斗。

马丁·路德·金曾经说过："我有我的远见。"然而，远见只属于你自己，他人都陷在迷茫之中，没有人跟随你，你的目标也只能是目标而已。

在股市中，买过基金的人都知道，在选择基金的时候，除了看这支基金的以往业绩之外,还有一个很重要的原则,那就是看这支基金的经理是谁。因为他是你投资的具体操作者,与其说相信一支基金能赚钱,倒不如说信任基金经理的能力更为恰当些。

在某种程度上,领导者就如同一位基金经理,是他的美好蓝图让人们聚集在他的周围。那就要求我们的领导者明确地告诉每一位追随他的人们,我们将给他们带来多大的收益,然后设法让他们相信你并与你一起奋斗不息。

不做权力的奴隶

……有人觉得只要获得了权力就能高高在上地发号施令,从此便可以高枕无忧了。其实权力这种东西,得到了反而会给你带来更多的麻烦。

有人觉得只要获得了权力就能高高在上地发号施令,从此便可以高枕无忧了。其实权力这种东西,得到了反而会给你带来更多的麻烦。一旦你有了权力,就必须设法巩固,因为太多的人对你所拥有的权力虎视眈眈。

不仅仅是政治领域内的权力不稳定,在任何领域都是如此。在这些领域中,人们往往以为有了权力就可以为所欲为,尽情享受权力带来的一切。人们想像中的大金融家,都住在华丽的别墅里,在豪华的游艇上度长假,拥有数名年轻貌美的情人,只需向忠实的秘书下简单的命令就完事。人们往往将电影明星的生活想像为应接不暇的宴会,接二连三的风流韵事,并对此深信不疑。

但是不要忘记,一旦你拥有了权力,你就要花费大量的时间去经营,不断地巩固它,防备别人从你手上把它夺走。你根本没时间去做自己想做的事。无论是大金融家或大企业家,天天都要忙着工作,大多没有时间度长假,因为他们不能放心地将风险大的问题交给别人处理。著名的电影明星也必须不断克服各种障碍,力求在表演上突破自己,还要经常参加一些无意义的应酬,以保持自己的曝光率。作家则必须埋首于自己的创作,他们往往饱受灵感枯竭的折磨。所有这些工作没有尽头，并不会在傍晚或周末就结束。

不要对权力过度狂热，更大的权力意味着更大的责任，如果处理不好，很可能给你带来更大的麻烦。

不患寡而患不均

……不公平感的消极作用是十分明显的，它不仅压抑一个人健康向上的良好心境，而且影响他的聪明才智与创造才能的发挥。

当一个人做出成绩并取得报酬以后，他不仅关心自己所得报酬的绝对量，而且关心自己所得报酬的相对量。因此，他要进行种种比较来确定自己所获报酬是否合理。一种比较称为横向比较，即将自己获得的"报偿"与自己"投入"的比值与组织内其他人做比较，只有相等时，才认为公平。另一种比较是纵向比较，即把自己目前投入的努力与目前所获得报偿的比值，同自己过去投入的努力与过去所获报偿的比值进行比较，只有相等时他才认为公平。还有一种是本组织内的人与组织外的人相比较而产生的对公平的判断。

员工通过以上比较，判断自己是否受到了公平的待遇。这种判断直接影响到他的情绪，他的工作行为。不公平感的消极作用是十分明显的，它不仅压抑一个人健康向上的良好心境，而且影响他的聪明才智与创造才能的发挥。最近一项研究证实，如果从上级那里得到公正待遇，那么员工的血压会维持在低水平，心脏病的发病率也比受到不公平待遇的人低30%。因此，专家认为，公正能使企业员工慢性压力减小，也意味着员工患冠心病的风险减小。

为体现公平、公正的原则，必须反对平均主义，克服"一刀切"的简单做法。平均主义与激励是"冰炭不同器，水火不相容"，正是因为多年的平均主义，才使中国企业效率低下，员工懒散。据调查，实行平均奖励，奖金与工作态度的相关性只有20%，而进行差别奖励，则奖金与工作态度的相关性达到80%。差别性是激励的重要原则。实行公平、公正激励，还必须对全体员工一视同仁，不偏不倚。不能允许有人借助权力因素或私人感情搞特殊化。否则，将产生严重的负面效应，影响员工队伍的稳定，损害组织的利益。

古人云"不患寡而患不均"。如果不是把这个"均"理解为绝对平均，而是理解为获得与投入相匹配的报偿，那将是一种理想状态。在这种状态下，员工的心态最为平衡，效率与效益也最高，压力感也最小。

没有牢固根基，最终难以长久

……堡垒容易从内部攻破。因为只有堡垒内部的人才最清楚自己防御的弱点，反戈一击往往就是可以致命的。只维上不顾下的主管，就如同那迅速长大的树一样，没有牢固根基，最终难以长久。

下属是最了解主管的，主管的一言一行都会被下属记在心上，所以，你必须要重视下属的态度和反响。

当你的下属感到自己被冷落、被压制或心怀不满时，他们就很可能倒向你对手的一边，从而使你腹背受敌，造成形势上的不利。

俗话说，堡垒容易从内部攻破。这是很有道理的，因为只有堡垒内部的人才最清楚自己防御的弱点，反戈一击往往就是可以致命的。

你要想想，《三国演义》中的张飞是怎么死的，还不就是因为他对待自己的兵卒过于粗暴、严刻，从而激起部下谋反，在醉酒后被人砍下首级的吗？这对每位主管来说也是一个深刻的教训。

马基雅维利曾在《君王论》一书中写道："遽然勃举的国家，如同自然界迅速滋生长大的其他一切东西一样，不能够根深蒂固，枝丫交错，一旦遇到一场狂风暴雨就会把它摧毁了。"这句话也适用于主管，那些只维上不顾下的主管，就如同那迅速长大的树一样，没有牢固根基，最终难以长久。

不要独占功劳

……一个让下属信任追随的领导者既不会独占功劳，也不会把过错推给下属。

将部门的成绩划到自己的名下，是很多领导经常犯的毛病。但在现代市场经济中，我们是靠人际关系决胜负的，任何工作绝不可能始终靠一个人来完成，就是小小的协作，你也要由衷地感谢，绝不能抹杀了下属的努力。作为一个魅力领导者，必须牢记这一点。

一个让下属信任追随的领导者既不会独占功劳，也不会把过错推给下属，他们在下属的心里就像一棵可以乘凉的大树，是他们真正可以依靠的靠山。

不能"牛不吃草强按头"

……身为领导者不能忽视下属的性格问题，只有了解了他们的性格，才能采取正确的对策，以理服人。

领导的任务简单地说，就是找合适的人做合适的事，然后鼓励他们用自己的创意完成手上的工作。领导者要想说服下属，让他们依照你的意思行事，就必须摸清下属的性格，对不同的人采用不同的方法，既不能千篇一律，也不能"牛不吃草强按头"。

身为领导者不能忽视下属的性格问题，只有了解了他们的性格，才能采取正确的对策，以理服人。

三国时期，诸葛亮作为领导，对下属的性格可谓了解得极其透彻，他能针对不同的下属而采取不同的对策，因此能让所有下属都心服口服。

关羽自傲自大，诸葛亮在派他去华容道之前，就利用他的自大、自傲，使其立下军令状。其后，关羽果然如诸葛亮所料，放走了曹操。他也从此对军师诸葛亮更加信服。而张飞，性格鲁莽，脾气暴躁。诸葛亮对这一莽汉则采取激将的办法，往往激得张飞不惜生命南征北战，从而取得胜利。事后，张飞对诸葛亮也是心服口服。孟获有少数民族的特点，淳朴但又勇猛无比，对待这样的人，诸葛亮则采取了攻心战术。七擒七纵，使孟获由衷地佩服诸葛亮，并从此对诸葛亮、对蜀国死心塌地。

作为领导者，面对着有不同秉性的下属，要懂得去了解他们的性格，把不同性格和具有不同特长的下属，放在不同的位置上以充分发挥他们的才能。

威信胜于权力

……管理者需要更多的是令人慑服的威信，而不是令人生畏的权力。

管理者，其实就是把威信发挥到极致，并像太阳的光芒一样照射着周围的人。正如印度圣雄甘地说："领导就是以身作则来影响他人。"

一个人之所以为他的上司或组织卖力工作，绝大多数的原因，是上司拥有个人威信，像磁铁般征服了大家的心，激励大家勇往直前。曾经听到一位下属推崇他的领导说："你和他在一起待上一分钟，你就能感受到他浑身散发出来的光和热，我之所以卖命努力，乃是因为他本身一股强大的威信，深深吸引我所使然。"

可见，威信远胜过权力。与其做一位实权在手的领导，不如做一位浑身散发无比"威信"的管理者。

做一位成功的管理者，除非我们具备了相当程度的威信与影响力，否则，很难赢得下属的依赖和忠心。

管理者需要更多的是令人慑服的威信，而不是令人生畏的权力。是否拥有这种威信，正是一个管理者能否成功的关键！

把自己的决断变成集体的决策

……与"个人说了算"相反的是民主决策。所谓民主决策，就是由多数人裁决，也叫票决，少数服从多数，集体承担决策后果责任。

优秀的领导者，总善于把自己的决断变成集体的决策。而这个过程客观上就必须经过一系列的酝酿程序，诸如尽职调查、法律咨询、专家论证、集体讨论甚至进行票决。

通过决策程序，一是避免领导者"三拍"的情况发生，即思考时拍脑门，决策时拍胸脯，执行不利拍拍屁股放弃。建立科学的决策机制，通过一定的决策程序来集思广益，完善决策。而这种决策程序的本身也是领导与决策层成员之间沟通的过程，是让大家消化吸收的过程，是达成思想统一的过程。这种决策程序也将会是最后执行决策的重要保证。

二是做到师出有名，所谓名正则言顺。孔子说："名不正，则言不顺；言不顺，则事不成。"建立民主的决策流程，便于统一思想，团结上上下下的干部员工，劲往一处使，形成合力，众志成城。企业要避免发生像沈阳飞龙总裁姜伟的所为：自己突然决定飞龙进入修整期，开始整风运动，使集团领导层和上下员工摸不着头，结果陷入混乱，导致全线崩溃。

三是从制度上杜绝个人说了算。多少案例显示，企业一旦出现违规决策，特别是企业老总一人"说了算"的局面，往往会给企业带来重大的损失，甚至导致毁灭性结果。

与"个人说了算"相反的是民主决策。所谓民主决策，就是由多数人裁决，也叫票决，少数服从多数，集体承担决策后果责任。当年陕甘宁边区民主气氛浓厚，农民根据谁得到选民豆子的多少来选出自己信得过的村长，就是用的票决制。在一般的情况下，要坚持2/3原则，即对待专家的意见，没有 2/3 以上的人同意，不要决断；对民意测评的意见，除非特殊情况，没有 2/3 以上的支持率，也不要决断。决策要通过反复论证、讨论、调研和不断交流以达到共识。

哈佛管理丛书《企业管理百科全书》认为，企业最高决策集团"大概以 5 人或 7 人为佳"。法国管理学家法约尔认为，企业最高决策层以 4 至 5 人为科学合理。当然在实践操作中还是因地制宜。

组建自己的班底

……什么样的人才可以做心腹呢？当然是靠得住的人，无条件的支持者和追随者以及足以担当重任的骨干人才。

俗话说："一个篱笆三个桩，一个好汉三个帮。"在企业中，一个光杆司令是打不了天下的。身为领导者要想顺利打开工作局面，实现自己的目标，就必须强化自己的势力，也就是培植"自己人"——心腹和亲信，组建自己的班底。

培植心腹的主要手段就是选用、安插和提拔。选，就是选用哪些人做为自己成就功业的左右手；安插，就是把自己的密友、亲信、关系、铁哥们儿安排在要害部门，使这一座山头犹如铁板一块，水泼不进针插不进，形成以自己为中心的私人势力范围；提拔，就是提升亲信的职位，安排给他更重要的权力，进行笼络、拉拢，使之为自己效忠。

什么样的人才可以做心腹呢？当然是靠得住的人，无条件的支持者和追随者以及足以担当重任的骨干人才。当然，心腹首先需要的是忠诚，绝对的忠诚。这种忠诚绝对不是不经思考的"领导让干啥就干啥"式的愚忠，而是忠实地执行领导的意图，当领导的某些言行出现问题时，他们又会义不容辞地以适当的方式向领导进谏。

领导者培植心腹，可以从新进公司的员工入手。想有所作为的新人，也需要靠站队、靠团体来实现自己在这个公司的利益。所以，加上他们很强的可塑性最容易成为被培植的对象。领导可通过对职业前景的描述、承诺和兑现若干实际利益，使新人死心塌地地成为自己势力范围内的一员。

寻找德才兼备的人

……选择一个有才能但不忠于职守的人，无异于在身边埋下了一颗定时炸弹。

曹操平定了袁绍之后，打算攻打刘表。他把驻守在外的曹仁叫回来商议。曹仁回来的时候，曹操正在睡觉。曹仁直接进了屋子来找曹操。曹操手下大将许诸奉命守护曹操，不放曹仁进去。曹仁大怒说："我是曹丞相的亲戚，你只是个外人，怎么敢挡我的去路？"许诸不急不恼地说："将军与丞相虽然是亲戚，可您现在却是领兵在外；许诸虽然不是曹丞相的亲族，现在却担当着丞相的贴身侍卫。我不能放你进去。"说着，手摁在剑柄上。曹仁不敢硬闯，只好等到曹操醒来才进见。曹操听了这件事后，对许诸大加赞赏。

在一般情况下，忠于职守的下属，比有才华的下属更忠心于领导。故此，领导更愿选择前者而放弃后者。这样做，有利于很好地把他们掌握在手中。曹操当年在白门楼抓住了吕布，吕布毫无疑问比许诸厉害，可曹操还是把吕布杀了，就是这个原因。

再者，提拔那些忠诚可靠但表现可能并不那么出众的职员、下级，这更利于公司的利益。同样的道理，如果领导选择了不忠诚的下属，这位下属总是同公司对着干或者"身在曹营心在汉"，那么这位下属的能力发挥得越充分，对公司的利益损害越大。

所以选择一个有才能但不忠于职守的人，无异于在身边埋下了一颗定时炸弹。

认真负责，才能站稳脚跟

……抱着认真负责的态度，先公后私，把工作做好，这是作为一个领导者的最高的原则，最重要的操守。

抱着认真负责的态度，先公后私，把工作做好，这是作为一个领导者的最高的原则，最重要的操守。

因此，对于某一个同事，如果私下里有什么不愉快，无论是多么不喜欢这个人，但在工作方面，我们还应尽全力和他保持良好的关系，绝不在公事上故意与他为难。相反的，要在公事上关心他、帮助他，同心协力把工作做好。你可以不借给他钱，可以不和他在一起消遣，但和他一起工作的时候，你要很有涵养地把他当作你的合作伙伴。

另一方面，对自己私交很好的朋友，也千万不可在公事上随便纵容他们做一些对公司不利的事。如有不当行为，必须加以指正，应该利用你跟他的私交，对他加以说明，加以劝告。不可姑息一个朋友去犯错误，这样会毁了他的人格、前途和名誉，你也失去了这个朋友。

如果你能在工作上，做到绝对地认真负责，对各种业务非常熟悉，对同事做到诚恳和善，同心协力，对自己私生活做到严肃、纯正、朴实、健康——如果你能够努力做到这几点，就可以说是已经站稳了脚跟。

这样，你在公司里、在同事间，就已经建立了一种威信。人人都知道你很负责、能干，对同事很好，人人信任你，尊重你。即使有人想说你的坏话，造你的谣言，损害你的名誉，人家也不相信他，反而会支持你、帮助你，孤立那些无事生非、别有用心的人。

天长日久，许多同事都团结在你的周围，有工作找你计划，有困难找你帮助，有什么纠纷也找你来调解，有什么有关公共福利的事情，也会推选你出来负责，你在公司的地位也就更加稳固了。

记住下属的姓名

……这个世界上所有的人，他们最关心的就是自己的名字。所以说当你们久别相逢时，能直呼出对方的名字，无疑会成为你们良好关系的开始。

大部分人记不住别人的名字的原因很简单，就是没用心去记。

受固有虚荣心的驱使，我们每个人都希望别人记住自己的名字，特别在乎的是自己的上级或远归的亲属是否知道自己的名字。

对于一个老板来说，能够记住自己下属的名字、籍贯，其意义远远不在于表明他记忆力好，而且在一定程度上体现了他对下属的关爱程度。记住了别人的名字，就应该在见面时打招呼，或在分派工作时把别人的名字给叫出来。

如果能记住某个人的名字，并在过后再见面时能不费劲地叫出他的名字，这就是对他的一个小小的恭维。但是，如果忘了或记不准了，产生的效果就不再是恭维了，而是尴尬。

吉姆·法利从来没有上过中学，可到他46岁时却获得了学位，成了美国邮电部部长。

有人问及他成功的秘诀时，吉姆·法利说："我能记住5000人的姓名。"

在吉姆·法利担任石膏康采恩董事长时期，他给自己规定必须记住与之打交道人的名字。非常简单，无论跟谁认识，他都要弄清这人的全名，询问有关他家庭、职业和他的政治观点等状况。法利把所有这些情况都装在脑子里，当下次再遇到这个人时，甚至过了一年，他也能拍着这个人的肩膀，问他家庭和孩子的情况。仅此一点就可以说明，吉姆·法利为什么能取得光辉的成绩。竞选前几个月——当时罗斯福是美国总统候选人，吉姆·法利一天内写了几百封信，发往西部和西北各州。他又在20天时间里，到过20个城市，乘马车、搭火车和汽车，一共走了2000英里。每到一个城市他就停下来，在早饭、午饭或晚饭时间会见选民，同他们促膝谈心。

吉姆·法利一回到东部，就给他到过的每个城市写信，要求收信人向他回明所有同他谈过话的客人的名字。然后，他将这些人的名字汇集成册，名册上有数千人的名字，名册上的每一个人都收到吉姆·法利的亲笔信。这些信的开头全是"亲爱的威尔特"或"亲爱的约翰"，末尾的签名也全是"吉姆"。

勿轻易涉足别人的地盘

……人们所说的靠山，大多只是暂时利用你而已，当你真的跟主管领导发生矛盾时，他会为了你而抛弃一个部门的利益吗？

任何下级都有自己的直接领导者，通常情况下，下级为直接领导者服务，保持着一个较小的空间。由于某种原因，下级超过直接领导者，与上级或者上几级领导者建立工作关系或者服务关系，扩大了下级与上级的空间，称之为"越级"行为。

有些下级想拼命扩大"表现"和"推销"自己的市场，眼睛盯着握有更大权力的领导者，主动向他们靠近，创造为他们直接服务的条件，有的甚至建立了比较稳固的服务关系。这就是"越级"现象出现的原因。

下级"越级"行事，表面上是在上面找到了一个靠山，其实有百害而无一利。一方面会引起直接领导者的误会、怀疑、妒忌、不满的情绪，给正常的工作关系撒下不协调的种子，思想上留下阴影；另一方面会引起群众的不满、妒忌情绪和不好的舆论，影响自己的威信。

况且，你所说的靠山，大多只是暂时利用你而已，当你真的跟主管领导发生矛盾时，他会为了你而抛弃一个部门的利益吗？之前的一些暗示与许诺到时都会空渺如风。所以，一般情况下，不要"越级"行事。必须"越级"时，要慎重行事，规范"越级"行为的内容，讲究方式方法。

不要让其他人随便指挥你的下属

……明确你的势力范围，警惕任何一个入侵者。

每个人都有自己的势力范围，不管你是多么小的一个小领导。就如同我小时候家里的一群鸡——说是一群，却只有一只公鸡，一只母鸡，然而，当无论有人或什么动物走近它的母鸡的时候，那只勇敢的公鸡总是最先迎上去——一副不容侵犯的样子。它深深地知道，那是它的势力范围。

也许用这个比喻不是很恰当，但道理是绝对一样的。

假使某位员工同时接受各部门的命令，他很可能会迷惑，可能会不知道自己该听从谁的命令，要不然就是忙得快要崩溃了。

越级的命令重复地发生，甚至形成一种习惯，这会对你的职务与职权产生影响。

因此，当其他部门的科长对你的下属下命令时，你必须提出抗议，并且断然拒绝："你若要对他下命令，必须先经过我的同意。"否则，没有了兵，你这个将也没有了存在的价值。

多琢磨事，少琢磨人

……要引导部下多干实事，少搞猜疑。要充分信任部下，要放手让部下多干正事，多干实事。

中国古代社会是个人治社会，社会发展也十分缓慢，所以对于管理来说，管好人比做好事来得重要。

治国理民只要抓住那么几条便可以了，所以说大多数职位谁都可以，没什么特别的。重要的是人心隔肚皮，难选中自己的一个亲信坐到那个位置上让自己放心。因此中国古代的统治者的大部分精力都放到琢磨人上面去了。

有些人像林妹妹似的，心眼太多了，今天想宝哥哥怎么和我说了一句赌气话呢？明天想宝姑娘怎么又有事没事往宝哥哥跟前凑呢？后天又被史姑娘调笑宝哥哥的一句话吓了一跳，回潇湘馆琢磨得一夜睡不着。其结果尽管聪明绝顶，"心较比干多一窍"，也未能干点事出来，反倒还把人际关系搞得十分紧张。

从管理心理学的角度来说，林黛玉的心理是导致管理失败的消极型心理。一个领导要多琢磨事，少琢磨人，要引导部下多干实事，少搞猜疑。对管理者来说，在人际关系思考方面，不要"心较比干多一窍"，而应该是"心较比干少了几窍"。

要充分信任部下，要放手让部下多干正事，多干实事。

要做到放手让部下干正事，首要的是领导自己要少对下属犯琢磨，要克服自己的疑忌心理，疑人不用，用人不疑。

不可冷落任何人

……千万记住，不要遗漏任何人，让你的双眼环视着周围每一个人，留心他们的面部表情和对你谈话的反应。

谈话时排除他人，就如同宴会时赶走客人一样荒唐和不可思议。

千万记住，不要遗漏任何人，让你的双眼环视着周围每一个人，留心他们的面部表情和对你谈话的反应。

在众多人的聚会中，常有少数人被无情地冷落，假如被你冷落的恰巧是来日对你事业前途至关重要的人物，那将会有怎样的后果呢？

因此，不要冷落任何人，即使他的言行举止是多么令人生厌。"己所不欲，勿施于人"，想想自己被人冷落的滋味。

要使别人觉得你的谈话洋溢着饱满的热情，因而很感兴趣，却不是在坐"冷板凳"。

不要把下属孤立起来

……一个好的主管会知道，工人应有与人相处的机会，有社交活动，并会从别人的陪伴中得到快乐。

经研究发现，对工作感觉满意的重要源泉，就是拥有友好的共事者，这较之工资、机会、保障、挑战等等更为重要。

人们都希望他们的社会需求得到满足，而工作从逻辑上来说，正为他们满足这种需求提供了必要的场所。了解了这一点之后，一个好的主管会知道，工人应有与人相处的机会，有社交活动，并会从别人的陪伴中得到快乐。最低限度，主管也应该在休息时间里为员工创造一些上述的那些交往机会，而不应该把工人孤立起来，将他们置于分隔开来的格子间里，彼此之间一点交往也没有。

大多数上了岁数的人不喜欢周围都是年老之人，大部分女性在某些时候只想和别的男性待在一个工作小组里。如果主管希望工人组成工作效率高的工作小组，就必须敏感地意识到工人们的不同之处。

关照别人就是关照自己

……互相关照，是一种最有力量的方式，也是最好的一条道路。

美国黑人杰西克·库思，是当时美国一家名不见经传的小报记者。因为种族歧视，在那家报社中他感到四面楚歌、受人排挤。与别人交往更成了他最头疼的事。

当时，美国的石油大王哈默已蜚声世界，报社总编希望几位记者能够采访到哈默，以提高报纸的声誉与卖点。

杰西克便在心底暗暗发誓，一定要独立完成稿子，以便让他们不敢轻视自己。

有一天深夜，杰西克终于在一家大酒店门口拦住哈默，并诚恳地希望哈默能回答他的几个问题。

对杰西克的软磨硬缠，哈默没有动怒，只是和颜悦色地说："改天吧，我有要事在身。"

最后迫于无奈，哈默同意只回答他一个问题。杰西克想了想，问了一个最敏感的话题："为什么前一阵子阁下对东欧国家的石油输出量减少了，而你最大的竞争对手的石油输出量却略有增加。这似乎与你的大腕身份不符。"

哈默依旧不温不火，平静地回答道："关照别人就是关照自己。而那些想在竞争中出人头地的人如果知道，关照别人需要的只是一点点的理解与大度，却能赢来意想不到的收获，那他一定会追悔莫及。"关照，是一种最有力量的方式，也是最好的一条道路。

哈默离去后，杰西克怅然若失地站在街头。

从那以后，杰西克与报社的其他同事坦诚相待，他知道，理解和大度最容易缩短两颗敌视的心之间的距离，而关照就是两颗心之间的最美丽的桥梁。

同事们不再排挤他了，亲切地称呼他为"黑蛋"。而直到多年以后，他卸下报社主编的重担，一个人隐居在乡间安享晚年的时候，围着他周围蹦蹦跳跳的各种肤色的孩子依然叫他"黑蛋"。因为，他的邻居们已经不记得他叫什么名字了。

宁落一群，不落一人

……在进行报酬分配时，要进行多方面考虑。古语"宁落一群，不落一人"是有道理的。

据《圣经》记载，耶稣曾经讲过这样一个"雇工的比喻"：

天国有一个农场主，清晨出去为自己的葡萄园雇工人。他与工人议定一天一个"德纳尔"，就派他们到葡萄园里去了。

约在第3个时辰，他又出去，看见另有些人在街上闲立着，就对他们说："你们也到我的葡萄园里去吧！一天我给你们一个'德纳尔'。"他们就去了。

约在第6和第9个时辰，他又出去，也照样做了。

约在第11个时辰，他又出去，看见还有些人站在那里，就对他们说："为什么你们整天站在这里闲着？"

那些人对他说："因为没有人雇我们。"

他对他们说："你们也到我的葡萄园里去吧！"

到了晚上，葡萄园的主人对他的管事人说："你叫他们来，分给他们工资，由最后的开始，直到最先的。"

那些约在第11个时辰来的人，每人领了一个"德纳尔"。

那些最早雇来的，心想自己必会多领，但他们也只领了一个"德纳尔"。

他们一领到钱，就抱怨农场主，说："这些最后雇的人，不过工作了一个时辰，而你竟把他们与我们这整天受苦受热的同等看待，这公平吗？"

他答复其中的一个说："朋友！我并没有亏负你，你不是和我议定了一个'德纳尔'吗？拿你的走吧！我愿意给这最后来的和给你的一样。难道不许我拿我所有的财物，行我所愿意的事吗？是因为我对别人好，你就眼红吗？"

对此，斯过西·亚当斯提出了公平理论。该理论认为，一个人对他所得的报酬是否满意不是只看其绝对值，而是进行社会比较或历史比较，看相对值。即每个人都把个人的报酬与贡献的比率同他人的比率作比较，如果比率相等，则认为公平合理而感到满意，因此心情舒畅，努力工作。否则就会感到不公平、不合理而影响工作情绪。

你的下属有没有过"雇工"的想法呢？

机智地避开下属的痛处

……对于下属的痛处,最好的办法就是:了解它,然后避开它。

任何一个人,他的心里面都有一块最敏感的地带,对他们而言,这块最敏感的地带,是不允许别人随意触及的,这是他们的痛处,是他们的弱点或者自卑点。在管理过程中,触及对方痛处只能给对方带来不愉快。即使我们清楚他们的痛处,也不要去提及,这是待人应有的礼仪,也是管人最应该注意的一点。

你不要以为你点到了他的痛处,他就会轻易服从你。

人们对于自己的忌讳,犹如小偷对于自己的罪行一样讳莫如深,极为敏感。由于心虚,往往把别人无意涉及到他痛处的言谈当成有意,把无关的事主动与自己相联系。有时,你随口谈一点什么事情,也很有可能被视为对别人的挖苦和讽刺,正所谓"说者无意,听者有心"。在任何有人群的地方,都存在这种情况,所以是你必须面对的。就如你自己,是不是也有不为人知、不想人知的秘密?

对于下属的痛处,最好的办法就是:了解它,然后避开它。

不了解,让你口无遮拦而被人讨厌;了解而不知回避,使你为人所切齿地憎恨。

君事臣以礼,臣事君以忠

……领导必须先尊重自己的部下,才可以让部下忠于自己,尊重自己。

敬人者人恒敬之,你尊重下属和员工,下属和员工也会尊重你。领导者对员工的尊重能形成强大的凝聚力和创造力，调动起员工的积极性，创造出和谐的工作氛围，这样就没有克服不了的困难。而一个狂妄自大、我行我素、不懂得尊重人的领导者，自然也不会被尊重。聪明的领导者都会选择尊重他人来赢得别人的尊重，他们摒弃了所谓的"科学管理"而追求文明的合乎人道主义的管理，即实际以尊重人为前提的管理。这种"以人为本"的管理模式日益显现出它的优势。

中国儒家特别强调对待下属必须要合乎礼仪。"君事臣以礼，臣事君以忠。"国君用礼来对待其臣属，臣属就报之以忠；相反如果国君不以礼对待臣属，臣属就可以不必事之以忠。这里说的礼，其实就是尊重。领导必须先尊重自己的部下，才可以让部下忠于自己，尊重自己。

小说《三国演义》中刘备三顾茅庐请诸葛亮出山，看重的是诸葛亮的才华，但他三顾相请而不烦，雪花沾湿了衣服也不离开，这不能不说是对诸葛亮的尊重。如果不是这样的尊重礼待，恐怕诸葛亮也就不会出山。

现代领导人的管理也是相同的道理。一个领导者只有懂得尊重他人，才可能真正得到员工的尊重，这样才可以进行有效的领导。

一个有事业心、有社会责任感的魅力领导者，一个全心全意为人民服务的领导者，想要看到管理的效果，想要得到员工的尊重，就必须尊重职工，团结全体员工共同奋斗。

背后称赞别人的优点

……背后称颂人，在各种恭维的方法中，要算是最使人高兴的、也是最有效果的了。

美国前总统罗斯福有一个副官，名叫布德，他对官场处世曾有过精辟的论述：背后称赞别人的优点，比当面恭维更为有效——这是一种至高的技巧。背后称颂人，是各种恭维的方法中，要算是最使人高兴的、也是最有效果的了。如果有人告诉我们：某某人在我们背后说了许多关于我们的好话，我们会不高兴吗？这种赞美，如果当着我们的面说，反而会使我们感到虚假，或者怀疑他别有用心。为什么间接听来的便觉得悦耳呢？因为那很可能是发自内心的赞语。

德国铁血宰相俾斯麦，为了拉拢一个敌视他的属下，便有计划地对别人赞扬这个属下，他知道那些人听了以后，一定会把他说的话传给那个属下。

当我们目睹一个经常赞扬子女的母亲，是如何创造出一个完满快乐的家庭、一个经常赞扬学生的老师，是如何使一个班集体团结友爱天天向上、一个经常赞扬下属的领导者，是如何把他的公司管理成和谐向上的集体时，我们也许就会由衷地接受和学会人际间充满真诚和善意的赞美。

多商量，少命令

……无论交代的内容是什么，命令的口吻都会让人觉得粗暴和缺乏应有的尊重。

员工不仅是管理者的下属，还是管理者事业上不可或缺的伙伴。为此，在交代下属工作时，应尽量采用建议的口吻，而不是命令的口气。

无论交代的内容是什么，命令的口吻都会让人觉得粗暴和缺乏应有的尊重。

著名的人际关系学家卡耐基曾与美国最著名的传记作家伊达·塔贝尔小姐一起吃饭，他告诉她正在写有关"对待下属"这本重要的书。她告诉卡耐基，在她为欧文·杨罗写传记的时候，访问了与杨罗先生在同一间办公室工作了3年的助手，这个人宣称，他从未听到过杨罗先生向下属下过一次命令。

例如，欧文·杨罗从来不说："你做这个或做那个"或"不要做这个，不要做那个"。他总是说"你可以考虑这个"或"你认为，这样做可以吗？"

他在口授一封信之后，经常说："你认为这封信如何？"在检查某位助手所写的信时，他总是说："也许我们把这句话改成这样，可能会比较好一点。"

他总是给人自己动手的机会,他从不告诉他的助手如何做事,他让他们自己去做,让他们从自己的错误中学习成功的经验。

你是不是经常这样说:"欧文,把这份材料赶出来,你必须尽你最快的速度。如果明天早上我来到办公室在我的办公桌上没有看到它,我将……"

或者是:"你怎么可以这样做?我说过多少次了,可你总是记不住!现在把你手中的活停下来,马上给我重做!"

你以为自己是公司的总裁,所以就有权在下属面前指手画脚、发号施令?

一流的人才是不会喜欢你这种命令的口吻和高高在上的架势的,他们也有傲人一等的优越感,丝毫不会被你这种趾高气扬的态度所吓倒。反而,稍有个性的下属员工早就被你这种态度所激怒,炒你的鱿鱼了。

多用"商量",而不用"命令",你不但能使下属员工维护他们的人格尊严,而且能使他们积极主动、创造性地完成工作。

感化恃才傲物者

……有才的人,往往都有些怪脾气。有才有脾气没关系,怕就怕没啥才气还浑身臭脾气的人。

在一些单位里,有的下属仗着自己才高,就目空一切,恃才傲物。谁都看不起,包括自己的领导。但他又有一手好技术或绝活,单位离不开他。因此,与这种下属相处,领导者掌握了他们的心理后,就要有的放矢,采取有效的方法来和他们接触。

要用其所长,切忌压制打击或排挤。领导者在看到他不好的一面时,一定要耐心地与他相处,要视其专长而给予任用。每碰到这种人,就要想想刘备为求人才三顾茅庐的故事,毕竟你是在为整个企业的利益,而不是为你个人的利益在求他、在和他接触。因此,在这种人面前即使屈尊一下也不算掉人格。

除此之外，领导安排一两件做起来比较吃力，或者估计完不成的工作让他做。如果他在限定的时间内做不出，领导仍然安慰他，那么，他就一定会意识到自己先前的狂妄是错误的，并会从此改正。

所谓恃才傲物者，一般多是有才华、有主见、有棱角，但又不太好驾驭的人。一般有两种：一种是确实有才学，但性格孤僻者。英国著名政治家鲁艾姆说过："受过教育的人容易领导，但不容易进行压制；容易管理，但不能进行奴役。"这种人一般都有主见，善于钻研问题，不肯轻易放弃科学上有根据的东西，甚至有点"固执己见"。

另一种是因为工作性质原因，联系群众较少，也易被人们称之为"孤芳自赏"、"清高自傲"者。如果不加分析一概视他们为"恃才傲物"，则是片面的。

对于这些真正有才华的恃才傲物的员工，内行的管理者大多能虚怀若谷，从善如流。

做一名宽厚的长者

……海纳百川，有容乃大。不只是一个领导者，我们每一个人，都应该学会做一个宽厚的人。

战国时，齐国有一名叫夷射的大臣，经常为齐王出谋划策，齐王也因此把他当作近臣，非常宠他。

有一次，齐王宴请他。由于他不胜酒力，喝得有些晕，便站起身来往宫门外走去，想到宫门边吹吹风。

刚巧，宫门的守门人曾经受过刖刑，是个无聊之徒，想向夷射讨一杯酒吃。夷射对他这种人很是鄙视，便大声斥责道："干什么？滚到一边去，你这个囚犯，你是什么身份，我是什么身份，你竟然敢向我讨酒吃?!"

守门人面红耳赤，非常愤恨。恰好这时候，因刚下过雨不久，宫门前刚好积了一滩水,守门人便萌生报复心理。

第二天清晨,齐王出宫门。看见宫门前一滩的水迹,心中很不高兴,急唤守门人问道:"是谁敢如此放肆,在此小便?"

守门人一听,机会来了,故意支支吾吾地说:"我不是很清楚,但我昨天晚上亲眼看到夷射站在这里。"

齐王一听,十分生气,便以欺君之罪,赐夷射死罪。

在这里,夷射因为一杯酒而丧命的确非常可悲。一杯酒本是不足挂齿,但守门人却因此而受到了人格的侮辱,岂能不报复他?这对于人们来说也是合情合理的,夷射遭到这种报复,也怪他平日不宽厚待人,咎由自取。

作为领导,在与下属交往时,无论是工作中,还是生活中,都要宽厚一点,不要尖酸刻薄。你对下属宽厚,下属也不会无动于衷,他们肯定会对你的所作所为表示感激,有时即使是嘴里不说,也会存有感激之心。他们会因此而对你信服,愿意为你效劳。

领导对下属若是尖酸刻薄,他们自然会心存不满、怀恨在心。在以后的工作中不再对你信服,不再予以积极的配合,甚至于找机会来报复你。

爱人者,人恒爱之

……要使他人喜欢自己,首先你要喜欢他人。别人得不到你的关心,自然也不会去关心你。

要使他人喜欢自己,首先你要喜欢他人。这种喜欢必须是真诚的、发自内心的,绝不能另有所图。

要做到这一点并非易事。总有一些人感到喜欢别人比较难,但是只要我们学着真诚地喜爱别人,对别人产生好感,一切就会越来越容易。嘴上去说"我喜欢别人"是没用的。它说起来容易做起来难。"喜欢别人"是一种生活方式,也是一种行之有素的思想模式。能够做到无条件地喜欢别人,便是一种积极的心态。

一个人如果只关心自己,他是一个自私的人,是一个不被人喜欢的人。要成为受人尊敬的人,必须要将注意力从自己身上转移到别人身上。

哲学家威廉·詹姆斯说:"人性中最强烈的欲望便是希望得到他人的敬慕。"这句话对于"别人"也同样适用。如果你过度地考虑自己,就没有精力和时间去关心和照顾别人。别人得不到你的关心,自然也不会去关心你。

要真正地去关心别人、爱护别人,激励他们展现自己最好的一面,正如不求报酬做善事但最终有所回报一样,别人也会加倍地接近你、关心你、拥戴你。

适当保护你的下属

……如果下属犯错,你也有间接责任,就请你与下属单独会面时,将事情弄清楚,不是叫你认错,而是一起去研讨犯错的前因后果,并鼓励下属以后多多与你磋商。

当老鹰盘旋在大空时,我们看到草地上觅食的老母鸡总是急忙招来小鸡,将它们藏匿在自己温暖的翅膀下。

其实,上司对其下属也应如此。

俗话说:"大树底下好乘凉。"倘若你能给你的下属提供一个好乘凉的地方,那么你的下属将会由于你的施恩而"报效"于你。

在领导者眼中,你既是"头头",你的下属犯错,即等于是你的错,起码你是犯了监督不力或用人不当的错误。

下属闯祸,请你冷静检讨一下自己,如果完全是因为下属自己的疏忽,可把他叫到跟前来,冷静地向他分析事件经过,告诉他错在什么地方,最后重申你的宗旨——要每一个下属做事全力以赴,并冷静地处理事情,你永远是他们的后卫。

如果下属犯错,你也有间接责任,就请你与下属单独会面时,将事情弄清楚，不是叫你认错，而是一起去研讨犯错的前因后果，并鼓励下属以后多多与你磋商。

无论成因是哪一种，请切忌向下属大发雷霆，尤其是在大庭广众之下。你尊重对方，下属才会更内疚，更敢于正视问题，避免了日后跟你闹情绪。

还有，在你的上司面前，只顾推卸责任，这只会令上司反感。你应该有领导者的风度——与下属一起承认过错。另一方面，即使有其他诸多是非，你仍应站在下属一边，替他挡驾。

让下属不好意思失败

……要想让下属担负更重的责任，就要敬重他，让他没有理由、不好意思失败。

好多人是冰棍做的性子，你越冷，他越硬，能折不能弯。跟你过几招他干，照顾你几拳他敢，要他服软可不行。他们的口号就是：文打官司武打架，软的硬的全不怕。

实际上，这种人也不是真的什么都不怕，他也有一样怕的东西。是什么呢？怕敬。你看《水浒传》里的霹雳火秦明，杀他的脑袋他不服软，可是宋江往地上一跪，口称"将军"，自称"罪囚"，吓得他立马滚在地上叫"哥哥"，当了朝廷的叛徒。

明朝大将常遇春，也是个天不怕、地不怕的人。普天之下，他就怕两个人，第一个是老婆，第二个是朱元璋。他的老婆，并不是一个使泼撒赖的母夜叉，相反，她知书达理，深明大义。常遇春为什么怕她呢？因为她敬重他，将他当成一个人物，对他寄予厚望。常遇春阵前争锋，屡立战功，有一半原因是怕老婆失望。朱元璋虽是上司，让常遇春害怕的，仍是一个"敬"字。朱元璋同样将常遇春当成一个人物，对他寄予厚望。常遇春出生入死，不敢后人，也是怕朱元璋失望。

在生活和工作中，怕别人敬重，不怕别人贬低的人很多。正像有些人说的：怕表扬，不怕批评。

为什么会有这种心理呢？原因很简单：把事情做得漂漂亮亮很难，马马虎虎对付却很容易。你看低他，他正好拣容易的做，马马虎虎对付你一下。你把他看高，他好意难却，只好勉为其难地往好里做。

有的人生怕别人不贬低他，故意自我贬低，猜想也是出于这种避难就易的心理。

做到明奖与暗奖相结合

……鉴于明奖和暗奖各有优劣，所以不宜偏执一方，应两者兼用，各取所长。表扬宜人前，批评宜人后。

领导表扬一个下属最好是在公众或第三者面前，这样可以取得较好或最佳的效果。国外就有一位著名的企业家说过这样一句话："如果我看到一位员工出色的工作，我会很兴奋，我会冲进大厅，让所有的其他员工都看到这个人的成果并且告诉他们这件工作的杰出之处。"

在一个大单位里有一个技工和其妻关系很糟糕，他妻子经常骂他窝囊、没本事，因此，该员工无心工作。他的领导知道后，于是在一个晚上，来到这位员工的家中，当着他妻子和家人的面表扬这位技工，对他过去的工作也进行了肯定，结果使这个妻子对丈夫的态度从此大变，不再是辱骂，而给予支持和鼓励。很快，这位员工的技术和业绩也迅速地得到提高，为单位发展做出了重要的贡献。

当下属们在业务和工作上取得了成绩的时候，要及时鼓励，这对于受鼓励者是至关重要的。因为他觉得，领导在时刻关注着自己。美国企业家老托马斯·沃森在对公司进行巡回管理时，每每见到下属们有创新或取得成就时，就当场开具支票进行鼓励，并立即贴出告示公开予以表扬。

明奖的好处在于可树立榜样，激发大多数人的上进心。但它也有缺点，由于大家评奖，面子上过不去，于是最后轮流得奖，奖金也成了"大锅饭"

了。同时，由于当众发奖容易产生嫉妒，为了平息嫉妒，得奖者，就要按惯例请客，有时不但没有多得，反而倒贴，最后使奖金失去了吸引力。

暗奖对其他人不会产生刺激，但可以对受奖人产生刺激。没有受奖的人也不会嫉妒，因为谁也不知道谁得了奖励，得了多少。其实有时候领导在每个人的工资袋里都加了同样的钱，可是每个人都认为只有自己受了特殊的奖励，结果下个月大家都很努力，争取下个月的奖金。

有爱才之心，更要有容才之量

……当今社会，管理者只有合理地搭配人才，用好人才，充分地发挥群体优势，才能取得巨大的工作成效。

在中国历史上，唐太宗李世民就是个很高明的管理者。他登基后，由两位非常出色的宰相辅佐，一位是房玄龄，一位是杜如晦。因唐朝开国不久，许多规章法典需要制定。在与两位宰相共同研究国家大事的时候，李世民发现，房玄龄能够提出很多精辟的见解和具体的办法，但不善于整理和归纳这些见解和办法；而杜如晦虽然不善于种种谋划，却善于对别人提出的意见做出周密的分析和决断，使之成为决策和律令。当唐太宗说"非杜如晦来不能决策"时，房玄龄并不会因此而心生嫉妒，而杜如晦也不会为了出风头而另起炉灶，他总是最后采用房玄龄的谋划。这就正好发挥了两人的专长。这就是历史上有名的典故——"房谋杜断"。

唐太宗把两个优秀的"偏才"有效地搭配起来，发挥了两人的特长，充分地调动了两人的积极性，使自己取得了前无古人的成就。在晚年总结自己的帝业时，唐太宗曾说，他的才能不及古人，之所以能取得超过前人的成就，关键在于用人。仅从"房谋杜断"，我们就能对他用人的能力"窥其一斑"。这些对我们当今的管理者也不无启迪。

当今社会，管理者只有合理地搭配人才，用好人才，充分地发挥群体优势，才能取得巨大的工作成效。特别是随着社会化大生产的实现，单纯依靠一个人或者一类人，已经是远远不够的了。一个有效的人才群体，必须通过合理的优化组合，才能产生新的巨大的集体能量，才能取得卓有成效的业绩。

管理者不仅要有爱才之心、识才之能，而且要有容才之量、用才之策；不仅能当好伯乐，更能当好园丁。

虽然我们不可能聘用到一些毫无缺点的人，但是我们却可以组建这样的一个组织：每个人的缺点只是他个人的一点瑕疵而被排除在他的工作和成就之外，他的长处却得到充分的发挥。

认真倾听，对方才会向你坦露心迹

……在陈述自己的主张和说服对方之前，先让对方畅所欲言并认真聆听是解决问题的捷径。

英国维多利亚女王时期，政治家迪斯雷利在文学方面才华横溢，著有多部小说，得到各界女性的青睐。关于他的魅力流传着这样一个笑话：

有几个女人聚在一起议论当下的政治家。其中一个问道："如果迪斯雷利和他的政敌格拉德斯通同时向你求婚，你会作何选择？"

在座的人都毫不犹豫地表示会选择迪斯雷利，而只有一个人表示要选择格拉德斯通。

"为什么？"

她回答："与格拉德斯通结婚，然后让迪斯雷利做我的情人。"

迪斯雷利很清楚自己对女性的魅力，并在自己的政治生涯中充分利用了这一优势。他之所以能够成为出色的政治家并稳坐宰相之位，就是因为有了上流社会遗孀们的鼎力相助及维多利亚女王的充分信任。而迪斯雷利征服女人的秘诀就是：认真倾听。

如果你能做到认真倾听，对方便会向你坦露心迹。

掌握别人内心世界的第一步就是认真倾听。在陈述自己的主张和说服对方之前，先让对方畅所欲言并认真聆听是解决问题的捷径。

《语言的突破》的作者戴尔·卡耐基曾从另一个角度说过："当对方尚未言尽时，你说什么都无济于事。"这就是说在对方尚未达到畅所欲言的状态时，对任何劝说都不会作出反应。

学会宽容

……学会宽容，你就等于又开启了一道通向智慧之路的大门。

二战时，斯大林是苏军的最高统帅，主宰着一个世界大国的命运，他有钢铁一般的意志，性格果断，沉静，甚至是冷漠和专横。而他的妻子娜佳是一个充满浪漫气质的人，希望得到斯大林的温情与体贴，可她觉得随着斯大林地位的不断提高，斯大林的形象离她热恋时的形象越来越远。尽管她仍深爱着斯大林，可是因认为对方不可理解，经常发生争吵，他们之间的裂痕越来越大，家庭内部的战争随时都可能爆发。

在庆祝十月革命胜利15周年的宴会上，这种矛盾终于达到了顶点。当时克林姆林宫里正在宴请国内外贵宾，气氛极为热烈。斯大林兴致很高地当着大家的面喊娜佳："喂，你，也来喝一杯。"在这种场合，斯大林应该称妻子的名字或爱称才合乎礼节，但他忽视了，娜佳因为他的粗鲁受到极大伤害，倍感委屈，她大声喊道："我不是你的什么'喂'！"接着愤怒地退出了会场，令所有的人非常尴尬。就在这天晚上，娜佳在她自己的房间里用手枪自杀了。

这件事深深震动了斯大林，但已无法挽回。假如当时斯大林不是那样一种态度，或他注意到了妻子的要求，不是只感到不理解，而是采取积极的措施进行改善。再假如斯大林已这样叫过后，娜佳因了解他一贯的性格，不再苛求于他，而是采取巧妙的方法和言语，把这个场面应付下来，宽容他一次，事过后再进行交流，那么事情的结局将得到改观。

宽容是一种胸怀，是一个良好的习惯，它是对现实生活中的不愉快所作出的让步。当然，宽容不等于姑息，不是无原则的适应迁就，迁就只能使误解加深，让不满一步一步积蓄成仇恨。学会宽容，你就等于又开启了一道通向智慧之路的大门。

不让部下背黑锅

……重要的条件是将帅平时以信带兵，信而不欺，因而能在紧要关头做到有令则行，无令则止，无往而不胜。

对于成功的领袖人物来说，人格的魅力是他们区别于普通人的特殊品质，他们将这些品质适时地展现出来，就会使他们赢得人心。

1960年5月1日，美国中央情报局的弗朗西斯·鲍尔驾驶一架U-2间谍飞机飞入苏联领空，被苏军发现击落，并活捉了飞行员。这驾飞机在此之前也曾多次侵入苏联领空，但一直未被发现。

这时美国总统艾森豪威尔所面临的选择是：要么承担责任，公开宣布自己是U-2飞机事件的主谋；要么以一个局外人的身份出现，把此事推到别人头上。但若选择前者，他就成了有史以来第一位承认其政府搞了间谍活动的总统。如果选择后者，只要中央情报局局长引咎辞职也就万事大吉了。

这位曾是第二次世界大战盟国欧洲战区总司令的总统，他从来不会为自己的行为寻找替罪羊，更不愿解除部下职务来舍车保帅。

因为总统一旦这样做，就表明总统已对他的政府失去了控制，世人将会担心一位美国低级军官就有能力发动第三次世界大战，美国政府将会因为此事在全世界名誉扫地。权衡之下，艾森豪威尔对世界宣布：承认4年来U-2飞机一直在根据总统的一项特殊命令飞行，以保卫美国不受苏联的突然袭击，从而保卫世界和平。

赫鲁晓夫对此咆哮如雷，发出战争的叫嚣。6月15日，美苏在巴黎举行的旨在缓解"冷战"局势的会谈也不欢而散。6月20日,艾森豪威尔从巴黎回到美国,受到了20万美国人民的夹道欢迎,很多标语上写着:"感谢您,总统先生!"中央情报局的官员们对他更是感激涕零。

对于突然发生的不光彩事情,艾森豪威尔宁愿自己承当,也不让部下代替受过,他宁愿牺牲自己的威信去换取国家的尊严,他以自己宽广的胸怀和坚毅的个性取信于民,赢得了美国公民的支持,这正是艾森豪威尔的人格魅力所在。

孙子兵法有言:"将者,智、信、仁、勇、严也。"将帅率三军之众,组织士卒,拼杀疆场,重要的条件是将帅平时以信带兵,信而不欺,因而能在紧要关头做到有令则行,无令则止,无往而不胜。

雇用完整的人

……要学会尊重别人,特别是地位较低的人,毕竟不是只有领导者才有智慧!

杜拉克提出了"雇用完整的人"的思想,他认为,人们不能只"雇用一只手",手的所有者总是与手在一起。"没有多少种关系能像一个人与他的工作的关系那样将一个人的整个身心完全地包含在里面了。"因此,他得出结论,人才与工作是不可分的,自然与公司企业也是不可分的。

的确,一家公司的好坏只取决于该公司的人才。大多数公司会说,它们的资产负债表中记录着自己最重要的资产。总部设在达拉斯的全球500强之一的玛丽·凯化妆品公司,则认为人才是最重要的资产。正如该公司总裁所说:"许多公司的经理向证券分析家吹嘘自己的生产线、新建高层建筑物、最快速、最先进的制造设备,可是从来不提自己公司里的人才。尽管固定资产对公司的发展十分重要,但人才是最重要的。我们会见证券分析家时,谈话的一个主要题目是我们公司拥有的奇才。"

研究任何一家大型企业都会发现,使该公司超过别的公司的是该公司的人才。例如，有一家大公司买下了一家生意兴隆的快餐连锁公司，解雇了该公司的经理人员，用自己的人去取而代之。一年半后，这家本来利润很高的企业竟出现了赤字！买方公司未能意识到，他们应该买下的，不是卖方公司下属的几百家饭馆及设备，而是卖方公司最宝贵的资产——管理这个快餐连锁公司的经理队伍。不把这些人买下来，马上就会看出这笔买卖得不偿失。还有很多家公司也犯过同样的错误。

公司和人才是一个不可分割的整体。如果把一家公司的人才轰走，那就会严重危及该公司有效运转的能力。今天，比较现实的方法是：买方公司坚持要求卖方的公司经理留任一段时间，并常常用优厚的条件来鼓励这些经验丰富的经理人员继续增加营业额和利润。并且，在此之间，把自己的人才队伍迅速建立起来。

送给下属超出预期的礼物

……送给对方超出期望的礼物，必能获得意想不到的回报。

一般而言，送礼者经常以社会地位高低为标准来决定礼物的品质，这已成为一种风气。例如，送给上司是昂贵的洋酒，给部下却只是两条国产香烟，其间的差距着实不小。

事实上，礼物的轻重与自己在对方的心目中的地位成正比，因此，在接受礼品时，便难免要自我衡量一番。

所以，身为上司应设法打破送礼的程式，在送礼给下属时不妨大方一点，送给对方超出期望的礼物，必能获得意想不到的回报。同时，如果上下级的差距越大，感觉受重视的程度越高，受到的回报也相应提高。

要知道，赠送超出对方期望的礼物时，不但使对方觉得受到了重视，另一方面也提高了别人对他的评价，而没有什么比别人看重自己更让人高兴的事了。这种提升自我意识的感觉，比金钱更能满足自我的优越感，同时，对送礼者也必心存感激。

告诉下属：忠诚就会得到奖励

……奖励忠诚者，给忠诚的职员更好的职位。

每个组织都需要忠诚，但事实上许多公司在教导人们不忠诚。

比如，当别的组织向你单位里的某人提供更好的工作机会和优惠的报酬时，上司才想给其提升和增加报酬。因此，人们常常以离职相威胁。

再如，很多组织里的领导首先从"稳定"、"平衡"出发，安抚、照顾的是"刺头"、"厉害的人"，而不是首先考虑那些忠诚老实、默默奉献的人。要使员工对企业忠诚，这就要求领导者们做到：

①以心换心，以诚换诚；

②保持信息渠道的公开和透明，以建立相互信任；

③奖励忠诚者，给忠诚的职员更好的职位。

至少也要做到相对的公平

……作为一名管理者，即使不能做到完全的公平，但至少也要做到相对的公平。

当一个人做出成绩并取得报酬以后，他不仅关心自己所得报酬的绝对量，而且关心自己所得报酬的相对量。因此，他要进行种种比较来确定自己所获得的报酬是否合理，比较的结果将直接影响今后工作的积极性。

一种比较称为横向比较，即将自己获得的"报偿"与"投入"的比值与组织内其他人做比较，只有相等时，才认为公平。除了横向比较外，人们也经常做纵向比较，即把自己目前投入的努力与目前所获得的报偿的比值，同自己过去投入的努力与过去所获报偿的比值进行比较，只有相等时他才认为公平。

不公平感的消极作用是十分明显的,它不仅压抑一个人健康向上的良好心境,而且影响他的聪明才智与创造才能的发挥。最近一项研究证实,如果从上级那里得到公正待遇,那么员工的血压会维持在低水平,心脏病的发病率也比受到不公正待遇的人低30%。因此,专家认为,公正可能给企业员工减小了慢性压力,也意味着员工患冠心病的风险减小。

可见,作为一名管理者,即使不能做到完全的公平,但至少也要做到相对的公正。只有具备了公正、公平之心,始终保持良好的心态,才能提高企业员工的凝聚力、战斗力和执行力,也才能提高自身的感召力、吸引力和亲和力。

重视"防火者"

……如果领导只喜欢和重视"灭火英雄"而不重视"防火者"的功劳和作用,那么"火灾"就有可能越来越多。

有人到某家做客,看见主人家的锅灶上烟囱是直的,旁边又有很多木柴。客人告诉主人,烟囱要改曲,木柴须移去,否则将来可能会有火灾。主人听了没有做任何表示。

不久那人家里果然失火,四周的邻居赶紧跑来帮忙灭火,最后大火被扑灭了。他于是烹羊宰牛,宴请四邻,以酬谢他们灭火的功劳。但并没有请当初建议他将木柴移走、烟囱改曲的人。

有人对他说:"如果当初听了那位先生的话,今天也不用准备筵席,而且没有火灾的损失。现在论功行赏,原先给你建议的人没有被感恩,而灭火的人却是座上客,真是很奇怪的事啊!"那人顿时省悟,赶紧去请当初给予建议的那位先生来吃酒。

在企业管理的范畴中,隐患含义是多方面的,有安全方面、质量方面、制度方面等等。但事实上，世界上只有灭火的英雄而没有防火英雄的原因，就是因为"灭火者"大张旗鼓，轰轰烈烈；"防火者"默默无闻，悄然无息。防火者的目的是从源头从根本避免损失，而灭火者只能从一团焦黑的现场挽回损失。前者是练内功后者是练外功，如果领导只喜欢和重视"灭火英雄"而不重视"防火者"的功劳和作用，那么"火灾"就有可能越来越多，也许会有许多的"灭火英雄"前仆后继地出现。

官僚主义害死人

……任何时候都不要脱离群众。

雷·克罗克——这个麦当劳快餐店创始人有个习惯，不喜欢坐在办公室办公，大部分工作时间都用在"走动管理"上，即到所有各公司、部门走走、看看、听听、问问。

麦当劳公司曾有一段时间面临严重亏损的危机。克罗克用他的"走动管理"发现了一个重要原因，就是公司各职能部门的经理有严重的官僚主义，习惯躺在舒适的椅背上指手画脚，把许多宝贵的时间耗费在抽烟和闲聊上。

克罗克发布命令：将所有经理的椅子靠背锯掉，并立即照办。

很多人私下里骂老板是个疯子。不久，当大家纷纷走出办公室，深入基层，开展"走动管理"时，发现管理当中存在着许多问题。于是，管理者们及时了解情况，现场解决问题，终于使公司扭亏为赢。

不乱开空头支票

……从理论上来说，"轻诺"必然是"寡信"的。

乱开空头支票，用文雅一点的话来说，就叫"轻诺寡信"，即很轻易答应别人的要求，实际上却无法做到。

从理论上来说,"轻诺"必然是"寡信"的。身为领导,手中当然握有一定的权力,但谁的权力也不是至高无上的。领导本身也受着种种制约,很多事情都不是一个人能说了算的。

轻易对别人许诺,说明你根本就没考虑所办的事情可能遇到的种种困难。困难一来,你就只会干瞪眼,给人留下"不守信用"的印象,许诺越多,问题就越多。所以"轻诺"对于领导是不可取的。

领导首先要避免的是随心所欲,不乱开空头支票。

古人说:"事之难易,不在大小,务知其时。"在表态时,就要讲究火候分寸问题。既要掌握"尺度",又要讲究"分寸"。

慎搞"一朝天子一朝臣"

……任何事情都是有尺度的,一旦超越正常的上下级关系,反而会产生不良的后果。

无论什么时候,领导就是领导,即使你们的关系很不一般,也并不意味着你能把他当成朋友来看待。事实上,想通过与领导做朋友这种"捷径",获取工作上的便利乃至在公司的提升,是一种不可取的方式。不可否认,与领导增加交流对你的工作会有很大的帮助,但是任何事情都是有尺度的,一旦超越正常的上下级关系,反而会产生不良的后果。

在一个公司中,如果你把精力都用在和领导的周旋上,关系过于亲近,就会被认为是领导的人,被同事看作领导的心腹和安插在他们之中的间谍,自然会引起同事们对你的戒备,以及种种不必要的猜测。即使你"君子坦荡荡",也总有"小人常戚戚"。

况且,"一朝天子一朝臣",领导层的变动不可避免地会波及下属的职位变动,新任管理层一般会在人事上来个"大换血"。如果你在别人的印象里是前任领导的人,那么,这时也许你该做好走人的准备了。

不要给人以"坏脾气"的形象

……虽然他们也有很多其他优点,可我们总是把他们看成"喜欢发脾气的家伙"。这种坏脾气的形象一旦确定下来,就很难得到改变。

很多领导者都会把愤怒当做一种管理技巧,认为这样可以刺激那些无精打采的员工,可以提高大家的士气,让所有人在一瞬间变得精神抖擞。毫无疑问,你的员工们有时的确需要这样的刺激。可你需要付出什么代价呢?

当你生气的时候,你很容易会失去控制。而当一个人失去控制的时候,便很难去管理自己的下属。你可能会觉得你能够控制好自己的情绪,你可以通过偶尔发发脾气来激励自己的下属。可事实上,你很难预测人们会对你的愤怒做出怎样的反应。没错,有时上司发火的确可以激发下属的斗志,可在很多时候,上司的这种情绪波动同样会让他们陷入迷茫。

最为糟糕的是,愤怒会在下属的心目中形成很难改变的印象。一旦下属把你看成是一个喜怒无常的人,你可能一辈子都无法改变这种形象。打个比方,篮球教练鲍勃·奈特被认为是美国大学生篮球比赛史上的传奇教练,有"将军"之称,在执教41年里创下了71.3%的胜率。而且,他还是大学篮球比赛史上获得过800场以上胜利的两位教练之一。无论从哪个角度来说,他都可以被认为是美国最伟大的篮球教练之一。可他还是一个喜欢跟裁判大动干戈,甚至会在赛场上摔椅子的家伙。他的坏脾气甚至比他所获得的所有记录都要出名,以至于每当提到鲍勃·奈特的时候,人们首先想到的就是他的坏脾气,而不是他的比赛记录。

在工作中也是如此,人们总是特别留意那些经常发火的同事。虽然他们也有很多其他优点,可我们总是把他们看成"喜欢发脾气的家伙"。每次提到这些人的时候,人们的第一反应往往是:"我听说他脾气不太好。"

这种坏脾气的形象一旦确定下来,就很难得到改变。而且由于你需要改变的是自己在别人心目中的形象,所以往往可能需要很多年的努力才能彻底让别人对你"刮目相看"。

远离诚信危机

……天底下最容易挣的是钱,最难挣的是信誉。一个政府、企业或者个人,如果透支信誉,必定会付出惨重的代价。

信誉是什么?就是忠诚,不欺骗。《论语》中说:"吾日三省吾身:为人谋而不忠乎?与朋友交而不信乎?传不习乎?"古人特别讲究"为人谋"要忠诚,"与朋友交"要讲信誉。

对领导者来说,信誉是一种资本,是一种"金不换"的资本。有信誉就可以聚合队伍,可以取信于人。在很多时候,办企业和做人一样,实际上是一个永无止境挣信誉的过程。因此,一位知名企业家曾感叹天底下最容易挣的是钱,最难挣的是信誉。为什么这样讲?因为他认为钱是那种靠技巧和力气就可以挣到的东西,无非是挣多挣少的问题。而信誉是不能靠技巧挣到的,要靠内在的品质与自觉。因此,一个政府、企业或者个人,如果透支信誉,必定会付出惨重的代价。

由香港影星成龙表演的那则广告,使"爱多"几乎家喻户晓。在胡志标这个年仅30岁的广东青年带领下,爱多公司创建了中国VCD市场最响亮的牌子。

到2000年,历经了债务堆积、广告停播、股东危机、法院封楼、员工离开等一系列的打击后,红极一时的爱多终因欠巨额债务而陷入了困境,破产在即。到了4月份,爱多危机爆发一年整,胡志标又出了事,因涉嫌商业欺诈,被警方刑事拘留。因此,有理由问一下,号称"我们一直在努力"的爱多和它的领导者胡志标"一直在往哪儿努力"?

爱多走到今天,其中一个最低级的错误,便是缺乏最基本的商业信用。

1999年初，在爱多初现病象的时候，据《中国企业家》杂志披露，爱多连起码的商业信誉都不讲。爱多的一位供应商曾说，他们公司与爱多合作几年了，当初为了争取爱多的定单下了不少的工夫，认为与爱多合作是一次好机会。谁知好景不长，从1997年底开始，爱多先后占用该公司资金800多万元，现在还欠着500多万元。另一家公司也反映，在与爱多公司合作的几年中，对方从一开始就未能按时履约支付货款，至今仍有240多万元货款未还。这位供应商还表示，爱多林老板（胡志标妻）曾经亲口表示："我公司作出如下承诺：12月（1998年）结束前40万元的期票兑现给贵公司；1月（1999年）前付出85万元，春节前付清余款，还望贵公司能接受此计划。"可是，直到现在还是一分钱未还。尤其让这位供应商不解的是，1998年12月19日，爱多还开出了一张40万元的空头支票！同样收到空头支票的另一位供应商直言不讳地批评说，爱多工作效率低，与合作方没有诚意。

写到这里，即使读者不知道爱多为何会有今天的尴尬，也能理解爱多为什么会衰落，一个不讲信誉的公司迟早会被市场所淘汰。

作为中央电视台的标王VCD的龙头老大，通过广告轰炸，爱多在人们心目中已经树立起了非常好的品牌形象，可以这么说，爱多在人们心目中地位是超出一般的VCD品牌的。由于人们对爱多的期望偏高，而爱多本身的技术和管理却跟不上，与一般品牌的VCD技术没有差别，这必然导致其在人们心目中的地位的滑坡。可以说，爱多夺得标王，进行广告轰炸，其实质是在透支其信誉，透支爱多这个品牌，而这种透支的结果，迟早会给企业、给胡志标带来巨大的不幸。

而且，胡志标本人涉嫌商业诈骗行为，被警方拘留，这样的事情也不多见。在中国比较知名的民营企业家当中，胡志标好像是破天荒的第一人，成了"第一个吃螃蟹的企业家"。如果大家都这样吃螃蟹，中国肯定没的救了，更别说"播种爱心，创造未来"。

胡志标曾经抱怨："所有的人都对不起我，都是请来的咨询策划人害了我！"却极少反省自己，他应该好好问一问自己："我对得起别人吗？我有信誉吗？"

亲近多谋善断之人

……大凡夺得天下、善治天下者，身边都有一大批多谋善断之人。

领导者一般都非常重视谋士型的人才。刘备三顾茅庐，听到诸葛亮对天下形势的分析，茅塞顿开，最终三分天下而能取其一。历史证明，大凡夺得天下、善治天下者，身边都有一大批多谋善断之人。从张仪、萧何、陈平、魏征，到赵普、朱升、范文程等等，都为皇帝出过无数奇谋，帮助其主人渡过危机。可以说，没有他们的竭力辅佐，其主人就很难夺得天下，更不要说坐稳天下了。也正因为如此，历史上的统治者大都提出，欲得天下必广揽贤才，这其中谋士便占了很重要的成分。

谋士可以弥补领导者的智力不足。一个领导者不可能是处处超群出众的，他可能有胆识、有气魄、有决断和有远见，但他绝不可能什么事情都能预料到，都通晓。而谋士型的人才一般都是智力超群、胸有奇谋，能够帮助领导者看清当前的形势格局，看清未来发展的趋向，并能帮助领导者采取最恰当的办法。

对于领导者来说，谋士的意见和建议虽然不能使他事事成功，但是，谋士的一点看法，往往却能点破迷津，确定大局，使形势开始朝着有利于自己的方向发展。

选择那些与你不同的人

……选择那些与你不同的人，他们可以做你所不能的事，以弥补你的缺陷。

林肯在组织内阁时，他所选择的内阁成员与自己的个性完全不同，彼此的性格也各不相同。林肯在个人习惯上比较古怪且没有规律，而他的内阁中，有忙碌而有效率的军官斯坦顿，有严厉的西沃德，也有冷静而有思想的切斯，还有潇洒的卡梅伦。

同样，罗斯福选择的顾问也是一个与他的性格完全不同的人，这就是洛奇。洛奇长于观察，罗斯福长于行动；洛奇是一个学者，而罗斯福的许多行为是极其冲动的；洛奇与人交往沉默寡言，难以取悦于人，而罗斯福则是人见人爱；洛奇的语言准确、尖锐，罗斯福的语言是抒情式的、不精准、直白，但是很滑稽、幽默，引人发笑。

正是因为存在诸多的不同，使得他们成为合作默契的伙伴。他们彼此之间取长补短，互帮互助。这样的合作，比罗斯福选择一个与他自己性情相似的人好得多。他能够认清这种性情差异的价值，从1900年他写给洛奇的信中可以看出。他说："你是我一生中惟一重视的人，许多时候你在各个方面都帮我做了许多我自己无法做到，而且除了你之外，别人也无法做到的事情。"

这些话揭示了作为一个真正的领袖的秘诀：选择那些与你不同的人，他们可以做你所不能的事，以弥补你的缺陷。

慎做"性情中人"

……落魄的人、自我毁灭的人，多半是所谓的"性情中人"。

一个人率性而为的时间久了，就会养成一种放纵自己情绪的习惯，遇到问题就顺着性子去做，有时候或许真的解决了问题，但也为自己的将来埋下了祸因；也许得罪了很多人，即使他们不说，日后还是会伺机报复的。

长久下去，对事业和人际关系就会破坏多，建设少，给自己的人生带来种种障碍。尤其是一旦给人留下"不能控制情绪"的印象，那真的是难以翻身。因此，落魄的人、自我毁灭的人，多半是"性情中人"。这一点，只要我们仔细观察就可明白。

审视一下你的性情，如果不好，那就改一改，千万不可任着自己的坏性情随意而为！

高手在身边

……任何一个人都只有在浪费了无数的弹药以后，才能将自己训练成一个"神枪手"。

我们经常遇到这种情况，许多有能力赚8000元薪水的人仍然是一个只赚3000元的小职员，只因为他们没有机会也没有自由去充分施展自己的才华。在某大公司主管办公室的一个角落里，也许就有某位职员，他的才能要远远高于这位主管，只是他没有机会充分展示出来。只要他一有机会，他的才华会立刻崭露出来。

所以说，与其从其他公司挖来一个人，将他放在一个高位去管理公司中原有的员工们，不如从员工中间选一个年轻人，不断地培训他、教育他，让他成长为优秀的管理者。

任何一个人都只有在浪费了无数的弹药以后才能将自己训练成一个"神枪手"。对于一个显示出过人才华的年轻员工，任何一个雇主都应该舍得花费金钱与精力做实验。

第三章

高高举起，轻轻放下

让鸟自己飞进鸟笼

……如果你可以让鸟自己飞进鸟笼，它会啼叫得更动听。

有所选择的人很难相信自己受到操控或欺瞒。简单点说，如果你可以让鸟自己飞进鸟笼，它会啼叫得更动听。

但是这种选择你要做得很像——很像是他自己做出来的，而不是你在诱导他。这是基辛格最爱用的伎俩。在担任尼克松总统的国务卿时，基辛格认为自己的资讯比上司充足，他认为自己在绝大多数情况下可以做出最佳决策。但是，如果他自作主张制定政策，就会冒犯甚至惹恼这位以缺乏安全感而闻名的总统。

因此，针对每一件需要作出的决策，基辛格会提出三四项选择，但是在表现形式上，他所偏好的，却不是他真正说的那一个方案。一次又一次，尼克松都上钩了，他从不怀疑自己会受到基辛格的操控。

对付缺乏安全感的上司，粉饰选择不失为一条绝妙的策略。

但是想做得天衣无缝，真的有点难。

不要让人感到无以为报

……如果好事一次做尽，使人感到无法回报或没有机会回报的时候，愧疚感就会让受惠的一方选择疏远。

初入管理层的人常犯的一个错误，就是"好事一次做尽"，以为自己全心全意为对方做事会令关系融洽、密切。事实上并非如此。因为人不能一味接受别人的付出，否则心理会感到不平衡。中国人讲究回报，"滴水之恩，涌泉相报"这也是为了使关系平衡的一种做法。如果好事一次做尽，使人感到无法回报或没有机会回报的时候，愧疚感就会让受惠的一方选择疏远。

在欧洲中世纪时期，一位雇佣兵首领拯救了一座城池，城内善良的百姓千方百计地想要报答他，可是用哪种方式好呢？

金钱似乎显得轻微，多少金钱才足够奖励保存一个城市自由的人的功绩呢？有人想让这名雇佣兵首领担任城市的主人，但又有人反驳说，鄙小的城市配不上他。最终人们采用了他们一致认为最完美的方式：吊死他，然后把他封为他们的守护圣人！

这就是雇佣兵首领得到的回报。

人际交往要有所保留的道理人人都懂，但是，如何做以及其中包含的心理学的道理未必都知道。留有余地，好事不应一次做尽，这也许是平衡人际关系的重要准则。

留有余地，适当地保持距离，因为彼此心灵都需要一点空间。而"过度投资"，不给对方喘息的机会，就会让对方的心灵窒息。留有余地，彼此才能自由畅快地呼吸。

让员工只为自己的责任"埋单"

……没有工作的完全对接，量化考核根本就是空谈。

一日，去饭馆吃饭，隔壁间的客人不管怎样都拒绝埋单，拒绝的理由也很简单，就是饭菜口味的问题。

但是，不管服务员解释、打折还是送菜，客人还是不肯埋单。最后，楼层经理对服务员说："这桌你埋单。"

其实，那个服务员在整个问题的处理过程中做得已经非常好了，然而他却要替厨师受过，自己掏钱埋单！据说这是他们公司的规定，客人跑单要由相应的服务员埋单。错并不在服务员身上，但他却要为此而埋单，这对他来说公平吗？

责任并不在这道工序上，而在上一道工作程序上。但是，管理者在制定相应考核标准的时候，却把这个问题忽略不计了。结果，有人就需要为其他人所犯的错误而埋单，如同服务员为厨师埋单一样。

这样的结果显然是不公平的，被处罚的人当然会有意见。

制度让他蒙受不白之冤，同时，被处罚人对管理者也会有意见，因为这项制度是管理者制定的，他会认为管理者无能。而且他还会对责任人有意见，在他眼里，此人为麻烦的制造者，因而同事间的关系就不可避免地会出现问题，矛盾不断激化。没有人不希望自己能够主导事情的发展，也没有人愿意去承担本来不是自己的职责。由于工作结果并不是员工自己所能左右的，而又可能替别人承担过错，因此将大大降低员工的工作热情。这就衍生出管理中的一个新问题。

在日常工作中，都存在工作流程，每项工作的完成都是依赖于前一项的工作。管理者在制定管理考核指标时，就必须考虑到整体因素的影响。

没有工作的完全对接，量化考核根本就是空谈，决定结果的并不仅仅是员工自己，而且，还有其他工作环节的影响。

工作的延展性，也要求量化考核不能对环节工作进行单一的衡量，应当全流程地考虑问题，不然的话，将使考核失去公平性。

高高举起，轻轻放下

……一定要坚持思想教育在先，惩罚在后；要坚持以思想教育为主，惩罚为辅。

首次惩罚，讲的是一个人在一个单位所受到的第一次批评、处分等。首次惩罚作为第一印象对人们今后的情绪、工作都会有较大的影响。一般来说，首次惩罚要个别进行，不宜公开点名；只要错误不太严重，处分要轻不要重；语言要温和，不要尖刻。

惩罚不是目的，而是为了更好地教育下属和调动其积极性的手段，因此，要以防为主。防惩结合，教惩结合，不能为惩处而惩处。要从教育人、挽救人、调动人的积极性的目的出发，把教育与惩处紧密结合起来。

一定要坚持思想教育在先，惩罚在后；要坚持以思想教育为主，惩罚为辅。实施惩罚时，要"高高举起，轻轻放下"。平时教育从严，处罚从宽；思想批判从严，组织处罚从宽，重教轻罚。惩罚前，如果不先警告，势必使部下产生无过受罚之感，弄得人心惶惶，进而离心离德，背道而驰。所以，领导者要先教后罚，多教少罚，这样不仅能使犯错误的人减少，而且还能使人们心服口服。

多下柔性的命令

……一定要记住：没有人喜欢被人指使，不管他的地位有多么卑微。

从内心来讲，我们每个人都喜欢指使人而不是听命于人，所以下指令是要讲艺术的。一般来讲，当我们安排他人工作时，最好多一些疑问句而非祈使句，让对方感到你既是在征求他的意见，也是在安排他去做某事。作为下属，他们当然喜欢这种充满柔性的命令了。

这种办法不会损伤他人的"自我意识"，容易让一个人改变自己原有的观点，保持个人的自尊心，给他人一种自重感，这样他就会与你保持合作，而不是对抗。

无礼的命令只会导致长久的怨恨——即使这个命令可以用来改正他人明显的错误。

谁都讨厌被人命令，受人指使，因为这样会让人觉得自己的"自我意识"受了伤害，伤了自尊。即使是你的孩子也是如此。"小强，别整天只顾着玩，快去复习功课！"虽然他嘴上说："知道了。"却总是磨磨蹭蹭地不见行动。你在酒店里对服务员说："喂，拿壶水来。"他可能会答道："好的。"却迟迟不见水送上来。

在公司里，这样的情形也时常发生。"怎么搞的，计划还没做出来？期限快到了呀！"但回答"知道了"的部下连一点动静也没有。"为什么还不着手呢?""知道了,可是没空呀!"

部下虽然回答了两次"知道了",但没有付诸行动的话,这只能算是指令的失败。

家丑不可外扬

……如果你的组织里有了什么错误,你不要把它往外宣扬。这对你的团体和你的老板都没有什么好处。

如果你的组织里有了什么错误,你不要把它往外宣扬。这对你的团体和你的老板都没有什么好处。

有的时候,你在你的小团体里受了委屈,那么你得注意,你的牢骚该向谁发。

你不该向其他部门发。你最好跟老板或是爱人发,因为保持团队的荣誉是每一个成员应该注意的事情。公司虽然没有明文规定你受了委屈不该向别人倾诉,但你还是要从大局出发,不要让公司别的部门认为你的部门不团结,甚至讥笑你们。

如果你那样做了,你的老板会因此很不高兴,你这分明是跟他过不去,有损他的形象。

你应当跟其他部门的同事说"我们部门团结得很不错,尽管这中间有些小麻烦"之类的话。

你的牢骚更不可向公司外面的人发。

有一些不注重公司形象的人,总是在受到某种委屈之后,向公司外的人诉苦。也许他没有注意到,这无形中伤害了公司的形象和声誉。

因为,他人也许并不关注你受到了什么伤害,除非他是你的亲朋好友。而更多地注意到你的公司并不够团结,也缺乏纪律。

你更不可向公司的客户发牢骚。记住,在向客人或外人提及公司的时候,你一定要用"我们",而不是"他们"。

企业形象对于一个公司太重要了。它能使公司得到顺利的发展，也能让公司毁于一旦。而企业形象的树立更是在一点一滴中形成的。

试想，一个连自己内部职工都不喜欢的公司怎能让社会承认？

总之，家丑不可外扬，不要让你的公司不攻自破。

先集权，后民主

……我们不排除采用民主的方式进行改革，但在一般情况下，这很难成功。因为变革者只能是少数，而在改革真的到来之前，也只有少数人真心拥护改革。

我们不排除采用民主的方式进行改革，但在一般情况下，这很难成功。因为变革者只能是少数，而在改革真的到来之前，也只有少数人真心拥护改革。

何况，任何改革都要剥夺一些人的利益，阻力会很大。一个企业的改革也是这样，如通用电器、IBM。郭士纳到任不久就取消了管理委员会，而改建了一个"公司执行委员会"。这个委员会不能接受解决问题的委托，不能行使代表权代为业务部门决策，它只能关注跨部门的政策问题。实际上，权力集中到郭士纳一个人手里了。

值得注意的一个规律是：从根本上看，民主是群众自己争取的。但在具体操作上，民主却发生在集权之后。

自然，改革中群众的情绪，是个必须注意的大问题。1979年末，1980年初，在东南亚金融危机的冲击下，由于人民对政府缺乏信任，印度尼西亚的苏哈托总统不得不宣布下台。在这期间，他的一位将军说："如果有1000名学生，他们会遭到镇压；如果有10000名学生，武装部队会设法控制群众；但是如果学生有10万名，武装部队人员会反过来加入学生行列。"

温和的指责

……理发师在刮脸前，先在客人脸上涂上肥皂沫。好的领导者便深谙此道，就是他在批评或指责他人时，必先表扬他人。

理发师在刮脸前，先在客人脸上涂上肥皂沫。好的领导者便深谙此道，就是他在批评或指责他人时，必先表扬他人。

1863年4月26日，是美国南北战争最黯淡的日子。一连18个月，林肯的将领们带领北军作一次又一次的悲剧性撤退。除了无益、愚蠢的人类屠杀之外，什么都没有。全国震惊起来，数千名士兵自军中开小差逃亡；甚至共和党的参议院议员也起来反叛，希望能迫使林肯离开白宫。"我们现在处于崩溃边缘，"林肯说，"对我来说，似乎连万能的主也跟我们过不去。我看不到一丝希望。"

作为主要责任者，胡克少将有着不可推卸的责任。是的，那些过失是很严重，但林肯并不那么说出来。林肯较为保守，他的指责自然也较为温和。林肯写道："在有些事情上，我对你不太满意。"多机智的说法！

以下就是他写给胡克少将的信：

"我已任命你为波托马克的陆军首长。当然，我之所以这么做，对我来说，有很充足的理由。不过，我认为最好还是让你知道，在有些事情上，我对你不太满意。

"我相信你是一名勇敢而战技纯熟的军人，当然，我十分欣赏你。我同时相信，你不会把政治和你的职业混为一谈，你这样做是对的。你对自己很有信心，如果这不是一种不可或缺的个性，也必定是极有价值的美德。

"有野心，在适当范围之内，好处多于害处。但我认为，在伯恩塞将军指挥军队期间，你曾表现出你的野心，而尽可能反对他。你那样做，对国家和一位功劳最大的友军荣誉军官来说，是极大的错误。

"我曾听说——由于言之凿凿使我不得不相信,你最近曾说,军队和政府两者都需要一位独裁者。当然,并不是为了这个,而是由于我不予理会,我才赋予你指挥权。

　　"只有那些有成就的将领,才可以被尊为独裁者。我现在所要求你的是军事上的胜利,我甘冒独裁的危险。

　　"政府将尽一切力量来支持你,政府在过去和将来对所有指挥官都是如此支持。我十分害怕你以前带到军中来的那些精神:批评长官,不信任长官,现在可能就会报应到你头上。我将帮助你,尽我一切的力量将之扑灭。

　　"当这种精神盛行于军队中的时候,不管是你或拿破仑——如果他又再度复活的话,都无法指挥军队。现在你要注意,不可轻率从事。注意,不可轻率,但要以充沛的精力和不眠不休的警觉精神向前推进,把胜利带回来给我们。"

既不能权力旁落,也不可大权独揽

……领导者要有狮子般的威力与狐狸样的智慧,大处着眼雄心万丈,小处落脚心如毫发。

　　汉朝建立后,汉高祖刘邦分析自己得天下的原因时说:"运筹于帷幄之中,决胜于千里之外,我不如张良;治理国家,安抚百姓,调集军饷,使运输军粮的道路畅通无阻,我不如萧何;联络百万大军,战必胜,攻必取,我不如韩信。此三者皆人杰也,我能用之,这就是我能得天下的原因。而项羽只有一个谋士范增,却不能信任他,不能重用他,把他气跑了,这就是项羽失天下的原因。"

　　可见,领导者只有发现人才,对其进行权力的分配,使他们各司其职,各尽其责,才能成就成功的事业。相反,不能识才任能,不信任、不重用人才并对其束手束脚,势必严重影响事业的成败,可见权力分配是事业成功的关键。

成功的权力分配，要求领导者既不能大权旁落，无所用心，又不能全权独揽，事必躬亲。那么如何才能不走这两个极端呢？那就是走集权与分权的"中庸之道"。当然领导者在进行权力分配时，一定不能拘泥于定规，僵化固守传统，要善于灵活运用各种原则，善于创造性地运用各种分配方法与技巧。

这就要求领导者有狮子般的威力与狐狸样的智慧，大处着眼雄心万丈，小处落脚心如毫发。让下属不敢欺、不忍欺、不能欺，如此，才是成就大事的根本。

不搞"秋后算账"

……具有大度量，才能聚拢人心，愿为其用。无论是战场上还是商场上的胜利，都是与加强内部团结密不可分的。

《三国演义》第四十回提到，官渡之战结束后，曹军打扫战场时，从袁绍的图书案卷中，发现了曹营中的人暗地里写给袁绍的投降书。当时有人向曹操建议，要严肃追查这件事，凡是写了黑信的人统统抓起来杀掉。然而曹操却说："当绍之强，孤亦不能自保，况他人乎？"于是下令把这些密信付之一炬，一概不去追查，从而稳定了军心。

具有大度量，才能聚拢人心，愿为其用。无论是战场上还是商场上的胜利，都是与加强内部团结密不可分的。

就拿曹操来讲，其当时虽然取得了官渡之战的胜利，但是袁绍还占据着冀、幽、青、并四州的大片土地，曹操只有集结更大的力量，乘胜前进，才能平定河北，统一北方。同时，从整体战略的大棋盘上看，曹操的正面有袁绍，背后和侧后有刘表、刘备以及江东实力雄厚的孙权，仍处于内线作战并未完全摆脱困境的状况下，此形势正是急需用人之际。因此，只有从长远和全局的利益出发，转消极因素为积极因素，巩固内部团结，才能继续胜利进军。

还要看到，当时秘密写投降书给袁绍的并不是少数人，而是一批人。试想，若是严加追究，必然牵扯面广，会造成人才大量的流失，也会对整个事业带来极大的影响。例如一些企业或部门，由于主管领导的人事变动，新领导一上任就是"三把火"，其中最重要的一把火往往就是先把"逆我者"打入另册，或干脆让其滚蛋，不管是否人才概无幸免。这种做法正好是曹操当年的反证，其结果也就不难猜测了。

不要把弦绷得太紧

……放松是一切创意与灵感的前提，没有一个轻松的心情，你什么也做不好。

从某种意义上说，物极必反也是自然界的一条规律。

人的精力是有限的，不可能像机器一样无限度地高速运转。否则，非出问题不可。何况，人是有感情的，心情舒畅时，精力充沛时，其工作效率也会相应地提高。因此，领导者在部署工作任务时，要注意留有余地，不要使部属始终处于紧张状态。从实施科学领导的角度看，该放松时要适当让部属放松些。什么时候该放松些呢？可以从以下三方面着手：

一是完成重大任务后可以适当放松些。因为在集中力量完成重大任务时大家全力以赴，始终处于亢奋状态，一门心思做工作。一旦任务完成了，从心理上和体力上来说，部属都要求"松口气"，"歇歇脚"。这时候，领导者应体察下情，适时地作出安排，使大家尽快地得到休整。

二是在节假日前要适当放松些。比如，春节即将临近，人心思"节"，有的同志可能还急于回家。这时候，如果领导者仍然像往常一样给部属布置许多任务，那就显得"不合时宜"，部属接受任务时就可能不会像平时那样愉快和乐意。即使勉强接受任务，完成任务的质量也会打折扣。因此，在节假日前最好让大家放松些。

三是工作中受到挫折时要注意让大家精神放松些，以便更好地总结经验教训，做好下一步的工作。如果在工作中出现挫折后，领导者急于设法弥补，一直追加工作量，则很有可能造成大家的逆反心理，出现欲速则不达的结果。

信任当然必要，监督也必不可少

……一个没有检查监督的命令就不称其为命令，这只是一种美好的想法。

没有被执行的命令是毫无作用的，因此管理者应当注意让命令有效的方法。

命令并不是向下属发布之后就没事了，信任下属当然有必要，但你的监督也必不可少。

切记，即使在你日理万机、分身乏术的情况下，也不要放弃监督的权力！

为什么有许多命令或指示下达后总是受阻呢？就是因为管理者没有监督自己命令的执行情况。

你发布一条命令，大家听明白了，你笑了，你感到心满意足，你认为自己做了一件很棒的事。你回到你的办公室，端起茶水看早报，一切顺利，天下太平。

这期间，事情似乎进行得很顺利。你的命令被执行得适当而迅速，你可以高枕无忧地去钓鱼，事情能是这样吗？不会的，绝对不会的。为什么呢？因为一个没有检查监督的命令就不称其为命令，这只是一种美好的想法。

要保证工作顺利进行，你的命令就必须得到认真的贯彻，你必须自己亲自去检查工作，因为下级不敢忽视上级的检查。换句话说就是"不检查总会有疏忽"。

切记，一个命令如果缺乏监督和检查，那么和没有这个命令毫无区别！

可以温和，但绝不软弱

……由于人性中有着天然的弱点，人们总多少有点欺善怕恶的毛病。

在管理活动中，软与硬的两手是相辅相成、密切联系的。如果有所偏倚，自己便要吃亏。为人不能太软，那样会给人以没用的感觉，都觉得你好欺负，于是就自然而然地会经常受到别人举止、言语、态度的戏弄与伤害。由于人性中有着天然的弱点，人们总多少有点欺善怕恶的毛病。因此，人可以温和，但不可以软弱。

然而我们也不能走到事物的反面，不可以总是态度强硬，好勇斗狠。一个人太强硬，必然使人觉得他头角峥嵘，浑身是刺。

这种强硬积累到一定限度，会导致难以预料的后果，以至于弄得千夫所指，触犯众怒，到时候谁也救不了你。

在平时人们更多的还是要软硬兼施，因为生活是复杂的，人们的心情是多变的，在不同的事情上，人们会采用不同的态度和策略。所以，我们还要表现得灵活一点，针对不同的情况，随机应变，采用多样的方法。涉世不深、初入社会的人，或者过分软弱、过分善良，或者是态度固执、目空一切，因此更有必要了解软硬兼施的效用，学些软硬两手交替使用的谋略与机变。

杀鸡不能儆猴

……杀鸡给猴看，猴子不看怎么办？总不能连猴子一块杀掉了事。

有的管理者为了敲山震虎、警戒众人，总愿采取"杀鸡给猴看"的批评方式，其实效果并不一定好。杀鸡给猴看，猴子不看怎么办？总不能连猴子一块杀掉了事。

人的思想是复杂的，靠简单的威吓和批评扩大化的方法，并不能很好地解决问题。因为人固有的自尊心，使他在众人面前挨了批评后，内心自然产生屈辱感，生出愤愤不平之意。而对在场的其他人说来，本来是想要大家从中受到震动和教育，结果事与愿违。在场的人，有的要从中评头论足，有的会对被批评者寄予同情，有的认为与己无关而视这种批评为耳旁风。

正确的方式是，不能在众人面前使他尊严扫地，而要在没有第三者在场时，一对一地单独进行，要视对方对问题的认识程度以及内心思想根源进行批评。如果认为单刀直入批评会招致对方反感时，应和他离开工作场所，耐心倾听对方陈述，然后再提出自己的规劝。

让正直敢言成为一种风气

……能够对上司直言的下属，都是对工作很热心、很认真的好员工。

如果一个人能够自由地发言，可以减少心理上的压迫感。将心里想说的话全部说出，能有一种快感及解放感。

但是，在能够自由发言的公司里，也有不少下属的感觉与上司的推断不一致。对某公司的调查显示，在主管方面，有96%认为："我能够跟下属自由讨论。"但是，他的下属有55%的人回答："不能自由讨论。"关于这一点，主管的想法与下属的想法大相径庭，即主管还未了解下属真正的意向。

上司也是人，也是有感情和尊严的。虽然上司赞同下属的意见，但是如果下属毫不留情地指责上司，上司一时无法接受，便很容易生气，不问青红皂白申斥一番。有了一次经验，下属就会不再直言了，同时，他的工作热忱也随之消失！

能够对上司直言的下属，都是对工作很热心、很认真的。如果可使他们有主人翁的感觉,并形成能够自由交谈的气氛环境,你的公司自然会朝气蓬勃。

让被解雇者体面地离开

……换一种方式,让对方来做决定,再难的事情也就好办多了。

有时在别无选择的情况下,你必须解雇某些人,但我建议你,一定要尽量使这个过程富有建设性。

比如说,你聘请了一个人,但是几个月以后,你发现你犯了一个错误——因为他从来不肯尽力工作。这时你可以坦白地告诉他,"兄弟,你被解雇了。你的表现并不能让我们满意,所以我们必须请你离开。"但如果这样做的话,他就会对你怀恨在心,而且对于整个公司的看法也会很糟糕——毕竟,他已经在这工作了一段时间,和我们的一些员工及客户或潜在客户都建立了一定的关系。如果他四处宣扬你残酷的话,这对整个公司都没有好处。

或者你可以给他打个电话,告诉他,"你好,兄弟。我们俩都犯了一个错误。我当初可能并没有向你详细解释这份工作的要求,而你的表现也不能令人满意。我认为我们双方都应该做出一些牺牲来弥补由于我们的过错而造成的损失。首先,我会给你一年的薪水,因为这件事我也有责任。第二,如果某人要我推荐你,我也不会对他撒谎,我会告诉他们你在某些方面并没有达到我们的要求,但我肯定不会造谣中伤你。第三,我们会尽量以一种体面的方式让你离开公司。"

他可能说:"领导,我想辞职。我会说是自己希望改变一下工作。"你可以告诉他:"我们都知道你并没有辞职,但如果你愿意这样的话,我们也不反对。"

让人们以一种体面的方式离开自己的工作岗位,是强化公司执行文化的一个重要手段。

遇事先打个招呼

……一方面表现出自己对同级领导的尊重，另一方面为自己执行上级命令的顺利进行开辟道路。

与同级领导相处，互通声气，有话说到前头是很重要的。这是减少误会，取得同级信任所必需的。

如果上级做出一项决定，要处理你的一位同级领导，而上级又指派你去调查这件事情。本来你与这位同级领导的关系很好，现在让你去找他的材料，一定是非常为难。但是"上"命难违，你最好先同那位同级打个招呼，说明你不得不这样做，不是出于什么个人恩怨，而是"上指下派"，一旦开始调查，那就要公事公办，请他有个思想准备。

千万不要小看这一"手"，你这样做了，那么以后出了问题，他不会怪你，因为你有你的苦衷，他是可以理解的。如果你没有这样做，而是上级一下令，你就手持"尚方宝剑"，拿出一副"钦差"的架势，即使你秉公办事，对方也会怀疑你"公报私仇"。这样，不论有事还是无事，他都会嫉恨你的，原来很好的关系，也会因此断送。

遇事先打个招呼，一方面表现出自己对同级领导的尊重，另一方面为自己执行上级命令的顺利进行开辟道路。

轻易不要说"我要开除你"之类的话

……生气时讲出来的话，也可能造成深刻甚至难以弥补的伤害。

美国有句俗语："棍与石可伤筋骨。"但这句话只讲对了一半。棍棒与石头是可以打断筋骨没错，却不是惟一的厉害武器——生气时讲出来的话，也可能造成深刻甚至难以弥补的伤害。领导者管理愤怒的原则大多都是灵活有弹性的，然而有少数几个原则却丝毫没有商量的余地。譬如，绝对不可以使用肢体暴力；绝对不可以在生气时用"我要开除你"或"我要你辞职"之类的话来威胁对方。

害怕被抛弃是人类最原始的恐惧之一。当我们年纪还很幼小，当我们的生存完全仰赖我们的父母或其他照顾者的时候，我们就开始有这样的恐惧了。因此，一个婴幼儿如果认为自己失去了父母这个靠山，可以想像，他的心里一定是万分脆弱、万分恐惧的。父母如果在盛怒时说了什么话或做了什么事让孩子产生这样的恐惧，这个孩子一定会变得很没有安全感。

因此，不管你生气的对象是你的下属还是你上司，绝对不要在生气的时候说出"大不了不干了"或"我要开除你"，或诸如此类的话。这种话不同于其他的语言，害怕被抛弃是我们大多数人心中极大的恐惧，因此听到这样的威胁肯定会觉得难以承受。即使之后大家相安无事，上司也会时刻提防你，很难再交给你重要的任务，下属也会随时准备离你而去。

"严格"与"高压"是两码事

……仅仅依靠严格所建立的管理机制是很脆弱的，这种平静也只是短暂的，一旦平静被打破，就可能兵败如山倒。

在我们从事企业顾问工作过程中，非常遗憾地发现，很多号称"现代化管理"的企业，其"精髓"不过是一个"严"字。

以严治厂，是我们多年的口号，这没有错。但如果仅仅追求严格，而忽视科学管理，就大错特错了。在很多企业里，管理者动不动就罚款，动不动就开除员工，以这种类似于暴君的做法来压制员工，达到表面上的平静和"规范"。仅仅依靠严格所建立的管理机制是很脆弱的，这种平静也只是短暂的，一旦平静被打破，就可能兵败如山倒。

亚细亚曾经是中国企业的一大风景,可惜的是这一风景过于短暂。亚细亚风景的暗淡,和忽视科学管理不无关系,和王遂舟片面追求"严格"不无关系。

王遂舟算得上是一个"苦命"的人,他每天最多只睡5个小时,管理的事情从大到决策,小到鸡毛蒜皮。而且,这些事情都严格要求,甚至到了苛求的地步。只要他人在商场,事无巨细,全由他一手布置。他对每个部门的每项具体工作都不断地发出新的指令,或指斥其负责人工作不力。他细到什么程度,从他经常举出的一些细节可见一斑:"某处霓虹灯断了一根灯管"、"某处玻璃门没擦,上面有手印"以及"花木上积了厚厚的尘土,从上面看下去一片灰蒙蒙"。有人给他提意见,让他少操心具体的事情,他却大怒:"我要不管,'亚细亚'早就不是这个样子了!"王遂舟是严格的,但这种严格并没有支撑起亚细亚的脊梁,反而加速了亚细亚的衰落。

科学管理不反对严格,科学管理的规则一旦确定下来,肯定要靠严格执行来达到管理的目的。但是,这里的"严格"和以"人治"为本的高压手段是两码事。当你被称为"强硬管理者"或者"严厉管理者"的时候,你应该思考一下,你的"严"是不是建立在科学管理的基础之上。

众人皆醉,你应独醒

……每一个成功的人都是能够控制自己情绪的高手,他们不会被自己的情绪所左右。

吉布林娶了一个维尔蒙的女子,在布拉陀布造了一所漂亮的房子,准备在那儿安度余生。他的舅舅比提·巴里斯特成了他最好的朋友,他们俩一起工作,一起游戏。

后来,吉布林从巴里斯特那里买了一块地,事先商量好巴里斯特可以每季度在那块地上割草。一天,巴里斯特发现吉布林在那片草地上开出一个花园,这样他就无法得到预想的一车干草了。他生起气来,暴跳如雷,吉布林反唇相讥，弄得大家不欢而散。

几天后，吉布林骑自行车出去时，被巴里斯特的马车撞倒在地上。这位曾经写过"众人皆醉，你应独醒"的名人也昏了头，告了官。巴里斯特被抓了起来。接下去是一场热闹的官司，结果使吉布林携妻永远离开了美丽的家。而这一切，只不过为了一件很小的事——一车干草。

我们的失败，往往是因为我们不能控制自己的情绪所造成的，如果我们能够掌握自己的情绪，那么我们就更容易掌握命运。每一个成功的人都是能够控制自己情绪的高手，他们不会被自己的情绪所左右，所以，成功也更容易被他们得到。

如果你是个不易控制情绪的人，不如在事情发生前，赶快离开现场，等情绪好了再回来；如果没有地方可暂时"躲避"，那就深呼吸，不要说话，这一招对克制生气特别有效。同时，寻找你生气的原因也是必不可少的。情绪陷入低潮时，我们会不自觉地压抑情绪，有时还会迁怒于他人。生某个人的气时，我们真正气的可能是自己。很多情况下当你一直受困于某种负面情绪时，就必须改变想法，想想造成你不良情绪的是否有其他原因，而不要只是一味地钻牛角尖。

只要找到原因，就会有办法处理情绪。我们可以采用前述第一种排除负面情绪的方法，问问自己什么事情让你悲伤。当找到悲伤的原因时，怒气就会慢慢消失，你也会变得宽容了。有了宽容心之后，你就能变得更开朗、更体谅别人。

只提供看法，不做出结论

……如果你的意见确实正确，事实终会证明这一点；如果你的意见不对，你非强加于人不可，你的意见不就成了一种罪过了吗？

如果你的意见确实正确，事实终会证明这一点；如果你的意见不对，你非强加于人不可,你的意见不就成了一种罪过了吗?所以我们何不这样做:只向他人提供自己的看法,而由他最后得出结论!

老子曾说过一些话,也许对今日的许多读者仍有益处:江海之所以能为百川之王,是因为懂得身处低下;圣人若想领导人民,必须谦卑服务。因此,圣人虽在上,而人民不觉其压力;虽在前,而人民不觉面子上有什么伤害。

放过无碍大局的小错误

……一些无关紧要的小错误,放过去也无碍大局,那就没有必要去纠正。做人固然不能玩世不恭、游戏人生,但也不能太较真,认死理。

美国成人教育专家戴尔·卡耐基,是处理人际关系的"老手",然而早年时,也曾犯过小错误。有一天晚上,卡耐基参加一个宴会,宴席中,坐在他右边的一位先生讲了一段幽默故事,并引用了一句话,意思是"谋事在人,成事在天"。那位健谈的先生提到,他所引用的那句话出自《圣经》。但卡耐基知道这位先生错了,他很肯定地知道出处,一点疑问也没有。为了表现优越感,卡耐基忍不住纠正他。对方立刻反唇相讥:"什么!出自莎士比亚?不可能!绝对不可能!"那位先生一时下不来台,不禁有些恼怒。

当时卡耐基的老朋友法兰克·葛孟坐在他左边。他研究莎士比亚的著作多年,于是卡耐基就向他求证。葛孟在桌下踢了他一脚,然后说:"戴尔,你错了,这位先生是对的,这句话的确出自《圣经》。"

那晚回家的路上,卡耐基对葛孟说:"法兰克,你明明知道那句话出自莎士比亚。"

"是的,当然。"他回答,"《哈姆莱特》第五幕第二场。可是亲爱的戴尔,我们是宴会上的客人,为什么要证明他错了?那样会使他喜欢你吗?他并没有征求你的意见,为什么不保留他的脸面?"

法兰克·葛孟对戴尔·卡耐基的人生告诫是：一些无关紧要的小错误，放过去也无碍大局，那就没有必要去纠正。这样不但能保全对方的面子，维持正常的谈话气氛，还能使你有意外的收获——在对方和在场的人心目中建立良好的印象，这无疑有利于自身人气的提高。做人固然不能玩世不恭，游戏人生、但也不能太较真，认死理。

"水至清则无鱼，人至察则无徒"，太认真了，就会对什么都看不惯，连一个朋友都容不下，把自己同社会隔绝开了。镜子很平，但在高倍放大镜下，就变成凹凸不平的山峦；肉眼看很干净的东西，拿到显微镜下，满目都是细菌。试想，如果我们"戴"着放大镜、显微镜生活，恐怕连饭都不敢吃了。

劝过于暗室，扬善于公堂

……如果你想到处树敌或使你的威信降低，不妨在大庭广众之下指出某个人的错误。

一天，在广州一家著名的大酒店里，一位外宾吃完最后一道菜，顺手将一双精美的景泰蓝食筷悄悄地"插入"自己的西装内衣口袋。正要走时，一位服务员小姐不动声色地走上前去，双手擎着一只装有一双景泰蓝食筷的绸面小匣说："我发现先生在用餐时，对我国景泰蓝颇有爱不释手之意。非常感谢您对这种精细工艺品的赏识。为了表达我们的感激之情，经餐厅主管批准，我代表酒店，将这双图案最为精美并且经严格消毒处理过的景泰蓝食筷送给您，并按照大酒家的优惠价格记在您的账单上，您看好吗？"服务员小姐的委婉陈辞使那位外宾很快明白了这些话的弦外音，在表示了谢意之后，他称自己多喝了两杯，头有点发晕，顺手将食筷插入内衣袋里了，并聪明地借势下台，说道："既然这种食筷不消毒不好使用，我就以旧换新吧！"说着取出口袋里的筷子，恭恭敬敬地放回桌上，然后接过服务员小姐给他的小匣不失风度地向付账处走去。一个很棘手的问题就这样解决了。

"劝过于暗室，扬善于公堂"是交际常用的一种技巧，是隐蔽地给人以启示。从心理学角度来看，暗示是在无对抗的条件下用含蓄、间接的方法对人的心理和行为产生影响。这种影响表现为使人按一定的方式去行动或接受一定的意见，它是一种被主观意愿肯定了的假设，不一定有根据，但由于主观上已肯定了它的存在，便使人的心理尽力趋向于这项内容。特别是在某种交际场合，因种种原因语义不能明说，但必须要传递的情况下，使用暗示能起到不同凡响的效果。这在企业管理领域中有着极其重要的意义。

在大多数的组织里，主管们花很多的时间在挑部属的错误，然后再花时间批评他的不是。一位企业的管理者如果经常重复做这样的事情，最容易导致部属自暴自弃，造成上下怨恨，两败俱伤。

人人喜欢被赞美，不喜欢被批评。戴尔·卡耐基曾这样说过："当我们想改变别人时，为什么不用赞美来代替责备呢？纵然部属只有一点点进步，我们也应该称赞他。因为，那才能激励别人不断地改进自己。"

如果你想到处树敌或使你的威信降低，不妨在大庭广众之下指出某个人的错误。你会使这个人感到困窘，以后他不但不愿跟随你，可能一辈子也不会原谅你！

不痴不聋，不做家翁

……几乎所有能干的人，他们的短处都十分突出。尽管人们崇敬做出巨大贡献的人，但这并不能掩盖他们的短处。

几乎所有能干的人，他们的短处都十分突出。尽管人们崇敬做出巨大贡献的人，但这并不能掩盖他们的短处。英国前首相丘吉尔是二次世界大战的英雄，尤其是二战初期，如一棵独立支撑的大树，给全世界反法西斯的人们带来了力量。然而，如英国元帅蒙哥马利所说："他急躁，偏狭并且多疑——我不知道敢不敢这样说——有时有点妒嫉。"

山高谷深是一个人表现出来的两个方面。一个有进取意志，敢冒风险的人，难免处事不周；一个敢于奋争，不畏权威的人，难免自以为是；一个有魄力，敢于果断行事的人，难免主观武断。如果我们忽视人的优势、长处，而只注重克服劣势、短处，那么，就如让人总看着自己的阴影走路，很可能使其无所适从，甚至因制约而窒息。

我们中国的俗话说，不痴不聋，不做家翁。

有的人因长处突出，已经被人们认可，他的短处也就被人们"忽略"；而另一些长处并没有突出出来的人，在他没有得到人们认可的时候，他的短处就容易被看到，甚至成为人们的谈资，成为任用的障碍。

这时，领导就要有意去找他的长处，看重他的长处，并能适长而用。自然，这时候看人的角度是重长略短。只要这个人的短处还没有影响到大的方面，就可忽略不计。

有保留地赞美

……这就好比一个气球，似乎是把它吹得越大越好。但越大越不保险，随时有可能爆炸。

许多到过美国的朋友谈起美国的风土人情时，往往感觉到老外们随便乱用最高级，缺乏真诚感。你送他一支钢笔，他就大惊小怪地说："太好了，这是我见过的最好的钢笔！"你请他吃一顿中餐，他就兴奋地拥抱你，大声叫嚷："味道好极了，这是我吃过的最丰盛的一顿饭。"很明显，老外们把自己的赞美夸大到再也不能扩展的程度，让中国朋友听起来觉得虚假，很是接受不了。

其实，真诚的赞美应该有所保留。这就好比一个气球，似乎是把它吹得越大越好。但越大越不保险，随时有可能爆炸。与其让它爆炸，不如吹小点，让人感觉心里踏实。

领导称赞下属时，要有一是一，有二是二，把握住分寸，要有所保留。

可以多用"比较级",千万慎用"最高级"。

领导可以在表扬时,把批评和希望提出来,否则,被表扬者尾巴翘得老高,不利于进步,也不利于其他下属接受。

这种有所保留的赞美也可用于下级向领导"进谏"时,先称赞其成绩,再委婉指出其不足,既照顾了领导的面子,也使领导易于接受。

要信任部下

……不信任部下的主管就得不到部下的合作,部下即使掌握第一线的情报也不愿贡献给主管。

领导者不信任部下,什么事都自己决定,以一己之力掌控全局,这种做法由于得不到第一手情报,在完全不了解现实状况下所做的决定,很容易犯下无可挽回的错误,因而导致失败或引起无法弥补的损失。因为现在的第一线人员,是与工作及外界接触最密切的人,他们掌握了有利决策的重要情报。这些人会因上司对他们的不信任而心生反感,不想提供情报协助上司,甚至故意隐瞒重要情报,上司在被蒙在鼓里的情况下,所做的决定往往会步入失败之路。

日本大映集团的董事长永田雅一就是很好的例子。永田先生不但头脑灵活,观察也很敏锐。在他还未当上董事长时,很善于掌握基层人员所提供的情报,因此决策都能够很顺利地推行。但当他坐上董事长的宝座之后,就完全变了一个样。他所表现出来的完全是独裁者的作风,不信任部属,任何事都自己决定,动不动就喝斥部属。

主管会议经常都是董事长一个人的演讲,大小事全都一手包办,任何主管所提的意见都不能改变他的决定。所以当董事长提出自己的方案征询大家的意见时,大家心想反正说了也没用,于是全都不表示意见。大家都不说话,董事长就用点名的方式,但被点到的人嘴里虽然说:"董事长的想法真是太棒了,推出去一定会大受欢迎。"心里却难以苟同。由于大家都没有说出真心话，结果董事长的计划一推出即弄得狼狈不堪。就这样日复一日，大映就在这样的情况下逐渐恶化。

不信任部下的主管就得不到部下的合作，部下即使掌握第一线的情报也不愿贡献给主管。而且，即使知道主管的做法不可行，部下也不敢提出建议。因此，主管很容易犯下过失，整体效率也非常低。

不可随意拿下属出气

……迁怒是一个人缺乏修养的表现。

孔子晚年时，一次与鲁哀公交谈。鲁哀公问他："在你的学生中，哪个好学？"孔子答道："有一个叫颜回的学生好学。他从不拿别人出气，也不再犯同样的过失。不幸短命死了，现在再也没有这样的人了，再也没听说过好学的人了。"

在这里，孔子称赞了颜回的两个优点，就是"不迁怒，不贰过"。

其中关于"不迁怒"，有一个"踢猫"的故事：一位经理早上起床，发现上班时间快到了，便急急忙忙开车去公司。他急于赶时间，结果闯了红灯，被警察开了罚单。

这样，他不想迟到也不可能了，他非常生气。到了办公室，刚好看到桌子上有一封信，原来是他昨天下班交代秘书寄出的，而秘书还没寄。他便把秘书叫来，劈头盖脸一顿臭骂。

秘书受了气，就把手下一名员工叫来，叫员工赶快去寄信。员工动作稍慢了一些，秘书就是一顿狠批。

这名员工被骂得心情恶劣，恰好见到清洁工在楼道干活，就借题发挥，骂清洁工挡他的道。

清洁工憋了一肚子闷气，下班回到家，见儿子不做功课在玩游戏，便把儿子好好训了一顿。

儿子回屋去做功课，看见家里养的猫，便没好气地踢了猫一脚。

猫委屈地跑远了。

这个故事里，从经理到小孩，都不能做到"不迁怒"，都拿比自己弱的对象出气。这样做，自己可能心里稍稍好受一些，可却伤害了别人。别人慑于他们的权势和身份，当面可能不会反抗，但心里对他们绝不会有好看法。

作为一名好的领导者，不能随意"迁怒"。"迁怒"不但解决不了问题，还会带来新的问题。迁怒于他人，除了说明你自己的无能和可笑，还能说明什么呢？

要下属明白为什么受罚

……要让员工明白，处罚决定的作出，绝不是专门对人的，只是就事而言的，请他不要过于激动，引起不必要的误会。

下属如果犯了不可原谅的错误，理应受到惩罚。下属对这样的处罚，思想难免一时转不过弯来，需要领导私下里与他谈一谈，交换一下意见。

所谓交换意见，并非是让你对受处罚的下属唠唠叨叨一大堆，一个劲儿地对他进行教育和说服，而是让对方参与到谈话中去，进行交流。否则，你说了大半天，却没有说到点子上，起不到实际作用，对方也会对你产生反感。

在谈话中，你要让下属逐渐认识到自己受处罚的合理性，并非是有意为难他。这一点很重要。如果对方确有委屈或难言之隐，你应该表示体谅，说一些劝慰的话。

要让员工明白，处罚决定的作出，绝不是专门对人的，只是就事而言。请他不要过于激动，引起不必要的误会。许多雇员认为，他们受到了处罚，他们的人格同时也受到了侮辱。你需要通过交流思想让他们明白，所有的处罚都是为了部门的利益和发展，不是故意去损害某人的感情。

在肯定处罚对象的工作成绩时，你要坦诚善意地提出对方违反了什么纪律，这会给部门工作造成什么样的不良影响，做到循循善诱，切勿简单粗暴。

于事无补的话，坚决不要说

……金无足赤，人无完人。得饶人处且饶人，不但是一种管理策略，也是一种人生修为。

在一般情况下，失败者本身总是极度痛苦的。若在这个时候你再去责骂他，除了徒增他的懊丧之外，于事何补？我们说"不作无谓的非难"，就是说，有些非难是没有必要的。反过来也就是：有些非难是必要的。下属做错了事，不能不批评。假若对下属的失败视若无睹，不加斥责，就不能引起下属的警戒，在今后的工作中可能还会重蹈覆辙，所以斥责是必要的。问题是这种批评必须是针对工作的，而绝不能针对他的人格，要找出失败的原因，使他本人反省，从失败中吸取教训，作为下次行为的借鉴，然后迈向成功。

胡乱斥责一通只能起坏作用。只要是属于"出气"一类的、于事无补的话，当领导的都不该说。况且，又有谁是无罪的呢？《圣经》上记载着这样一个故事：

有人把一个犯了罪的少女带到耶和华面前，要求用石头砸死她。耶和华说："可以，但只是没有罪的人才可以砸死她。"于是，人们面面相觑，都悄悄地走开了。

在下属认错之后仍大加指责是不高明的。不论真认错还是假认错，认错这件事本身总不是坏事，所以你先得把它肯定下来。要知道，1000个犯错误的下属，就有1000条理由可以为自己所犯的错误作解释、辩护。下属有能力自我反省，在挨批评之前就认错，实在是已经很不错了。当下属说"我错了"时，而当领导的还不能原谅他，那实在不能说是个高明的领导。

对于能认错道歉的下属，特别是有些极轻微的错，第一次犯错误和不小心犯错误等，只要稍微提醒他一下即可。"痛打落水狗"之策对待犯错的下属来说是不对的。

有十分的把握，说七分的话

……做任何事情，都要给自己留下机动的余地。

为人处世，应当讲究言而有信，行而有果，领导者更是如此。因此，许愿不可随意为之，信口开河。明智者事先会充分地估计客观条件，尽可能不做那些没有把握的许愿。

如果你对情况把握不是很大，就应把话说灵活一点，使之有伸缩的余地。你在许愿中可采用延缓时间的办法，即把实现许愿的时间说长一点，给自己留下为实现许愿创造条件的余地。

如果你的承诺不能自己单独完成，还要谋求别人的配合，那么你在许愿中可带一定的限制词语。

用人不疑已不合时宜

……"用人不疑，疑人不用"这种陈旧的观点，实际上是一种很封建的、与现代经济社会相脱节的用人观。

中国自古以来，关于人性，就存在性善与性恶两说之争。纵观历史，我们不难看出：相信人性本善的儒家从始祖孔子到孟子，都主张对人才充分信任，用人不疑，但结果都没有把国家治理好。倒是信奉严刑峻法的商鞅、诸葛亮等人，在防范中起用人才、在"赛马"中"相马"，反而把国家治理得井井有条。更何况，现代的企业确实面临着一个信用危机的现实环境。

而中国管理界在管理人才方面一直存在一种惯性和盲区。"用人不疑，疑人不用"这种陈旧的观点，实际上是一种很封建的、与现代经济社会相脱节的用人观。我国企业界在用人问题上吃尽了这种观念的苦头，一些企业所出现的人才流失、粗放经营、信用危机，很多情况是在当初大家公认的"有能力、有理想、品德好"等最优秀的人员出了问题。尤其是在一些私营企业中，老板们"疑人不用"，一味看中自己所选的"心腹"之人，比如自己的亲属、朋友或子女，可最终这些人也往往违背老板意愿或做出有损老板利益和企业利益的事来。

这些企业管理不好的原因，都是因为只靠人与人之间的感情信任而造成的，并没有建立起理性的、健全的对人才的考察监督制度。对于人才，我们要采取疑人要用，用人也要疑的态度。正如许多世界500强企业考核干部一样，觉得值得信赖而又有培养前途的干部，人力资源部门才去了解、调查、监督与考核。如果不去了解你、调查你、考核你，那么，你被提拔的可能性就很小。

先说"是"再说"但是"

……先说"是的"，表示同情和理解，创造一种较为融洽的谈判气氛，缩短双方之间的心理距离后，再讲"但是"。

你是否有过这样的体会，一个人在提出自己的意见后，一旦遭到全盘否定，自尊心往往使他采取以牙还牙式的反抗。相反，一个人在提出自己的意见后，一旦受到某种程度的肯定和重视，人的自尊心会引导心理活动形成一种兴奋优势，这种兴奋优势会给人带来情感上的亲善体验和理智上的满足体验。这种体验一旦发生，就会有利于纠纷的调解，使争执双方的意见达成一致。

根据上述理论，在拒绝对手时，先说"是的"，表示同情和理解，创造一种较为融洽的谈判气氛，缩短双方之间的心理距离后，再讲"但是"。由于你对对手的某些看法大加赞赏，对手自动地停止了自己的讲话，含着笑、点着头关注地欣赏别人对自己观点的肯定和发挥。这时，在他眼里，你是与他站在一起的，对立不存在了，尽管你也在赞扬的意见后表达了不同意见，那也好商量了。

权力要做到收放自如

……放权容易收权难。但该收时必须要收，不收可能就意味着更大权力的丧失，甚至是领导地位的架空。

权力是领导活动的杠杆，放权与收权是领导者运用权力艺术的一个重要方面。放与收本来是既对立又统一的两个方面，但在通常情况下，越是才高的人越难驾驭。因此，放权容易收权难。但该收时必须要收，不收可能就意味着更大权力的丧失，甚至是领导地位的架空。

刘邦对于被萧何称之为"国士无双"的韩信，敢放敢收，达到了收放自如的境界。自韩信被拜为大将之后，手中经常握有数万军队。这支军队一直以来就是刘邦心中的一块石头，放心不下。到灭楚前夕，韩信已经成为与刘邦、项羽鼎足而立的强大势力。这说明，刘邦的放权是大胆的，但他不能不经常在心中盘算如何有效地控制韩信，使他不至于成为自己的对手。而适时迅速地收回军权，则是他采取的措施中最有效的一招。

刘邦每次收回军权，都是在韩信的军事任务已经完成或刘邦自己失去军队，处于易受人控制的危险处境之时，并且经常采用突然袭击的方式，使韩信猝不及防。同时，伴随着收权，总有爵位的升迁或其他安抚措施。

这样的做法使刘邦每次都成功地达到了目的，而且似乎都未引起韩信的不满和疑心，甚至在项羽的说客和蒯通多次对韩信策反时，韩信依然对刘邦感恩戴德，"不忍背汉"。

原因有三：一是刘邦每次收权都在最恰当的时机，容易被人理解为形势的需要，减弱了韩信的反感；二是韩信被拜为大将，甚至被封王，爵位步步提高，心里踏实；三是刘邦对韩信日常生活格外关照，使韩信以为自己正在受到信任。

由此可见，刘邦的凝聚力是其权力运用得以成功的基础。这与项羽"稍夺之权，范增大怒"相比，完全是两种效果。

多用称赞和鼓励

……没有人会不喜欢听到别人对自己的赞美,同样,也不会有人会喜欢听到别人的指责。

我们不要再去想我们的成就,以及我们所要的。我们要试着找出别人的优点,然后给别人诚实而真挚的赞赏。别人就会咀嚼你的赞赏,把它们视为珍宝,一辈子都在重述它们——当你忘了他们之后,他们还在重复着。

一位主妇聘用了一个女佣,让她下周一正式上班。然后她打电话给那个女佣的前任雇主,询问了一下她的个人情况,结果得到的评语却是贬多于褒。

女佣到任的那一天,这位主妇对她说:"几天前我给你的前任雇主打了个电话,她说你诚实可靠,菜做得很好,也非常讨孩子们喜欢。唯一的缺点就是对整理家务不太在行,屋子里总是脏兮兮的。不过,她的话我不太相信,因为我从你的穿着可以看出来,你是一个很爱干净的人,你一定能够把家里整理得井井有条的,我相信你一定做得到!"

女佣听了她的话真的很感动,干活非常认真细致,也非常勤劳,把家里收拾得一尘不染。她们一直相处得非常愉快。

没有人会不喜欢听到别人对自己的赞美,同样,也不会有人喜欢听到别人的指责。称赞和鼓励一个人所取得的效果要比批评和责骂显著得多。

遇事不要急于做决断

……"推"同样要当机立断、果断处置。它既有明确的目标,又有实现目标的行为。

太极拳以绵柔见长,后发制人,足以克刚猛之力,其微妙就在于"留有余地"，遇到强敌不必"硬磕"，就可以顺利"化解"。

有人认为"推"就是优柔寡断，大错特错！"推"同样要当机立断、果断处置。它既有明确的目标，又有实现目标的行为。"推"的艺术的产生和运用，在主观上既不是自己的主观冲动，更不是自己的无能失控。恰恰相反，它是全盘把握、合理控制的高超策略和审时度势之能力的集中反映。

有的事情发展下去对事情本身有利，却可能对自己不利，起码没什么好处。试想，对自己没有丁点好处，却有可能带来风险的事情，难道不该一推六二五吗？当有人提出某件事情要求处理时，你对这件事情一无所知，情况不明，难以作出正确的判断和处理，在这种情况下，不能简单地给予肯定或否定的回答。这时的"推"可以把事情的来龙去脉搞清楚，看看是不是要担责任然后再做决定。身为上司，对属于自己下属职权范围内的事情，如果下属能够自行处理的，就应"推"给下属，以免承担不必要的责任而影响了自己的仕途发展。

对下属没有把握或感到无力处理的事情，上司也不要急于处理，可先让下属拿一个初步的处理意见，在此基础上，对其进行指导和纠正。这样，既可以发挥下属的作用，又可以锻炼下属解决问题的能力。万一出了什么事，还可以把下属当"替罪羊"。

指责只限于现在的错误

……领导在指责下属的时候，只限于指出他现在的问题，而不要否定他的将来。

我们经常发现，领导责备下属不是出自纠正过失的动机，而是由于怨恨。虽然我们常自我告诫，不可因私怨而发怒。开始时，也许的确是想纠正对方，指责一两句就算了。但因为对方的态度不好可能使你顿时发起脾气。结果原来一两句就完了的事，却越骂越离谱，最后竟连他的态度也一起骂了。这时你已超越了指责的范围。

若下属一再反驳，领导应切记：要说明事实，绝不可走到岔路上。如果说出超越主题的话，那就难免形成双方的争论，而不是领导对下属的指导。你会找理由说明自己是对的，下属也会找出许多理由反驳领导。一旦下属占了上风，那么他就可能在同僚中吹牛：我"击败"了领导！反之，即使你在争论中赢了下属，也只不过使自己更像个莽夫罢了。

指责为的是使人改正现在的错误，更好地创造未来。所以领导在指责下属的时候，只限于指出他现在的问题，而不要否定他的将来。

威迫手段要慎用

……黑脸唱完，还要唱好白脸，这样才能使秩序恢复正常。

作为管理艺术的组成部分，威迫手段显然是必须的。下属并不都是容易管理的，所谓的"刁民"、顽固之人随处可遇，对付这种人，要么开除，要么有一些奇招。但在运用具体的手段时，还是要分清不同对象，区别对待。

首先，要明确威迫手段的缺点。威迫手段的不足就在于它会积累下属的不安与不满。无法发泄的不安与不满不断累积，如果长期下去，就会形成无法控制的力量而爆发出来，事态将会无法收拾。

其次，日常管理还是要以稳妥为主。凡是公司都有员工守则，里面一定会有赏罚的相关规定，一般来说，领导只要依此实行即可。惩戒措施说到底只是一种权宜之计，是迫不得已时采用的应对手段，平时则要用良性的管理方式，尽量减少危机的积累。

最后，采取威迫等惩戒手段之后，要能立刻采用应对的策略和手段。因为惩罚措施实施以后，一般都会出现情绪紧张的局面，此时就要立即采取一定方式以消除过度的情绪。黑脸唱完，还要唱好白脸，这样才能使秩序恢复正常。

先不要急于表达自己的意见

……当上司听到员工的想法与自己的观点不同时,先不要急于表达自己的意见。因为这样会打断员工的思路,从而使你漏掉余下的信息。

对于管理者来说,运用自己的情感智力与下属进行有效的沟通,将有助于工作上的协调和同步,发挥其积极的团队效应。

上司要做出决策,就必须从下属那里得到相关的信息,而只有通过与下属之间的沟通才能获得。

积极地倾听,这就要求上司把自己置于员工的角度上,以便正确理解他们的意图,而不是自己认为的意思。同时,倾听的时候应当客观地听取员工的发言,最好不做出判断。

当上司听到员工的想法与自己的观点不同时,先不要急于表达自己的意见。因为这样会打断员工的思路,从而使你漏掉余下的信息。积极地倾听应当是先接收他人所言,而把自己的意见推迟到说话人说完之后。

在倾听他人的发言时,上司还应当注意通过肢体语言,来表示对对方的关注。比如,用赞许性地点头、恰当的面部表情、积极地目光相配合等。不要看表或翻阅文件,或是拿笔乱写乱画。

研究表明,在面对面的沟通当中,一半以上的信息不是通过词汇来传达的,而是通过肢体语言来传达的。要使沟通富有成效,上司必须注意,自己的肢体语言与自己所说的是否一致。

比如,上司告诉下属,他很想知道他们在执行任务中遇到了哪些困难,并愿意提供帮助,但同时,上司又在浏览别的东西,这便是"言行不一"的表现。员工会怀疑你是否真的想帮助他。

当信息需要经过多人传送时,口头沟通的缺点就显现出来了。在此过程中卷入的人越多,信息失真的可能性就越大。

因此，上司在与员工进行沟通的时候，应当尽量减少沟通的层级。如果每个人都以自己的方式理解信息，当信息到达终点时，其内容常常与开始的时候大相径庭。越是高层的管理者越要注意与员工直接沟通。

新领导的处世秘诀：多看少说

……当你调到一个新的单位里当领导时，要将自己看做一张白纸，让一切都从头开始，认真考虑怎样把一个开头布置得很漂亮。

当你调到一个新的单位里当领导时，不管是工作上还是人际上，你面临的是一大片陌生。这个时候，你该怎样走好你的第一步呢？

唯一的好办法是多看少说。如果你一上任，就先对所看到的问题，不知轻重地发泄一通，那肯定会把事情搞成一团糟，甚至会因为这第一步的严重错误，而导致无法再领导他们。也许你会认为自己的行为是"新官上任三把火"，自己才烧了第一把火呀，怎么局面越来越难以收拾了？你该清楚，烧三把火，是对下属做三件大好事，可不是要你给他们泼"三桶水"。

或许在你还未到新单位之前，你未来的下属们已经掌握了你的不少情报。下属可能整天都对你议论纷纷，然后他们一上班，见了你就把眼睛睁得老大，都想看看你的实际表现。在这个时候你大可不必在乎别人对你的评价，因为这些人只是想看着你怎样出丑而已。要将自己看做一张白纸，让一切都从头开始，认真考虑怎样把一个开头布置得很漂亮。

如果刚上任不久，恰好单位里开会，轮到你发言了，你该怎样对你的下属说话呢？

"我什么都不懂，不仅不了解诸位，对新工作也一无所知。同样的，诸位对我大概也很陌生，但不管如何，既然今后大家都要在同一个单位里工作，我们就要多交流，加强了解，共同合作，努力把我们的工作做好。"刚开始不要过于表现，用这样的几句话应付一下就可以了。

刚到一个单位，即使有看不顺眼之处，也不要立即表态，只有少说、不说才不至引起别人的反感。因为你刚上任，彼此之间不了解，你的一些批评和指责的话，别人势必很难接受。

体谅别人是你应有的品德

……当我们能在使自己愉快和使别人愉快之间进行选择时，内疚能使我们思考问题。

如果一个人在铸成大错之后，却没有内疚的感觉，他就不能辨别是非，或者不了解那些行为的是非标准。

在某些情况下，内疚情绪是好的，它甚至能激励有德行的人产生美好的思想和行动。内疚情绪配合积极的心态会产生良好的促进作用。

体谅别人是我们每个人应有的品德。婴儿很少注意到别人是否舒适和便利，他想要什么就要什么。但是，他在成长过程中，终会逐渐认识到还有别的人存在，自己必须在某种程度上顾及到他们。自私是人的共同特点，我们每个人只有通过成长，逐渐减少自私。当我们长大到足以了解自私是一种不良品行后，我们再只顾及个人利益时，就会感到一阵内疚的刺痛。这是好的，因为当这种情况发生时，或当我们能在使自己愉快和使别人愉快之间进行选择时，内疚能使我们思考问题。

汤姆斯·根住在俄亥俄州克利夫兰城。他6岁的孙子每天傍晚都要跑到街道拐角去迎接他下班回家，这使他很愉快。当孙子迎到他时，他总是给孙子一小包糖果。

一天，这个小孩迎接到祖父后，充满期望地问道："我的糖果呢？"这位上了年纪的先生力图隐藏自己的哀伤情绪，"你每天都来迎接我，"他犹豫了一下，然后接着说，"仅仅是为了一包糖果吗？"祖父就从衣袋里掏出一包糖果，递给孩子。他们向家里走去，谁也没有说话。这孩子伤心了，显得很不高兴，他知道他伤害了自己所爱的祖父的心。

那天晚上,这个 6 岁的孩子和他的祖父一起跪下,高声祈祷。祈祷中这个孩子加了一句自己的话:"请上帝让祖父了解我爱他。"

这个孩子由于自己所做的事而感到不愉快和痛悔,这是好的。因为不愉快和痛悔能迫使他采取行动,去除内疚情绪,对他所做的错事作出补偿。

好汉爱好汉,英雄惜英雄

……那种对竞争对手动辄咬牙切齿,不惜背后使绊的人,只是一种街头混混的斗法,不可能有什么大出息。

武林中当你打遍江湖无对手时,自己的功夫实际上也废了,因为你再没有用武之地,没有证明自己的机会。

对手是个重要的参照物,对手的存在证明你本人的价值。多年来,可口可乐和百事可乐,麦当劳和肯德基,柯达和富士,微软和 Sun……这些世界上最著名的公司,似乎一刻也没有停止过争斗。争斗的客观效果之一,就是把全世界的眼球都吸引到他们那里去了。不管快餐业还有多少个麦肯基、基肯麦,或者肯麦基,都只能在角落里发声,舞台的正中,永远只有两个主角,那就是麦当劳和肯德基,只有它们才配互为对手。

古人搏杀时,若英雄相遇,常常不忍加害,虽然各为其主,场面上打得热闹,内心其实是相互喜欢、敬仰的,这样的人我们视为真英雄。因为他们在对手身上看到自己的影子。同是英雄,也就有了理解的基础,有了相互尊重的前提。

珍惜对手就是珍惜自己,宽容对手就是自尊的表现。

一个真正相配的对手,是一种非常难得的资源。从某种意义上说,双方相辅相存,斗争最激烈的时候,也就是双方最辉煌的时候,一旦一方消亡,另一方也会走向衰退,除非他能脱胎换骨,或者找到新的对手。

那种对竞争对手动辄咬牙切齿,不惜背后使绊的人,只是一种街头混混的斗法,不可能有什么大出息。

与成功者合作

……在成功者周围，做他的伙伴，让他知道你会帮助他。最终你可以从他那里分得利益。

公元前450年，古希腊历史学家希罗多德来到埃及，他在奥博斯城的鳄鱼神庙发现，大理石水池中的鳄鱼，在饱食后常张着大嘴，听任一种灰色的小鸟在那里啄食剔牙。

这位历史学家感到非常惊讶，他在自己的著作中写道："所有的鸟兽都避开凶残的鳄鱼，只有这种小鸟却能同鳄鱼友好相处，鳄鱼从不伤害这种小鸟，因为它需要小鸟的帮助。鳄鱼离水上岸后，张开大嘴，让这种小鸟飞到它嘴里去吃水蛭等小动物，这使鳄鱼感到很舒服。"

这种灰色的小鸟叫燕千鸟，它在鳄鱼的血盆大口中寻觅水蛭、苍蝇和食物残屑。有时候，燕千鸟干脆把鳄鱼当成栖居地，好像在为鳄鱼站岗放哨，一有风吹草动，它们便一哄而散，使鳄鱼猛醒过来，做好准备。

燕千鸟是以保持掠食者的健康来换取食物，它们都是与成功者为伍的榜样。它们的行为与傻乎乎的毛毛虫不同。它们有明确的目的，并且知道鳄鱼每次成功的捕食，都会给自己带来好处。

自然界总会给人类带来好经验。还没有获得成功的人，都可以拿燕千鸟等动物做榜样。在成功者周围，做他的伙伴，让他知道你会帮助他。最终你可以从他那里分得利益。这样做绝不是简单的追随，而是合作，是借助有实力的伙伴来取得属于自己的成功。

身在职场，特别是职场新人要特别注意这一点。身边的每个人都是老师，在他们中找一位最出色的做朋友，你就会从中获益，他能够给你提出建议、提供指导。

在你的家庭和亲友中，在你的社交圈子里，在你的专业网络里，你总能找到那么一两位。他们已经是某一方面的"赢家"，借助你与他们的关系与他们交往，把你的能力展示给他们，你就会成为赢家中的一分子。

利用"赢家"的影响，争取自己的利益，对于新生力量永远都不失为最佳选择。

没有人可以独自成功

……做事情不能一盘散沙，而是要把大家的力气往一处使，这就是成大事者的合力之道。

14世纪的欧洲，只有教堂里才有风琴，而且必须派一个人躲在幕后"鼓风"，这样风琴才能发出声音。

有一天，一位音乐家在教堂举行演奏会，一曲既终，观众报以热烈的掌声。音乐家走到后台休息，负责鼓风的人兴高采烈地对音乐家说："你看，我们的表现不错嘛！"音乐家不屑地说："你说我们？难道是指你和我？你算老几？"说完他又重新回到台前，准备演奏下一首曲子。但是他按下琴键，却没有任何声音奏出。音乐家焦急地跑回后台，对鼓风的人低声下气地说："是的，我们真的表现不错。"

一位音乐家没有他人的配合，他便无法完成演出工作。同样，一个天才没有别人的协助，那他只能做个平凡的人。

合力的作用是巨大的。做事情不能一盘散沙，而是要把大家的力气往一处使，这就是成大事者的合力之道，也是赢家手中的秘密武器。

不能大搞"扶上马，不撒缰"

……领导者在用人时，要做到既然给下属职务，就应该同时赋予与其职务相称的权力。

《吕氏春秋》记载，孔子的弟子子齐，奉鲁国君主之命到父去做地方官。但是，子齐担心鲁君听信小人谗言，从上面干预，使自己难以放开手脚工作，不能充分行使职权，发挥才干。于是在临行前，主动要求鲁君派两个身边近臣随他一起去上任。

到任后，子齐命令那两个近臣写报告，他自己却在旁边不时去摇动二人的胳膊肘，捣他们的乱，使得整个奏章写得很不工整。于是，子齐就对他们发火，二人又恼又怕，请求回去。

二人回去之后，向鲁君抱怨无法为子齐做事。鲁君问为什么。二人说："他叫我们写字，又不停地摇晃我们的胳膊。字写坏了，他却怪罪我们，还大发雷霆。我们没法再干下去了，只好回来了。"

鲁君听后长叹道："这是子齐劝诫我不要扰乱他的正常工作，使他无法施展聪明才干呀！"

于是，便派他最信任的人到父向子齐传达旨意："从今以后，凡是有利于父的事，你就自决自为吧。五年以后，再向我报告要点。"

子齐郑重受命，从此得以正常行使职权，发挥才干，父得到了良好的治理。这就是著名的"掣肘"典故。后来，孔子听说了此事，赞许道："此鲁君之贤也。"

古今同理，领导者在用人时，要做到既然给下属职务，就应该同时赋予与其职务相称的权力，不能大搞"扶上马，不撒缰"，处处干预，只给职位不给权力。

领导者用人只给职不给权，事无巨细都由自己定调、拍板，实际上是对下属的不尊重、不信任。这样，不仅使下属失去独立负责的责任心，还会严重挫伤他们的积极性，难以使其尽职尽力，到头来工作搞不好的责任还得由领导者来承担。

所以，放手让你的下属去施展才华吧，只有当他确实违背了工作的主旨时，你再出来干预，将他引上正轨。只有将下属的积极性全部调动起来，你的事业才能获得成功。

不要把下属孤立起来

……一个好的管理者就会明白，员工应有与人相处的机会，有社交活动，并会从别人的陪伴中得到快乐。

经研究发现，对工作感觉满意的重要因素，就是拥有友好的共事者，这较之工资、机会、保障、挑战等等更为重要。

人们都希望他们的社会需求得到满足，而工作从逻辑上来说，正为他们满足这种需求提供了必要的场所。了解了这一点之后，一个好的管理者就会明白，员工应该有与人相处的机会，有社交活动，并会从别人的陪伴中得到快乐。最低限度，主管也应该在休息时间里为员工创造一些上述的那些交往机会，而不应该把员工孤立起来，将他们置于分隔开来的格子间里，彼此之间一点交往也没有。

大多数上了岁数的人不喜欢周围都是年老之人，大部分女性在某些时候只想和别的男性待在一个工作小组里。如果管理者希望员工组成工作效率高的工作小组，就必须敏感地意识到员工们的不同之处。

奖赏不能搞一步到位

……官做大了，立功进取的意志便懈怠了；一旦官做到了头，不但立功进取的意志消失了，而且还可能滋生野心。

封官是奖赏有功之人的一项常用的手段，但是封官不能一次封得太大。封官不只不能一步到位，而且最好永远不要到位。官做大了，立功进取的意志便懈怠了；一旦官做到了头，不但立功进取的意志消失了，而且还可能滋生野心。从历史上看，那些官职到了头的人，如王莽、曹操、司马昭等人，最后都变成了篡权者。

所以，要给人好处，就要给得"恰到好处"，也就是说：不轻给、不滥给、不吝给！

所谓"不轻给"就是不轻易给对方，总是要让对方为这"好处"吃一些苦头，花一些心力，让他在"付出"之后才"得到"，这样子他才会珍惜这"得来不易"的好处。

如果你因为身上有太多"好处"而随便给人，或想以"好处"来讨别人喜欢，那么不但他不会珍惜这些"好处"，对你也不会有任何感激之心，反而还会嫌少、嫌不够好，甚至一再向你要好处。你如不给或给得不如前次好、不如前次多，对方便要怪你、恨你，比你不给他好处还要怨得深、恨得厉害哩！

适当沉默一下

……身为管理者，在与员工交流时你常常得多开口，但是你有没有想过，你的过于"健谈"已经引起了员工的不满？

人们常说，"沉默是金"。身为管理者，在与员工交流时你常常得多开口，但是你有没有想过，你的过于"健谈"已经引起了员工的不满？其实，适当的沉默，给员工留下一个宁静的空间，让他们想自己该做的事，这才是你处理与员工关系的利器。

言简意赅地传达你对员工们的要求和期望，如有必要，再把注意事项交待清楚即可，然后，你就可以保持沉默，留下一些时间给你的员工们好好考虑具体的步骤。当他们的想法不够准确圆满时，你才可以适当地给予补充，作一次适时的指导，但千万不要剥夺员工发言与思考的机会。

在你批评员工时，适时沉默，可以起到"此时无声胜有声"的作用。通常来讲，当你批评员工时，他的情绪波动是很大的。也许你只想苦口婆心地劝导他一番，但是无形中你却伤害了员工们的自尊心，让他们觉得颜面挂不住，甚至产生了索性"破罐子破摔"的心理，那你的批评岂不是得不偿失？不要到处都充满你的斥责声，在你适度批评之后保持一个沉默的空间，让员工有时间冷静地想想自己的所作所为，相信这更是一种对当事人的威慑。一方面，员工会因为你的"点到为止"感谢你为他们保留了颜面；另一方面，也显示出了你宽广的胸怀。你沉默不作声并非是对错误的迁就，而是留给了对方一个自省的余地。

当内部员工发生争执时，你保持适当的沉默，给他们时间冷静是你的缓兵之计。争执的双方为了寻求一个说法，也许会将你——他们心目中的权威者拉入其中，让你做个公断。在你没有经过深思熟虑之前，你绝不可以表明自己的立场，滔滔不绝地发表自己的看法。即便你已经知道了谁对谁错，在双方还面红耳赤地争执，谁都不愿意让步时，你的公断不会达到预期的效果，只可能会使一方的自尊心受挫，以为你是有意偏袒。此时，适当的沉默才是你最好的选择，待双方头脑冷静后，你再公正地作出评价，其效果必定会事半功倍。

低调对待敌意

……我们通常单方面的不对抗和放弃对抗，让对方失去战斗对象和对立面，这也能从根本上消解对方的斗争意志，让他们的攻击之矛找不到能戳的地方，这也会降服对方，这比真刀真枪地和他们对着干，更具有智慧性的快感。

当你受到攻击时，你会怎样反应呢？激烈对抗、避开锋芒、适度还击、还是一走了之？通常，你可能会因为理直气壮而强烈回击。

物理学定律表明，作用力有多大，反作用力也有多大。对抗也是如此，你有多么激烈，对方也会有多么激烈。

低调对待敌意，不激烈还击，不和对方顶牛，这不但可以避免"敌意"的升级，而且还能为自己留下回旋的余地。你和对方顶牛，激烈还击，对方又会更强劲地回应，斗争便会白热化，甚至达到你死我活的地步。这样，有限的敌意无限化了，小的灾祸就变大了，尤其对于非原则、非利益的矛盾，这种结果就太没有必要了。

低调对待敌意，并不是胆小怕事、逃跑和不顾己方的原则和尊严，而是要避免把自己卷入更大的灾祸中。只要对方的攻击对自己不能造成根本性的致命的损害，就没有必要做过激反应。只要对方的攻击可以被控制在一定的范围以内，就可以低调对待它们，不把它们当做大不了的事情。

我们通常单方面的不对抗和放弃对抗，让对方失去战斗对象和对立面，这也能从根本上消解对方的斗争意志，让他们的攻击之矛找不到能戳的地方，这也会降服对方，这比真刀真枪地和他们对着干，更具有智慧性的快感。再说，世界上的事情都是有前因后果的，敌意并不会完全没有原因，我们也要虚心待人，努力发现产生敌意的原因，并从根本上消解它，把敌意消灭在它的起点或根本上不让它产生。这样，我们就能生活得平安而愉快。

不能听风就是雨

……领导者需要信有据疑无凭，别把自己手里的权力被别人拿去作为杀人害人的武器。

楚汉争霸时，陈平很有能力，为刘邦平定天下立了大功。当初陈平投奔刘邦的时候，刘邦还打不过项羽，东奔西逃，很狼狈。有一天，陈平的好朋友魏无知把他推荐给刘邦，说陈平很有能力，很能办事。刘邦跟他一谈话，发现果然不错，便用他做都尉，即做保卫工作。刘邦的左右亲信不满意了，说陈平这个人缺点有三：第一，私生活不检点，跟他嫂子有暧昧关系；第二，政治节操不好，朝秦暮楚，在哪里都干不长；第三，个人品德也不好，贪污。刘邦一听不答应了，把魏无知叫来，好一顿批评：你就推荐这样的人给我啊？魏无知却回答得很妙：现在是夺天下的时候，你说陈平的本事怎么样？高明不高明？如果很有本事，别的事情还算什么啊？刘邦是很有魄力的，一听是这个理，马上又加封陈平当护军中尉，相当于中央警卫局局长。

在一般不透明的公司和单位里，每天都会听到很多关于领导关于同事的信息，因为不透明，就难免让人猜测，就难免有人议论。

每一条关于公司和单位的消息，都可能涉及到我们自身的利益。这个时候，我们首先要保持冷静，做到心里有数，对任何变化都做最坏的打算，然后不动声色，静观其变。最忌讳的就是冲动，冲动肯定要受到惩罚。

其实，我们对于来自任何渠道的消息，都要根据单位或者公司实际情况，进行甄别、分析、判断这条消息是真是假，从哪里得到的，发布这条信息的人和领导什么关系，在单位处于什么位置。即使是自己最好的朋友告诉你的，也要持一半怀疑的态度，不能听风就是雨，否则就有可能被别人利用或者落入别人的圈套。

作为领导者，每天得到关于下属员工的消息很多，这时领导者更需要信有据疑无凭，别把自己手里的权力被别人拿去作为杀人害人的武器。来传是非事，必是是非人，这一点领导者要牢记。对于有些人的话，一定打完折后再听。

不要批评多数人

……领导行使批评的手段时不可触犯众怒，不能把所有的人都得罪了。

当领导的常常会遇到这种情况，就是大多数人犯错误，比如单位开会，大多数人都迟到了。

面对这种错误，你不提出要求，不做批评，就会使这种风气日盛一日，从而影响单位纪律的严肃性；提出批评会得罪多数人。

中国有句古话叫"法不责众"。挨批评的人多了，大家都会无动于衷；点谁的名进行批评，谁就会心中不服。"大家都是这样，又不是我一个，凭什么单挑我的刺？"大多数人有着共同的心理，会觉得你的批评是故意找茬儿，挑人毛病，与人过不去，说不定还要"触犯众怒"！

那么，这个时候应该怎么办呢？聪明的领导会采取表扬少数的办法来服众，以达到教育多数人的目的。

比如说，总经理召开工作会议，只有财务部主任准时到达会场，其他人全部迟到。总经理大为恼火，但他没有批评任何人，只是表扬了财务部主任，高度赞扬了他的守时作风。结果其他人都面带愧色。

因为迟到的人当中很可能有人有正当理由，如果不分青红皂白，将他们批评一通，那么有正当理由者必然心中不服，觉得冤枉要申辩。他们一申辩，其他人也会纷纷申辩，结果不但达不到目的，还把大多数人都给得罪了。

其实在场的人谁也不怕批评，因为有这么多人陪着，又不丢脸，一旦有人申辩，何不跟着起哄？若将"有正当理由的"和"没有正当理由的"区别对待又不可能。就算你能区分，后者也会恼怒。

所以，表扬少数者是最佳的做法，既扬了正，又压了邪。受表扬者当然高兴，对大多数人来说，虽然你含蓄地批评了他们，但并没有得罪他们，他们一方面感到羞愧，一方面还觉得你给他们留了面子，会对你更加感激和服气。

识人要全，知人要细

……用人应首先看他能胜任哪些工作，而不应挖空心思挑其毛病。

识人的目的是用人，因此，着眼点就应放在一个人的长处上，注意力应集中在一个人的优点上。正如美国管理专家德鲁克所说："一个聪明的经理审查候选人时绝不会首先看他的缺点。至关紧要的，要看他完成特定任务的能力。"这和医生检查身体全然不同，因为医生的目的是作出诊断，对症下药，他则要千方百计运用各种手段发现异常，找出病因。

三国时期的钟会，是魏国一名出色的谋士。他7岁时，其父带着他和他的哥哥去见魏文帝曹丕。他哥哥见到皇帝很惊慌，汗流满面，而钟会却从容镇定。曹丕问他哥哥为什么出汗，他哥哥答道："战战惶惶，汗出如浆。"曹丕反过来又问钟会为什么不出汗。钟会回答说："战战栗栗，汗不敢出。"曹丕、司马懿都惊叹钟会的才华。如果从钟会的回答中看到的是"少有野心"，世上就难有可用之才了。钟会不但不能脱颖而出，而且还是打击的对象。

清代思想家魏源指出："不知人之短，不知人之长。不识人长中之短，不知人短中之长。则不可以用人，不可以教也。"

事实上，人各有所长，亦各有所短，只要能扬长避短，天下便无不可用之人。从这个意义上说，领导者的识人、用人之道，关键在于先看其长，后看其短。

唐代柳宗元曾讲过这样一个故事：一个木匠出身的人，连自己的床坏了都不能修，足以证明他锛凿锯刨的技术是非常差的。可他却自称能造房，柳宗元对此深表怀疑。后来，柳宗元在一个大的造屋工地上又看到了这位木匠，只见他发号施令，操持有方，众多工匠在他的指挥下各自尽心干事，有条不紊，秩序井然。柳宗元大为惊讶。对这人应当怎么看？如果因为他不是一个好的木匠就弃之不用，那无疑是埋没了一位出色的工程指挥家。这一先一后，看似无所谓，其实十分重要。如果只看一个人的长处，就能使其充分施展才华，实现他的价值；如果只看一个人的短处，长处和优势就容易被掩盖和忽视。

因此，用人应首先看他能胜任哪些工作，而不应挖空心思挑其毛病。《水浒》中的时迁，其短处非常突出——偷鸡摸狗成性。然而，他的长处也非常突出——飞檐走壁的功夫。当他上了梁山，被梁山的环境所感化、改造，他的长处就被派上了用场。在一系列重大的军事行动中，军师吴用都对他委以重任，时迁成了这些军事行动成功的关键性人物。由此可见，对人，即使是对毛病很多的人,也要先看他的长处,如此才能把他的才干完全利用起来。

配备"避马瘟"式人物
……由于马蝇的存在,马匹变得更勤快了。

两千多年前,一些养马人在马厩中养猴,以"辟恶,消百病",养在马厩中的猴子就是"避马瘟"。马是站着消化和睡觉的,只有在体力不支或生病时才卧倒休息。而猴子在马厩中一刻也不安宁,马便会经常站立而不卧倒,这样,便提高了马对血吸虫病的抵抗能力。

西方管理学者说:"由于马蝇的存在,马匹变得更勤快了。"马蝇之功率与中国的"避马瘟"有异曲同工之妙。

某种程度上,企业组织类似于马群。而那些个性鲜明、我行我素,同时又是能力超强、充满质疑和变革精神的员工,就是企业中的"马蝇"或"避马瘟"。在一些组织中,他们被叫做"问题员工",甚至上了"黑名单",因为他们难于管理。实际上在一个经济组织中,也应该配备"避马瘟"式的人物,以增强员工的活力,避免疲惫和懈怠,进而增进整个组织的活力。

不要给人以"心机很深"的印象
……不管一个人多么笑容可掬、彬彬有礼、殷勤周到,如果我们怀疑他"心机很深"的话,我们都不敢和他沾上什么关系。

人一不老实,马上就会被人发现,一旦人们察觉他做人做事没有原则,那么世界上通往成功的所有道路就会永远地对他关闭。

大家会避免和所有有人格问题的人打交道。

不管一个人多么笑容可掬、彬彬有礼、殷勤周到，如果我们怀疑他"心机很深"的话，我们都不敢和他沾上什么关系。

老老实实不仅是经济上成功的基本条件，而且在其他任何领域都是一样的道理。毫不妥协地维护自己的人格和尊严是弥足珍贵的美德。它使诚实的人不仅心态平和安宁，而且使生活充满生趣快乐。这些幸福的感觉不诚实的人是永远体会不到的——这是钱财、房屋和土地等等财富都无法换来的。

用人才，不用奴才

……那种讨人喜欢的助手，喜欢与你一道外出钓鱼的好友，则是管理中的陷阱。

美国 IBM 公司的总裁小托马斯·沃森，有一句著名的话是："用人才，不用奴才"。

小沃森自小生活在父亲老沃森身边，耳濡目染，非常崇敬和钦佩那些有本事的人。他从小就认识一位经理，叫雷德·拉莫特，这是位极有能力的人。雷德·拉莫特认识 IBM 里所有的人，无论老少，对人有着合乎情理和不偏不倚的看法；面对老沃森敢于毫无顾忌地说出自己的真心话，敢于对小沃森提出严厉的忠告。小沃森说，这位经理对他教益极大，否则他会犯更多的错误。

另一位对小沃森至关重要的人叫阿尔·威廉斯，是他父亲手下的一员干将，"所有的人都认为他很优秀"。他一向对自己要求很严格，除了长时间地努力工作，还努力弥补自己没有上过大学的缺憾。在小沃森看来，阿尔极讲规范，有条不紊，又比较谨慎，帮助小沃森弥补了经验上的不足。

小沃森在回忆录中写道："我总是毫不犹豫地提拔我不喜欢的人，那种讨人喜欢的助手，喜欢与你一道外出钓鱼的好友，则是管理中的陷阱。相反，我总是寻找精明强干、爱挑毛病、语言尖刻、几乎令人生厌的人，他们能对你推心置腹。如果你能把这些人安排在你周围工作，耐心听取他们的意见,那么,你能取得的成就将是无限的。"

有位部门经理叫伯肯斯托克,是刚刚去世不久的IBM公司第二把手柯克的好友。柯克是小沃森的对头,伯肯斯托克认为,小沃森定会收拾他。因此,他打算辞职,故意找小沃森的碴儿。然而,小沃森并没有发火,他认为伯肯斯托克是个难得的人才,甚至比刚去世的柯克还精明,只是性格有些桀骜不驯。为了公司的前途,小沃森尽力挽留他。留下伯肯斯托克对IBM做计算机生意起了极大的作用。正是由于他们俩的携手努力,才使IBM免于灭顶之灾,并走向更辉煌的成功之路。小沃森在他回忆中说了这样一句话:"在柯克死后,挽留伯肯斯托克是我有史以来所采取的最出色的行动之一。"

小沃森不喜欢他周围那种逢迎拍马、趋炎附势的气氛。他还说,如果一个人不愿意理直气壮地捍卫自己,那我也不愿意同他共事,他不应该留在公司。这是小沃森为人处世和用人的又一条原则。

实施"工资保密"制度

……如果企业过分强调业绩考核与薪酬挂钩,或者是使业绩与薪酬制度完全透明化,容易使企业内部员工之间产生矛盾。

如果企业过分强调业绩考核与薪酬挂钩,或者是使业绩与薪酬制度完全透明化,容易使企业内部员工之间产生矛盾。片面地追求薪酬公开,容易引起员工自我期望值的膨胀,也容易引起攀比心理,使员工注意力不是放在工作上,而总是要去关心别人赚了多少钱,对别人的收入说三道四。

当膨胀起来的期望值无法满足,当相互攀比带来种种麻烦,当彼此受益不均,而且短期内也不可能马上消除之时,员工的心理将受到挫折,情绪会产生波动,导致整体的士气迅速低落,更大的期望将转化为更强烈的失望和不满,极可能导致内部互相倾轧的恶性竞争。

实施"工资保密",在一定程度上保护了"高薪"员工的权益。对于那些相对高薪的员工，如果他的工资被公开，有可能受到同事的排斥和刁难。另外，在一定程度上又保护了"低薪"员工的权益。对于那些相对低薪的员工，如果他的工资被公开，很可能受到同事的轻视。从而也保持了公司内部和谐的人际关系。

勿轻易"纵向兼职"

……凡纵向兼职，除非在某一职务上什么事也不管，即虚职，否则就会产生混乱。

纵向兼职，就是一个领导者身兼两级职务。在这种情况下，领导者在商量工作或找人说话时，不可能每句话后面都解释一下他这句话是以某身份说的，另一句话是以另一级领导的身份说的。下级或平级因此也往往无法判断他是在哪个级别上说话，因而常常导致误会。

某车间主任兼副厂长，分管全厂的职工福利工作。他所在的车间有一职工因家庭困难申请补助，这位兼职副厂长签字批准后，使财务部门犯了难。财务制度规定这类申请必须有车间主任、主管副厂长两人签字，现在两人成了一人，财务部门只好如数付款。后来其他车间的主任也直接给这类申请签字，找财务人员领款，他们的理由是，每个车间主任都必须对自己的下属负责，别的车间主任有财权，他们也应该有。因此，这一项财务制度就被破坏了。

凡纵向兼职，除非在某一职务上什么事也不管，即虚职，否则就会产生混乱。我们说，领导者兼职就要履行所兼职务的职责，这样，当下级把矛盾原原本本地交上来时，而领导者又不得不亲自做出处理，处理的依据则往往是间接的汇报反映，使处理的结果常常失之于独断和片面。

如果在某一个职务上什么事也不干，那又何必兼职呢？此外，兼职后哪一级的会议都要参加，只有发言权，并无任何职权，对组织无任何好处，个人的时间也被浪费掉。如果仅仅是为了地位和待遇而兼职，那么就应该把他看作部门内多余的人。

爱摆架子吃大亏

……领导在考虑问题时，不能把自己的身份摆进去。按自己的职务看问题，就会少了客观性，多了盲目性，这样考虑问题就不周全，处理问题就会产生误差，脱离实际，造成损失。

人们都不喜欢爱摆架子的领导。爱摆架子的领导表现为：和普通百姓保持一定的距离，平时紧绷着面孔，轻易不下基层，轻易不接触群众，他们把和群众开玩笑、打成一片看成是有损领导威信的事。有时在现场能了解的问题，总是安排他人到办公室来向他汇报，问东问西，还不时提些问题，以显示领导的气度和水平。

领导之所以能成为领导，就是在某些方面比别人高明一些。但是，爱摆架子的领导却将这一点过分绝对化了。不是认为自己高明一点，而是认为自己要高明得多；不是认为自己在某个方面要高明，而是在所有的方面都高明。这种缺乏自知之明的心理所产生的结果，往往会让自己吃大亏。

刘备为了给关羽报仇，兴百万之师来讨伐东吴，孙权接受阚泽的建议，起用陆逊为主将，统率三军抗刘。消息传来，刘备问陆逊是谁，马良说是东吴一书生，年轻有为，袭荆州便是他用的计。刘备大怒，非要擒杀陆逊为关羽报仇。马良劝谏说陆逊有周瑜之才，不可轻敌。刘备却嗤笑道："朕用兵老矣，岂不如一黄口孺子耶！"用兵打仗之道，重的是谁能把握战机，深谙谋略，与年龄无关。刘备自称"朕用兵老矣"，夸口自己经历的战争多，谋略周全，这是不切实际的狂言。"岂不如一黄口孺子耶"，他嘲讽陆逊是乳臭未干的小毛孩，看不起陆逊，这是轻敌的思想，是未战先败了阵。后来，陆逊用计火烧连营七百里，令刘备吃了大败仗。

刘备这个教训启示人们，领导在考虑问题时，不能把自己的身份摆进去。按自己的职务看问题，就会少了客观性，多了盲目性，这样考虑问题就不周全，处理问题就会产生误差，脱离实际，造成损失。刘备说他"用兵老矣，岂不如一黄口孺子耶"，两句话联系起来，还归结于他爱摆领导的架子，因此酿成千古遗恨。

过分突出自我，藐视他人的存在，严重脱离群众基础，这不是现代领导的做派。

金钱是重要的

……人们很大程度上会用你的银行账户的数字来衡量你的价值，不管你是谁，不管你都能做些什么。

拥有金钱确实是实现成功的一个重要因素，而且任何哲学若想帮助人们变得有价值、变得快乐富有，就必须承认金钱应有的地位。

在物质主义大行其道的年代里，一个冷酷无情的事实就是：人无异于一颗小小的沙粒，一有任何风吹草动就会被吹得没有立足之地，除非他背后有金钱的力量充当后盾！

才智会给拥有它的人带来许多回报。但是，只有才智，却没有金钱来给才智提供充分的展示空间，那所谓的"回报"也就不过是一份空架子般的荣誉。

不管一个人拥有多大的能力，或者受过多好的教育，再或是如何的天资聪颖，都不能无视这样一个不争的事实：没有钱的人只能靠有钱人的怜悯度日！

事实让人无法回避，人们很大程度上会用你的银行账户的数字来衡量你的价值，不管你是谁，不管你都能做些什么。大多数人在遇到一个陌生人时，脑子里出现的第一个问题就是"他有多少钱"。如果他有钱，那他就会受到热情的款待，一路上的商机更是挡都挡不住。人们对待他仿佛众星捧月，他是人们心目中的王子，是国人眼中最出色的人。

但是，如果他脚上的鞋跟已经磨平了，身上的衣服皱皱巴巴、领口脏兮兮的，一眼看去就是一个穷困潦倒的人，那他的遭遇将非常悲惨。人们会从他的脚上踩过，或鄙夷不屑地把嘴里吐出的烟雾喷到他的脸上。

这些话听上去可能让人感觉很不好，但是它们有一个好处：是它让你知道，什么才是最重要的。

制度合理了，则事半功倍

……调动人们的积极性，要靠合理的制度。制度合理了，事半功倍；制度不合理，事倍功半。

人都贪利，只要有利可图，原来可恶的东西也会变得可爱。黄鳝的样子像蛇，蚕的样子像毛毛虫。人们看到蛇非常害怕，看到毛毛虫浑身就起鸡皮疙瘩。但是，你看农妇们用手拣蚕时神情自若，渔夫们捉黄鳝时丝毫也不害怕。这是为什么呢？这是因为养蚕、捉黄鳝有利可图啊！有利可图，人们就忘掉了这些东西的可怕可恶之处，面对这些东西，人人就都变得像勇士，个个勇往直前了。

17、18世纪，英国经常要把大量犯人运送到澳大利亚，起初是按上船时犯人的人头给私营船主付费。私营船主为了牟取暴利，便不顾犯人的死活，每船运送人数过多，造成生存环境恶劣，加之船主克扣犯人的食物，囤积起来以便到达目的地后卖钱，使得大量犯人在中途就死去。更为严重的是，有的船主一出海就把犯人活活丢进大海中。

后来，英国政府为了降低犯人的死亡率，制定了新的办法和制度。他们重新规定，按照到达澳洲活着下船的犯人的人头付费。于是私营船主绞尽脑汁、千方百计让最多的犯人活着到达目的地。后期运往澳洲的犯人的死亡率相当低，最低时只有1%，而在此制度实施之前的时期最高死亡率竟达94%。

调动人们的积极性，要靠合理的制度。制度合理了，事半功倍；制度不合理，事倍功半。

与其使权，不如用威

……有了威信，大家才能信服你，你的计划才能得到迅速的实施。

社会发展到今天，尤其在我们社会主义制度下的中国，想当个好主管，并大权在握，绝不能像旧社会那样，一味靠挥动手中权力的大棒了。而要以人为本，调动广大员工的积极性，这只能靠威信和沟通。

威信比权力更重要。放弃权力的使用，把精力放在建立威信上，也许效果会更好一些。聪明的领导人很少会像中国封建社会那些专制的皇帝一样，随心所欲，世间万物为己一人所驱使，更不会像旧社会封建官僚那样做权力的奴隶，信奉权力至上。他们往往是在务实的工作中，通过一点一滴，通过自己能力的施展，通过自己良好的品德风范，逐步建立自己的威信的。

有了威信，大家才能信服你，你的计划才能得到迅速的实施。这时，你具备了无形的感召力，你所作的决定，会得到大家的一致拥护，大家会齐心协力按你的决定去做，大家信任你。你的决定所取得的良好效果，会得到大家的一致称赞，你的威信也得到了进一步提高。这样，就形成了一种良性循环。

张狂的结果，只能是自己受伤

……张狂就是目中无人，张狂就是自我膨胀，张狂的结果，是你自己受伤。

人一旦与众不同，必然招致注意，那些注视你的眼光有好奇，有敬佩，也有嫉妒和仇视。你要允许人家仇视，你占有了更多的资源和财富，别人的所得相对来说就少了。大家都是人啊，人人生而平等，为什么你该吃海鲜，他该吃泡菜？你可以举一万条理由来说服他，道理他是懂了，心理还是不平衡。就像一个戴了绿帽子的老公，事情再合理，他还是难以接受。

所以，你应该理解，你面对的人是形形色色的，有战友、有敌人，还有观众和过客。对于战友来说，过分的张狂等于藐视他的存在，久而久之，必将导致疏远；对于敌人来说，张狂就是公然的挑衅，必然引起回击；而观众和过客，虽然没有直接的利害关系，但人都是同情弱者的，张狂使人感到威胁，人心理上就会产生排斥。

张狂就是目中无人，张狂就是自我膨胀，张狂的结果，是你自己受伤。

所以，聪明人懂得谦恭平和，把矛盾化解在摇篮之中。

认错并不等于承认愚蠢

……及时改变错误的主意是一个管理者明智的选择。

一个人不可能永远都是正确的，即使你犯了错误，但能做到及时更正就不会使错误继续发展下去，就不会造成不可挽回的损失。无论什么时候，只要你发现自己的决定错了，就要立刻下决心停止，重新修改，以减少不必要的损失。当你拒绝承认自己的错误时，通常只会把事情弄得更糟。

承认你错了并不等于承认你愚蠢，可是，当你明知自己错了而又不想改变主意，顽固地坚持自己的错误，这就是愚蠢的表现了。

一个公司的老板，在关于公司的经营策略问题上和助手发生了激烈的争论，他坚决反对助手提出的投资宠物业的建议。最后，这位老板对助手下了"最后通牒"，要么放弃这个想法，要么离开公司。没想到，那位助手真的离开了。事后，这位老板后悔自己的失误，他说："所有的人都说我不该让他走。现在我觉得是我不对，我应该留住他，而且应该接受他的想法，那的确是个好主意。"

很奇怪，许多管理者都觉得改变自己的主意是种无能的表现，实际上恰恰相反。及时改变错误的主意是一个管理者明智的选择。这非但不会遭人耻笑，还能受到人们的尊重。

先入易为主，后来难居上

……人们对"第一"的印象非常深刻，而对第二、第三就没有什么深刻印象了，也就是人们经常说的"先入为主"。

1910年，德国行为学家海因罗特做过一个实验。在实验过程中，他发现了一个非常有趣的现象：刚破壳而出的小鹅，就会本能地跟随在它第一眼看见的母亲身边。不过，若它第一眼看见的不是自己的母亲，而是别的动物，比如一只狗、一只猫或一只玩具鹅，它也会自动地跟随在它们的后面。非常关键的是，只要这只小鹅形成了对某个物体的跟随反应之后，它就无法再形成对别的物体的跟随反应了。

此种跟随反应的形成是不可逆转的，即承认第一，无视第二。后来，德国行为学家洛伦兹将这种现象叫做"印刻效应"，并指出它不但存在于低等动物中，也同样存在于人类之中。人们对"第一"的印象非常深刻，而对第二、第三就没有什么深刻印象了，也就是人们经常说的"先入为主"。

史玉柱在营销会议上，曾多次强调的"营销法则"的第一法则就是：做一个产品必须要做第一品牌，否则很难长久，很难做得好，不做第一就不能真正获得成功。为做第一，"脑白金"投入了巨额的广告费用。最终，"脑白金"依靠印刻效应获得了成功。在已经拥有更高明营销手段的商人看来，"脑白金"的广告实在是老套与庸俗，可是商业社会看重的是最后的利润率。对于第一个吃螃蟹的人来说，他是勇敢的，同时也是最有名的。人们只会记得第一个吃螃蟹的人，而对于第二个、第三个则漠然视之。做市场也是如此，先入易为主，后来难居上。

对一个商人而言，如果不想受人压制，想自己独当一面的话，那么就要下定决心做第一！

带责授权

……这种授权方式不仅可以有力地保证被授权者积极去完成所承担的任务，而且可以堵住上下推卸责任的漏洞。

领导者在向下授权的同时，也必须明确被授权者的责任，将权力与责任一并赋于对方。这种授权方式不仅可以有力地保证被授权者积极去完成所承担的任务，而且可以堵住上下推卸责任的漏洞。使被授权者也不至于争功诿过，而会忠于职守，努力工作，发挥自己的主动性和创造性。这种带责授权的做法，体现了责权一致的精神。

带责授权中的责任，包括两个方面：一个是被授权者在行使权力的过程中应遵守些什么，这也是一种责任；另一个是对活动的结果又应负有什么责任。对于这两个方面，领导者在授权时都要做出明确的规定，都要讲清楚。这既是责任范围，也是权力范围。只有规定得清楚，才能便于执行。

带责授权，如果被授权者不是一个人，而是两个人以上，那就要注意把结果的责任落在一个人身上，让其中领受最高权力的那个人承担结果的责任。对有些两个人以上的合作项目，领导者在授权中应该注意这个问题。

带责授权，好处是很大的，授权就是授责，被授权者有了权和责，就会在行使权力中尽到自己的职责。

开场风光，不如收场成功

……在造访命运之宫时，如果你从快乐之门进，必从悲哀之门出；从悲哀之门进，则必从快乐之门出。

民间有俗语说："有钱难买五月旱，六月连阴吃饱饭。"是说五月苗小，天旱了根系就只能往地下深处生长，而到六月雨季来了的时候，因为根深也就叶茂，会长得更好。

一个人很年轻就被提拔到领导岗位上，很容易产生一些问题，那就是对普通老百姓的事情和心理懂得太少，也因为很早就和别人不同，会滋长一种特殊的情绪。所以，人才需要尽早经历些磨难，那样才有利于成长。

你站的所谓高处，是因为有低处相衬；你感觉到高处的美妙，是因为你从低处走来。如果没有挨饿的经历，怎么会品尝到吃饱饭的幸福？一个大学生就曾发出过这样的感慨："小时候吃饺子满口流油的那种香味，再也没有了；穿上姥姥给做的小棉袄的那种高兴劲，再也体会不到了。穷人能感受那么多的幸福，可富人却很少能体会到幸福是什么。"这是说，事情是在比较中呈现出来的，人没经历过生活中的两极，也就无法真正地认识生活。

磨炼的时间长一点，基本功扎实一点，成功也会更大一些。

西班牙学者葛拉西安说："在造访命运之宫时，如果你从快乐之门进，必从悲哀之门出；从悲哀之门进，则必从快乐之门出。所以，你在处理事物的收场时一定要小心，与其开场时风光热闹，不如收场时成功幸福。"

多思考，少说话

……多思考少说话，也可以以"让我仔细考虑一下"或"容我们研究、商量一下"来结束谈话。

领导要保持自己的权威，这会为你开展工作创造条件。下属处处尊重你的意见，当他们执行任务有困难时，会与你商量，而不会自作主张、自行其事。

领导要注意自己的讲话方式，在办公室里跟员工讲话，一般要亲切自然，不能让员工过于紧张，以便让对方更好地领会自己的意思。但是在公开场合讲话，譬如面对许多员工演讲、做报告，要威严有度，有震慑力。

但不管在哪种情况下，领导讲话都要一是一，二是二，坚决果断，切忌含糊不清。

　　领导在听取对方意见时，切忌唯唯诺诺，被对方左右。如果对方意见与自己意见相左，可以明确给予否定，如果意识到员工的意见确实是对公司有利，也不要急于表态。

　　多思考少说话，也可以以"让我仔细考虑一下"或"容我们研究、商量一下"来结束谈话。这样，员工在回去之后不会沾沾自喜，而会更加谨慎，领导也可以有时间仔细考虑是取是舍。这会在无形中增加了领导的权威，总比草率决定要好。

　　行为有时比语言更重要，领导的权威，很多时候不是由语言而是由行为动作表现出来的，聪明的领导者尤其如此。

第四章

扶他上马,再送一程

不要有意无意地收回授权

……任何暗示都无异于公开地收权。

请留心你会有意或无意地收回授权。有意或无意地收回授权，这种现象并不少见。当你已明确授权某人做某事后，而在某一天，当你在走向办公室的路上碰见他时，漫不经心地问了一句："你的计划向某某谈过了吗？"你会发现他像一个泄了气的皮球，仅仅因为你的那句话，你等于从他那里把一切授权都拿了回来。

也许你是无意的，但客观的结果是：不管他愿不愿意，他都会照你说的去同某人讨论那个计划，那么授权也就真正的结束了。

真正的授权，应该越过一条把在心理上的所有权交给受托人的想像的线，任何暗示都无异于公开地收权。

给对方以特殊的声誉

……知道对方最关心的是什么，然后想办法提供给他，我们便顺其自然地得到了自己想要的东西。

17世纪初，欧洲很多科学家都面临资金短缺、生活困顿的处境，伽利略也不例外。所以，他经常把自己的发现和发明当作礼物送给那些赞助者，希望从他们那里得到资助，以继续从事研究。

1610年，他又有了一个重大的发现——发现了木星周围的卫星。这一次，他把这个发现呈献给了麦迪西家族。他在寇西默二世登基的同时，宣布从望远镜中看见一颗明亮的星星（木星），木星有4颗卫星，代表了寇西默与其3个兄弟。而卫星环绕木星运行，就如同这4个儿子围绕着他们的父亲——王朝的创建者寇西默一世一样。之后，伽利略还委托别人制造了一枚徽章，徽章上刻着这样的图案：天神朱比特坐在云端上，4颗星星围绕着他。他把这颗徽章献给寇西默二世，象征着他和天上所有星星的关系。

寇西默二世得到了荣耀，非常高兴，于是任命伽利略为其宫廷哲学家和数学家，并给予全薪。对于一个科学家而言，这是伽利略人生中最辉煌的岁月。他四处乞求赞助的日子结束了，从此可以全身心投入到他的科学研究中去。

那些居于高位的贵族其实并不关心科学研究，他们更关心的是自己的声誉和荣耀，他们比平常人更希望自己看起来显赫出众。伽利略把他们的名字和宇宙中的星星联系起来，极大地满足了他们的虚荣心，用让他们占了个"小便宜"这样一个策略，为自己赢得了更多的支持。

不要只看病不治病

……为什么要检查工作？说到底，就是要发现问题，解决问题，推动事业的发展。

只看病不治病，只调查，不解决，是一些领导者在检查工作时常犯的毛病。为什么要检查工作？说到底，就是要发现问题，解决问题，推动事业的发展。当然，与发现问题比起来，解决问题是要费力气的，领导者就是要知难而上，努力从解决问题上看本事，见高低。凡是当时能解决的，就要立即解决；当时不能解决的，也要本着为事业负责的精神，创造条件，抓紧做工作，争取尽快解决。

凡是不从实际出发看问题，而是戴着有色眼镜看问题，先入为主，自以为是，就是主观性。片面性就是不能全面地客观地看问题，只知其一，不知其二，只见树木，不见森林。所谓表面性，就是走马观花，蜻蜓点水，知其然不求其所以然。这些都是检查工作的大忌，一定要注意防止和克服。检查工作时，不要带框子，抱成见，而要一切尊重客观事实，具体问题具体分析；好话坏话都要听，缺点成绩都要看；要扎扎实实，了解情况。不要作风浮躁，浅尝辄止。

让下属直接面对问题

……指导下属最有效的方法莫过于让下属直接去面对问题。

实习医师在初次动手术时,技术若不够纯熟,在一旁指导的资深医师,则常常会情不自禁地加入主刀的工作。此时一旦插手,实习医师便失去提高自己不纯熟技术的机会,同时也会产生自己永远无法独立工作的心理。

要知道,指导下属最有效的方法莫过于让下属直接去面对问题。为了培养下属工作的能力,即使你被认为是个冷漠的人,你仍应站在下属的后面观察,只要对方不会受到重大的伤害,便应将工作交由他们去处理。

若能在平时便采取这种方式指导下属,即使面临类似于"进行手术"这样的重大事情,下属仍可不慌不忙地以自己的能力去处理。

不要毁了他人的进取心

……你要是跟你的雇员说他对某件事显得很笨,很没有天分,这等于毁了他所有要求进步的心。

有一个人在45岁的时候,突然想去学习跳舞,她请过两个老师。

"所请的第一位教师,也许她告诉我的是真话。她说的全部都对,我必须将一切忘掉,重新开始,但那样使我灰心。我没有动力继续,所以我辞了她。

"第二位教员或许是说谎,但我喜欢她。她说我的跳舞姿势或许有点旧式,但基本功还是不错的。并且使我确信我不必花费很多时间就可以学会几种新的舞步。第一位教师因为着重我的错误而使我灰心,这位新教师正好相反,她不断地称赞我所做得对的事,帮我减少错误。'你有天生的韵律感觉，'她肯定地对我说，'你真是天生的一位跳舞专家。'现在，我经常告诉自己，我以往总是，将来也总是一个四等的跳舞者，但在我内心的深处，我仍喜欢想或许她是真意。确实，我付钱使她说那话。那么为什么前一位教师则要将话说穿呢？

"无论如何，我知道，如果没有她告诉我有天生的韵律感觉，我就很难有什么进步。她那样做鼓励了我，给了我希望，并使我不断进步！"

你要是跟你的雇员说他对某件事显得很笨，很没有天分，那你就做错了，这等于毁了他所有要求进步的心。

但如果你用相反的方法，宽宏地鼓励他，使事情看起来很容易做到。让他知道，你对他做这件事的能力有信心，他的才能只是还没有发挥出来。这样他就会见到黎明，以求自我超越。

要管头管脚，但不要从头管到脚

……要做一名领导，决不要做一名劳动模范。

聪明的领导者不是事必躬亲，而是运筹帷幄。现代领导理论认为，领导者必须做领导工作，不要干预或包办下属的事情。

倘若领导者事必躬亲，一方面丢掉了自己应该做的更重要的事情，另一方面则挫伤了下属的积极性，使他们变得没有主见、不负责任，也无法提高能力。当然，领导者有时应该干些具体的工作，因为这有助于加深与下属的感情，并从中汲取智慧和营养。但必须明确：这绝不是领导者的"正业"。"大事小事亲手干，整天忙得团团转"的领导者，肯定不是一位称职的领导者，而是一位劳动模范。领导者的"正业"是运筹帷幄，他应该专门干下属干不了的事情或突发的、非常规的事情，应该下属做的事情由下属自己干。使之有职有权，他们能增强责任感，并在工作中逐步减少差错和提高工作效率。

领导者最大的本事是发动别人做事。领导者要管头管脚，即指人和资源，但不能从头管到脚。

让下属感觉到自己很重要

……一个领导者必须学会尊重人，因为尊重有一种巨大的力量。国外有的企业家把尊重人当作是激励人的智慧、同心同德搞好企业的一条宗旨。

尊重下属是领导者应具备的品格，也是调动下属积极性的一种领导艺术。一个领导者必须学会尊重人，因为尊重是一种巨大的力量。国外有的企业家把尊重人当作是激励人的智慧、同心同德搞好企业的一条宗旨。这一点很值得我们借鉴。

在奥斯特利兹战役开始的前夕，拿破仑巡视全军，从这处营火堆走到另一处营火堆。每当他停下来，官兵们都上来围住他。拿破仑和他们谈笑，并对他们的忠贞表示感谢。他向士兵们保证明天这一仗一定会获胜，并说明他已经准备好了医疗急救，一旦有人受伤，绝对会立即受到照顾。

"答应我们，"一位老兵朝他高喊，"您自己要远离炮火！"

"我会的，"拿破仑满脸感激地回答说，"我会留在预备队中，直到你们需要我的时候。"

的确，尊重下属，就是要使下属感觉到他很重要，领导者非常看重他们。其实每一个人心中都有这种期待："让我感到自己重要。"这是每一位领导者面对下属的时候应该想象到的。

好人做到底

……给人面子，就要给到底，你不能给到一半，又拿了回去，其结果还不如不给。

有人说，中国的文化就是面子文化，这话有点夸张，但也不无道理。从古到今,"面子"总是个大问题,绝不能含糊。

中国历史上有两个皇帝爱写诗,一个是隋炀帝,爱诗爱到别人的诗不能超过他,如果哪个大臣的诗有佳句,隋炀帝就觉得没面子,就嫉妒的要死,甚至要取作诗大臣的性命。另一个是清朝的乾隆皇帝,乾隆属于高产诗人,保留到现在的就有四万余首,但好的不多。

乾隆写诗需要有人给修改润色,用现在的话说,就是得找一个枪手。这个枪手叫沈德潜,乾隆的诗许多都是沈德潜的手笔。给皇帝改诗这活不好干,只能悄悄地干,绝不能让人知道,沈德潜自然明白,没有透露半点给"皇上改文章"的得意。由此挣来了逐年加薪的恩遇,死后谥美号,立祠堂祭祀。

沈德潜虽然死了,但虚荣心却没有真的丢到长白山或者爪哇国去。无论如何,给皇帝改文章都是难得的荣耀,当时不敢说,却不想从此被湮灭掉,因此,沈德潜在自己的遗稿中,还是留下了表明自家荣耀的明确痕迹。

不想,沈德潜想传之后世的,恰是皇帝所格外忌惮的。沈德潜死后,乾隆借故从沈的家人那里,骗来了沈的遗稿,这下沈德潜露馅儿了。皇帝被气了个半死,公开发作不方便,找了一茬儿,"夺德潜赠官,罢祠削谥,仆其墓碑",就差掘坟鞭尸了。沈德潜的悲剧在于,他想给自己留面子,却恰恰损了皇帝的面子,这是大错而特错啊!

你必须首先那样做

……如果你有意识地希望你的下属比你更加努力工作,那么,你就不得不玩命干。

所谓领导,就是让人们尽可能以最好的方式去做应该做的事情。做到这一点所需要的品质首先是榜样。

约翰·阿克兰博士曾这样描述他的一段经历:

当有人向你开枪的时候,你的第一件事就是趴下。于是,当我们遭到射击的时候，我趴下了，我们整个排也都趴下了。我稍稍抬起头，想看看土匪在哪里，这样待了好一会儿，突然有一只手落在我的肩膀上——是我们排的一个中士。他从我身后爬起来说："来，来，长官，一个军官不能总趴在那儿，你得站起来，做出决定，让你的兵和你一起站起来。"若不是他，我真可能会在那儿待很长时间！他表现出了领导的才能，而我没有！

如果你领导一个团队的话，就要以身作则，如果你想要一个团队那样做，你必须首先那样做。让别人做你做不到的事情是没用的。在这方面，如果你有意识地希望你的下属比你更加努力工作，那么，你就不得不玩命干。

裁员不是最好的办法

……在做企业上你唯利是图，就会变得孤家寡人，无人可用。

昭和四年（1929年），日本的经济不景气，造成物价下跌与商品销路不佳，各商家几乎都面临了工厂关闭与解雇员工的厄运。

松下电器这时也面临着商品滞销的命运。而此时，松下先生因病正在休养中。负责人进植先生与武久先生商量后，做出裁员半数的决定并向松下先生请示。松下先生听了，马上就提起精神说：

"即日起生产减半，工厂只上半天班，但不裁员，员工薪资仍发给全薪。另一方面，店员必须放弃休假，全面地促销。"

松下先生之所以做出这样的决断，是因为他希望松下电器在日后能逐渐扩大发展，如果在这个时候为了解除眼前的危机而解雇员工，一定会让员工的情绪动摇。面临这样不景气的环境，如果领导者能站在部属的立场考虑，让部下产生高昂的士气，一定能够让大家提起精神来，同心协力地突破不景气的危机。

进植先生和武久先生听了松下先生的决断非常高兴，立刻召集全体员工，告知大家公司的决策方针。大家听了也都非常高兴，许下誓言愿全力拓展业务。结果，仓库内的库存不到 3 个月就卖完了。自此，非但不用再上半天班，就是拼命地生产也不敷需求。

有幸得到好助手，就不要换来换去

……如果你得到一个好帮手，最好能一直把他留在身边。他每天都能够有新的收获，你可以因为他经验的积累而获益匪浅。

聪明的老板都知道一个好的助手对他的意义。一个好的助手胜过一大沓存单。因为一个好的助手对于老板而言，不仅增加了金钱方面的优势，更重要的是为老板分担了很多精神上的负担，能够让老板有真正的放松和休闲。

所以，很多老板都在寻找好的助手。他们知道，"智者当借力而行"。真正聪明的老板永远都不嫌助手太好。很多老板都认为，最好的助手一个最基本也最可贵的品质就是忠诚。

著名商业大师巴纳姆认为："如果你得到一个好帮手，最好能一直把他留在身边，而不要换来换去。他每天都能够有新的收获，你可以因为他经验的积累而获益匪浅。他对你的影响力今年比去年大，无论如何你都不应该让他离开，如果他没有不良的习惯并且一直对你忠心耿耿。"看来，老板们是不想频繁地更换自己的助手，如果作为助手对老板忠诚的话。因为忠诚对于老板而言，不仅是利益的需要还是精神的需要。助手的背叛对老板来说，比他失去了一个绝好的商业机会更令他痛心。

所以，忠诚是成为好的助手的必要条件。

不要小视忠诚，没有忠诚，一个人真的寸步难行，因为忠诚本身就是一个人的立命根本。忠诚会让一个人的朋友甚至敌人尊敬他，因为忠诚是人性的亮点。

一个人对自己的企业有一点儿不老实，那么他很快会被发现，这个时候，受损的就不只是他在经济上的利益，更重要的是他的人格遭到了别人的质疑。一旦人们察觉到他的不忠诚,那么世界上通往成功的所有道路就会永远对他关闭。

担起必要的责任

……一个人要想赢得别人的敬重,让自己活得有尊严,就应该勇敢地承担起责任。我们中许多人之所以一生一事无成,全因为在自己的思想和认识中,缺乏勇于承担、敢于负责这种精神。

一个人要想赢得别人的敬重,让自己活得有尊严,就应该勇敢地承担起责任。一个人即使没有良好的出身、优越的地位,只要他能够勤奋地工作,认真负责地处理日常工作中的事务,就会赢得别人的敬重和支持。相反,一个人即使高高在上,却不敢担当责任,丧失掉基本的职业道德,便会遭到他人的鄙视和唾弃。

吉姆是一家大型汽车制造公司的车间主任,管着100多名安装技工。有一次,他带着几名员工组装一辆高级小轿车。安装完毕,恰逢总裁和他的几个朋友到车间巡视,其中有一位发现了这辆小轿车安装上的失误。因为总裁在场,吉姆怕自己挨训,于是就把责任推给了他的下属。总裁看到他这种做法,勃然大怒,当着全车间的人,训斥了他。

我们中许多人之所以一生一事无成,全因为在自己的思想和认识中,缺乏勇于担当、敢于负责这种精神。他们常常以消极、不负责、自由散漫的态度面对工作和生活,到最后,只能被工作和生活淘汰出局。

因此,从现在开始,你就要努力改变态度,培养自己的责任感。唯有如此,你才能在自己的内心深处爆发出无穷的力量,无论遇到任何情况,公司或老板都会将你作为留住重用的关键人才。

授人以鱼不如授人以渔

……告诉他应对的方法，让当事者自己去解决问题，这才是培育人才的精髓所在。

要帮助一个饥饿的人，最快的方法就是给他一条鱼。对于那个收到鱼的人而言，晚餐就有着落了（可是吃完了，又不知道下一餐在哪里）。其实，以长远的眼光来看，最好的方法，应该是教他学会钓鱼，这样他就不用再为一日三餐发愁了。

上司把自己的顾客转给业务不佳的下属，就像是给他一条鱼。只有告诉他"要怎么开拓新市场"、"要抓住什么样的顾客"之类的要点和秘诀，才是教他怎么钓鱼的方法。

给他一条鱼，是让他一天有饭吃，教他钓鱼的方法，是让他一生有饭吃。

建立严格的接班人制度

……接班人的制度是接班人顺利产生、成长、接班的基本土壤和条件。

接班人的制度是接班人顺利产生、成长、接班的基本土壤和条件，如果对接班人的选定没有一个明确的说法和制度，必然造成无章可循，领导者凭感觉、凭喜好、凭关系亲疏或心血来潮选定接班人，势必影响接班人的质量，也极易造成内部权力争斗，产生内耗，甚至危及企业的命运。

香港传奇家族企业李锦记，从1888年创立，如今已经传到了第四代，企业仍在健康发展，挑战了家族企业"富不过三代"宿命论，这与李锦记的接班人制度是分不开的。

1972 年，李锦记第三代传人李文达接掌企业。李文达认为，家庭不和睦，事业就会散掉。很多家族都是以生意为核心，结果家族出了问题，生意跟着受挫，而李锦记是以家族为核心，只把生意看成家族的一部分。所以李文达定下规矩：第一，结婚后只能有一个家庭，否则要退出董事局；第二，不能离婚，否则也要离开董事局，股份可以保留，但不得参与任何决策。目前，李氏家族的第五代正在成长，李文达特别规定，公司可以负担第五代的全部教育费用，但他们至少要读到大学毕业，并在其它公司工作三年，通过考试才能进入自家公司，而且必须从基层做起。

而通用公司的选择接班人制度和程序更是严密和系统。首先提前几年拟出一份候选人名单，这个名单是保密的，甚至连候选人本人往往都不知道自己被纳入了候选名单。这以后，公司会密切注意候选人的一切动向，所有董事都会对候选人选进行考察和打分。正是通过这种方法，韦尔奇最终选择了伊梅尔特作为自己的接班人，而这个过程早在 1994 年就开始了。在通用 2001 年股东大会上，杰克·韦尔奇在退休前向股东们作最后一次汇报，他充满激情地说："通用公司在全球搜寻、培养最优秀的人才，就我而言，十年以来我一直在寻找的一个最佳人选，就是谁将接任我成为公司下一任董事长。我日益坚信这十年来我找到的最佳人选，就是在你们各位董事的积极赞同之下推举杰夫·伊梅尔特，担任你们下一任董事长兼首席执行官。我相信杰夫和他的优秀班子，将把 GE 带到一个我们在今天还只能梦想的发展高度和优秀水平。"

孟子说："舜发于畎亩之中，傅说举于版筑之间，胶鬲举于鱼盐之中，管夷吾举于士，孙叔敖举于海，百里奚举于市。故天将降大任于是人也，必先苦其心志，劳其筋骨，饿其体肤，空乏其身，行拂乱其所为，所以动心忍性，增益其所不能。"一个卓越的未来领导者必须经历市场风雨的洗礼、锻炼甚至磨难，这是承担百年基业大任不可或缺的锻炼过程。所以，培养接班人既是对接班人能力和毅力的严峻考验，也是对领导者智慧和胸怀的严格检验。

你必须学会给下属加油

……如果你领导不了别人,那么想做的一切事情都要由自己独立完成。

成功学家拿破仑·希尔曾经说:"当我是一个小孩时,我被认为是一个应该下地狱的人。无论何时出了什么事,诸如母牛从牧场上被放跑了,或堤坝破裂了,或者一棵树被神秘地砍倒了,人人都会怀疑'这是小拿破仑·希尔干的'。而且,所有的怀疑竟然都是真的,我母亲死了,我父亲和弟兄们都认为我是恶劣的,所以我便真正是颇为恶劣的了。

"有一天,我父亲宣布:他即将再婚。我们大家都很担心我们的新'母亲'是哪一种人。我本人断然认为即将来我们家的新母亲,是不会对我有一点同情心的。这位陌生的女人进入我们家的那一天,我父亲站在她的后面,让她自行对付这个场面。她走遍整个房间,很高兴地问候我们每一个人——就是说直到她走到我面前为止。我直立着,双手交叉着叠在胸前,凝视着她,我的眼中没有丝毫欢迎的表露。父亲说:'这就是拿破仑,是希尔兄弟中最坏的一个。'

"我绝不会忘记我的继母是怎样对我说的那句话的。她把她的双手放在我的两肩上,两眼闪耀着光辉,直盯着我的眼,她使我意识到我将永远有一个亲爱的人。她说:'这是最坏的孩子吗?完全不是。他恰好是这些孩子中最伶俐的一个,而我们所要做的一点,无非是把他所具有的伶俐品质发挥出来。'

"我的继母总是鼓励我依靠自身的力量,制订大胆的计划,坚毅地前进。后来证明这种计划就是我的事业支柱。我决不会忘记她教导我'当你去激励别人的时候,你要使他们有自信心。'"

继母用她深厚的爱和不可动摇的信心激励着希尔,使他努力成为她相信他能成为的那种孩子。

如果一个人不停地受激励驱动，他就能永远前进。而事实上，懂得激励他人，调动他人的积极性，这也是自己成功的必备条件之一。安东尼·罗宾指出，要想成功，你必须学会调动别人内心深处的积极性让他们发挥潜能，你必须学会给他们加油。在一次调查中，要求70位心理学家说出主管人员必须懂得的人性中的最关键的东西，有65%的人说"积极性"，就是使人行动起来的那种感受和认识。如果你不能调动别人的积极性，你就不能领导他们。如果你领导不了别人，那么想做的一切事情都要由自己独立完成。

要对调走的下属充满惜别之情

……醉翁之意不在酒，而在于山水之间。

调换下属是常常碰到的事情，粗心的领导总认为来去自由，愿来就来，愿走就走。这种思想很不可取。

下属调走，彼此相处已久，疙疙瘩瘩的事肯定不少，此时用语言表达领导的挽留之情如果不到位，就会不恰当。而没走的下属又都在眼睁睁地看着要走的下属，心里不免想着或许自己也有这么一天，领导会怎样评价他呢？此时领导如果高明，不妨做一两件让对方满意的事情以表达惜别之情。

不要期待下属做得跟自己一样完美

……主管在业务方面已经十分熟练，但下属可能尚处于学习阶段，所以主管千万不要期待下属做得跟自己一样的完美。

如果主管过于严厉和苛责，下属就会畏首畏尾，组织行为就会趋于僵化。有时候，主管适当地为下属提供一个发挥他们才能的空间，反倒有益于提高组织的工作效率。

这就像学习驾驶一样，教练因为知道学员技术不佳，所以经常忍不住要对学员唠叨，他们认为如果不叮嘱他们几句，怕真的会发生危险。

实际上，如果改变这种教学方法，让学员尽可能随便地驾驶，不要求他们技术多么高超，反倒容易教会。

因为这样一来，学员们不会那么在意开得好不好，让人意外的是他们的驾驶技术也不是原本想像的那么差。学员们驾驶起来不再畏畏缩缩了，而且手脑并用，真正做到了操作自如。

许多驾训班的教练认为学员的操作不够灵活，反应速度慢，那是因为他们总是从自己的立场（熟手的立场）来间接操作（通过学员的头脑与手脚）的缘故。他们对学员的迟钝越是无法忍受，结果越使学员变得更加迟疑不决。

主管对下属也是一样，主管在业务方面已经十分熟练，但下属可能尚处于学习阶段，所以主管千万不要期待下属做得跟自己一样的完美，更不能因为下属的不熟练而苛责，这样会束缚住他们的手脚。

背地里观察人的言行

……观察者有意，而被观察者无意，这样所得到的信息才是比较准确、可靠的，也可以避免错误，得出正确的判断。

芝加哥第一国民银行来了位新总经理，名叫凯奇，几天以后银行的出纳部主任伏根要求拜会这位新总经理。其实伏根并没有任何要紧的事，只是想向新的总经理表示祝贺和致敬。

这位伟大的银行家凯奇，很喜欢与人闲聊，他对账目专家伏根的造访，表示十分的热情。后来伏根回忆说："凯奇先生与我谈话时，专门寻根究底，所谈的内容相当琐碎。从我的儿童时代一直问到现在，当然谈得最多的还是有关银行经验。这使我惊奇不已。"他又说："当时我就有些莫名其妙，回到自己的办公室后，心里愈发糊涂了。"

不久以后，一纸委任状下来，伏根被任命为银行的副总经理。6年以后，凯奇成为美国总统府的内阁成员，伏根便接替了凯奇的总经理职位。

凯奇遴选出这位非常出色的副手，并非一件偶然巧合的事。他曾几度研究过伏根的为人及能力，而伏根并不知道自己被上司留心观察。而凯奇也并没有完全听取旁人对伏根的评价，也没有向伏根表明目的，只是与他交谈问题，聆听他的讲话，注视他外在表情，研究他的心底世界。

可以说，一个人在没有提防时所做的事和所说的话，最能反映出他平素的为人处世。

一些高明的上司之所以高明，就在于虽然他们费尽心思去探究别人的心底世界时，而被观察者却全然不知自己正为别人留意。观察者有意，而被观察者无意，这样所得到的信息才是比较准确、可靠的，也可以避免错误，得出正确的判断。

一般的人都会认为第一印象是不太可靠的。这话不假。因为大千世界人群纷杂，各怀心思，有的将真情流露于表，有的则隐藏于内。

对于任何人，我们第一眼所见的只是他的外表，不能就凭这一点判断一个人，因为第一印象里常常包含有许多主观的东西和不太可靠的观点。

在一切不可靠的观点里，最能使人误入歧途的，便是面部的形态。如一个人的下颚或鼻子的形状、两眼的距离、耳朵的位置等。这些形态被认为可以表现一个人的性情。这只是一般的迷信而已。且早已为科学所摒弃。

一个真正在事业上有所建树的人是从不相信这种迷信的。

给别人一个成为"大人物"的机会

……别以为用高额的薪金，就可以聚集人才替你工作。只有竞争，才能发挥他们的工作效能。

挑起对方争胜的欲望，是一种最有效的激励。当年，罗斯福刚从古巴回来，便被推举为纽约州州长的候选人。可是他的反对党——指出罗斯福已不是纽约合法的居民，他知道这情形后，十分恐慌，准备退出。

这时，他的竞选同伴伯拉德转身向罗斯福大声地说："难道圣巨恩山的英雄，竟是这样一个弱者？"也就是这一句话，成就了罗斯福，这件事也随之被载入了史册。

在美国，有一座恶名远扬的"星星监狱"。这座监狱没有狱长，里面凶狠的犯人无人管束，随时都可能发生危险。为了解决这个危机，汉森需要一位坚毅、勇敢的人去治理"星星监狱"。可是谁能胜任这个职位呢？他把一名叫劳斯的男子叫了来。

当劳斯站在他面前时，他轻快地问："去照顾'星星'如何？那里需要一个经验丰富的人！"劳斯感到很窘迫，他知道"星星监狱"的情形，也清楚那是个多么危险的地方——随时会受到政治变化的影响。去那里的狱长，一再地更换，从来没有一个能够做上3个星期的，他要考虑到自己的终身事业，这个险是否值得冒呢？

见到他犹疑不决的样子，汉森便微笑着说："年轻人，我不怪你会感到害怕。是的，那边确实不是一个太平的地方，那是需要一个大人物去镇住的地方。只有富有才干的人，才能有这份魄力去做这项工作。"

你看，汉森是不是提出了一个挑战？听了这番话，劳斯心中立时涌起了一股冲动，他想要尝试做一个"大人物"的工作。

于是，劳斯去了，而且在那里长久地干了下去。结果，他成为了最著名的"星星监狱"的狱长。并且根据自己的亲身体验，写出了一本关于监狱管理与狱中故事的纪实体小说。小说出版后，一时间洛阳纸贵，畅销全美国，不仅报纸电台竞相宣传，根据书中讲述的故事，还拍了许多部电影。劳斯对罪犯"人道化"的管理，后来成了许多监狱改革的典范。

菲斯顿橡皮公司的创办人菲斯顿，曾这样说："别以为用高额的薪金，就可以聚集人才替你工作。只有竞争，才能发挥他们的工作效能。"

挑战，是任何一个成功人士都喜爱的竞技！因为这给他提供了一个表现自己的机会，一个证明自己的价值胜过别人的机会。

重视"小人物"

……做人要安上和下，让上面的人信任你，与下面的人搞好团结，绝不能一心只想往前飞，最后没法回头。

歧视"小人物"、"下等人"本来就是一种偏见，是一个人修养较差的表现，同时，从我们为人处世的实际考虑出发，对于"小人物"也不可轻视。因为在命运的起伏中，任何人都会有沉沉浮浮，所谓"四十年河东，四十年河西"，说不定有一天一个不起眼的人也会成为你命运的左右者。

清朝雍正皇帝在位时，按察使王士俊被派到河东做官，正要离开京城时，大学士张廷玉把一个很强壮的佣人推荐给他。到任后，此人办事老练，又谨慎，时间一长，王士俊很看重他，把他当做心腹使用。

王士俊任职期满准备回到京城去。这个佣人忽然要求告辞离去。王士俊非常奇怪，问他为什么要这样做。那人回答："我是皇上的侍卫某某。皇上叫我跟着你，你几年来做官，没有什么大差错。我先行一步回京城去禀报皇上，替你先说几句好话。"王士俊听后吓坏了，好多天一想到这件事就两腿直发抖。幸亏自己没有亏待过这人，多吓人哪！要是对他有不善之举，可能性命早就保不住了。

所以，平常无论说话还是办事，一定要记住：鲜花送给身边所有的人，包括你心目中的"小人物"。俗话说："不走的路走三回，不用的人用三次。"说不定，有一天，你心目中的"小人物"会在某个关键时刻成为影响你前程和命运的关键人物。

可见，在某些形势之下，是没有"小人物"和"大人物"之分的。只要是能为我们做事提供一点点帮助的，都要成为结交的对象。说不定，与这些"小人物"搞好关系，会比结交那些有虚名的所谓"大人物"更有用呢。

经常进行"人才盘点"

……作为领导者，应根据实际需要，适时为员工更换相应的工作岗位。

网罗人才，不仅要"向外看"，更要"向内看"，谁说只有外来的和尚会念经？这"向内看"的意思，就是领导者要经常进行"人才盘点"。

所谓"人才盘点"，就是组织根据实际情况，每隔半年或一年对各层的员工实行一次内部调动，以提高人才的使用效率。具体说来，它包含三层意思：

首先是打破等级观念。组织要强调，每个工作岗位都很重要，每名员工都可以适应不同岗位上的工作，并经受锻炼。

其次要对人实际工作能力进行培养。一个人在一个工作岗位上待久了，容易麻木僵化，反应迟钝，看什么都习以为常。改变一下，换个工作岗位，让他站在一个新位置上，他就可能萌发新的从未有过的想法。同时，在新岗位上，每个人还可能遇到许多新的课题，这就迫使他钻进去学习，吸收新知识，使自己的工作能力进一步提高。

第三要激活人的创造思维。"人才盘点"注重的是对人才创造性思维的开发。长期处于一个固定的位置，人就会呈现出某种思维定式的倾向。倘若换个工作岗位，换个角度想一想，往往会使人的思维呈现发散式、逆向化的特点，创造性才华就可以得到极大的激发。日本大荣公司首创"前进式立体陈列经营法"，便是很好的佐证。

当时，大荣公司由于货物太多，来不及运进仓库而杂乱地堆放在商店门口，影响了顾客的自由出入，因而销售量大减，公司上下一筹莫展。看到这种情况，一位从别的部门调来的年轻人灵光乍现：何不把货物整齐地在店堂里高高堆起，以商品的丰富程度来刺激顾客的购买欲望呢？此举使公司名声大振，营业额顿时猛增。

每个组织都是一个潜在的人才库。作为领导者，应根据实际需要，适时为员工更换相应的工作岗位。这样，不仅可以从中发掘人才，而且也可以降低培养新人才的成本，同时还可以激发内部人才的创新能力，为组织的未来发展创造方便条件。

要有耐心听人把话说完

……任何时候都要有听人把话说完的耐心，自以为是地判断事情，有时会犯很严重的错误。

作为一名优秀的管理者，在与员工沟通时，对于同样一件事，最好让员工先拿出处理意见，千万不要剥夺员工发表自己看法、建议的权利。

作为上司，你是下属的好听众吗？你有过这样的情况吗？当下属汇报工作时，不管他说完没有，只要你觉得听懂了他要表达的意思，便打断他的话，开始滔滔不绝地发表自己的观点，然后，以某些指令结束谈话。作为上司，你扪心自问一下：对于下属的需求，你认真倾听了吗？对于他们工作中出现的问题，你去理解和分析了吗？你愿意放下架子、腾出时间去与他们促膝谈心、互动交流吗？

有一次，美国知名主持人林克莱特现场采访一名小朋友，问他说："你长大后想要当什么呀？"小朋友天真地回答道："嗯……我要当飞机的驾驶员！"林克莱特接着问道："如果有一天，你的飞机飞到太平洋上空所有引擎都熄火了，你会怎么办？"小朋友想了想，说道："我会先告诉坐在飞机上的人绑好安全带，然后，我会挂上我的降落伞跳出去。"当在场的观众们笑得东倒西歪时，林克莱特继续注视着这孩子，想看他是不是一个自作聪明的家伙。没想到，紧接着，孩子的两行热泪夺眶而出，这才使得林克莱特发觉这孩子的悲悯之情远非笔墨所能形容。于是，林克莱特问他说："为什么要这么做？"小孩的答案透露出一个孩子真挚的想法："我要去拿燃料，我还要回来！"这时，现场变得异常寂静。

所以，作为一名管理者，你听到别人说话时，你真的听懂他说的意思吗？你完全懂吗？如果不完全懂，就请听别人把话说完吧！

"跟我冲"而不是"给我冲"

……身先士卒是一种无言的号召力，下属没有理由不跟他一起冲锋陷阵。

有一个古老的领导格言："你应该愿意做你要求下属去做的事情。"

然而，在危机时刻，仅仅愿意去做是不够的。这时，你必须亲自做你要求下属去做的事情。领导者的良好形象，也正是在这种身先士卒的行动中充分体现出来的。

作为一名中校，杜利特尔指挥的第一次轰炸，是第二次世界大战初期美军对日本的轰炸，然后他就被提升为将军并且被派遣到欧洲。通常，高级空军指挥官并不参加其部队所从事的飞行任务，他有自己的责任。但杜利特尔将军说："了解你的士兵和他们所从事的工作是很重要的。但如果你坐在装有空调的办公室里或是只关心一些无关紧要的细节，是达不到这一目的的。要真正了解士兵，要让下属接受你，被你的魅力所吸引，只有成为他们的一部分。你只是从事一些简单的飞行，那你只了解了工作的一部分，你必须担当艰难任务中你所应分担的部分。士兵们对这些观察得很仔细，他们知道谁是袖手旁观的领导，谁是亲临现场的领导，他们对你的印象也会相应地有所不同。"

那个时候，他的士兵所使用的一种飞机是"掠夺者"B—26型飞机，这种飞机存在很多缺陷。在佛罗里达训练的时候很多飞机都坠毁了。飞行员中流传着"塔帕湾一日游"的说法，这种飞机被称为"飞行员的杀手"。

战争中，这种飞机很勉强地使用着。但是，没有人愿意去飞。杜利特尔将军面临着危急形势。他检阅了一个B—26空军大队，同情地倾听士兵们对飞机的抱怨，然后问道，他是否可以驾驶其中的一架。

起初，他顺利地进行操作。突然，其中的一个螺旋桨飞快地旋转起来

——本来B—26有两个发动机，而这意味着飞机的起飞只用了一个发动机。于是，他用一个发动机着陆，然后又重新起飞，只用一个发动机来重复刚才的操作，最后顺利着陆。

"唔，"他对飞行员说，"这不是美国能够制造的最好的飞机，但我想它们还是可以完成任务的。"

二战期间，B—26型飞机继续在战争中使用，并且取得了很多战役的胜利。杜利特尔将军是由预备役军官晋升为四星级将军的第一人。

让他负责，就要给他权力

……日夜拼命干的领导者，一方面，不但自己忙得团团转，而一方面，部下被夺去了应有的权力，其积极性大受挫伤。

领导者是部门的行政长官，处于部门中心的地位，在权力的运用上，应做到大权独揽，小权分散。任何领导者，对那些全局性的、重要的、关键的、意外的问题必须亲自处理外，对那些局部的、次要的、一般的、正常的工作，则尽可能地让部下去处理。如果领导者做工作不讲科学，一味蛮干，忙忙碌碌，到头来很可能"拣了芝麻，丢了西瓜"。古今中外领导者在集权和侵权问题的处理上，留下了许多经验和教训。

西汉丞相陈平，有一次皇帝问他："全国一年判决多少案件，收多少钱粮？"他回答："这些事，可问主管部门。丞相只主管群臣，不管这些事。"

诸葛亮被后世誉为智慧和聪明的化身，但他的致命弱点便是"政事无巨细，咸决一亮"。他为了报答刘备的知遇之恩，完成先帝的托孤之重，"寝不安席，食不甘味"，"夙夜忧叹"，终于积劳成疾，只活了54岁就谢世了。连他的对手司马懿也曾预料到："食少事烦，岂能长久？"后人在推崇他"鞠躬尽瘁，死而后已"的敬业精神和运筹帷幄的超人才华之余，又对他事必躬亲的作风予以批评。把大小事情都自己揽过来，日夜拼命干的领导者，一方面，不但自己忙得团团转，甚至像诸葛亮那样累死，而一方面，部下被夺去了应有的权力，其积极性大受挫伤。《韩非子》中有一事例：

中山国相国乐池，奉命出使赵国，为了管好队伍，他在门客中选出一个能干的人带队。走到半路，车队不听指挥乱了行列，乐池责难那个门客说："我认为你是有才能的人，所以叫你来带队，为什么弄得半路上就乱了阵脚？"那门客回答："要管好队伍，就要有职有权，能根据各人的表现对他实行必要的奖惩。我现在是下等门客，你没有授给我这方面的职权，出现失误为什么要怪我呢？"

所以，领导者要腾出精力、时间抓大事。掌控全局，就必须使用分权术；要想调动部下的积极性，就必须坚决授权。授权，用一句通俗易懂的话来说，就是领导者将应属于部下的权力授给部下。对领导者来说，授权是应该掌握的一项基本的领导技能。

不要担心别人超过你

……许多人常常吝于与人分享，深恐别人知道自己的成功方法，将会超越自己。如此一来，使自己丧失了再成长、进步的氛围与动力。

美国有一位农场主，由于他的勤奋与智慧，使得他所种的农作物每一年都能获得当地农会竞赛的最高荣誉"蓝带奖"，而得奖后他也一定将他所获奖的最佳品种分送给他的邻居们。

大家都觉得奇怪，难道他不怕别人获得了他得奖的品种，会在下一次的比赛中胜过他吗？对此，他微笑着答道："我无法避免因风吹而使邻居的花粉飘到我的田里。倘若我不将好的种子分给每个邻人，那么飘过来的花粉不好，也必然会使我的田地产不出好的品种，唯有我周围的品种都是好的，才能保证我的田里产出最好的品种。而我在得奖之后，不会就此松懈偷懒，坐享其成，仍然会继续努力研究改良，因此我能连续不断地获得最高荣誉，因为当别人赶上我去年的水准时,我早已又往前迈了一大步。所以我从来不担心别人超越我,相反,若有人超越我,将带给我精益求精的动力,让我追求更大的进步空间。"

许多人常常吝于与人分享,深恐别人知道自己的成功方法,将会超越自己。如此一来,使自己丧失了再成长、进步的氛围与动力。

站在对方的角度思考

……任何人都最关心自己的利益。所以,你要多多考虑对方立场,把问题的焦点放在"对方的利益"上。

假如你想说服别人,让他有所行动,就必须让他了解你的主张到底能带给他什么利益。你应该告诉他,这个主张和你没有关联而是与他息息相关,它能够直接或间接地带来某些利益,或者是替他解决某些问题。不这样做,便很难诱发别人对你的主张采取任何行动。

除非你表示这件事能使他获得利益,否则尽管你有充沛的热忱,尽管你把主张浅显易懂地向他表达,他还是不会同意你。

有一回,有一位推销员向一位老太太推销一套暖气设备。

这位推销员很热心地为老太太说明暖气设备的构造、特征、性能等优点。当他滔滔不绝地说完而喘一口气时,老太太对他说:"年轻人啊!我请问你,这个东西能让我取暖吗?"

被认为最懂得说服别人技巧的曾任美国总统的亚伯拉罕·林肯,在100年前就曾经说过:

"当我和别人谈判时,我用2/3的时间考虑对方的主张,以及他可能将要提出来反驳我的理由,剩下的1/3的时间,才考虑自己的主张。"

任何人都最关心自己的利益。所以,你要多多考虑对方立场,把问题的焦点放在"对方的利益"上。否则,纵使你懂得许多说服别人的技巧,你也不可能奏效。

礼贤下士

……平易近人，自古都是人们崇尚的美德。特别是领导者，在成功的光环下，真做到这一点很不容易。

在与部属相处的过程中，领导者若要受到部属的尊重和拥戴，礼贤下士、不摆官架子也是一个重要因素。

早在大革命时期，苏区有一位绰号叫"罗瞎子"的农民担任了乡政府主席。有一次，毛泽东路过这个乡，找到"罗瞎子"等几位乡干部搞调查。当问到乡主席的姓名时，他竟自报家门叫"罗瞎子"。毛委员失声笑着追问他的真名，他说："从小就这么叫惯了，如今在乡政府里当主席，更不能叫官名。要不，人家会说我摆架子哩！"毛委员赞扬说："说得好，'苟富贵，毋相忘'，就是日后革命成功了，我们也不能像陈胜那样忘了与自己共患难的父老兄弟。""罗瞎子"高兴地摇着毛委员的手说："要是你以后当了皇帝，不，要是革命成功了，你管理天下，我该怎样称呼你呢？"毛委员紧握着"罗瞎子"的手，用力摇了几下，爽朗地回答说："那你照样喊我'老毛'就是！""罗瞎子"说："我记着你的话了。"

新中国成立以后，有一年，"罗瞎子"被选为出席全国劳模大会的代表，光荣地来到北京。

会议期间，毛主席和中央领导同志要在怀仁堂接见全体代表。考虑到中央首长工作繁忙，大会工作人员要求代表们见到毛主席后，最好每人只说一句心里最想说的话。第二天，怀仁堂的接见开始了。当毛主席走近代表们的时候，"罗瞎子"却突然大声说了这么一句话："老毛，你咯胖呀！"这句话使周围的代表们大为吃惊。毛主席也微微一愣，随即很快地认出来了。他亲热地朝对方肩上打了一拳："'罗瞎子'是你呀！""罗瞎子"激动得眼泪直往下掉："老毛，你到底还记得我这个小萝卜头？"毛主席哈哈大笑："咯还记不得？'苟富贵，毋相忘'嘛！"

德国军事研究中心出版了一本《铁腕将军》，其中阐述一个这样的论点：

作为一位高层军事领导，值得重视的是要把关心士兵放在首位，士兵们才是冲锋陷阵的枪手，要把关心士兵看作是最重要的工作。假如只剩下一块纱布，那就应该先绑好受伤士兵的腿，这比绑好军官一只受轻伤的胳膊重要得多。假如只有一碗米，那么就应该让疲惫不堪、饥肠辘辘的士兵们分享。如果有一副担架，就应该抬那些受了重伤的冲锋陷阵者，而不是留作军官享用。

那么，在企业当中也是如此，你时刻以一个领导者的身份出现，摆领导者的姿态，员工就会对你敬而远之。

重赏之下，必有勇夫

……也许大多数人都会说：这不是钱的问题。如果不是钱的问题，又会是什么问题呢？是重视？是信任？如果没有一定量的薪水，那么重视与信任又何来呢？

所有员工，都希望自己能从工作中获得满足。工资待遇是满足其生存需要的重要手段。有了工资收入，不仅感到生活有保障，而且还是社会地位、角色扮演和个人成就的象征，具有重要的心理意义。

工资激励必须贯彻劳绩挂钩、奖勤罚懒的原则。工资水平与劳动成果挂钩，使升了级的满足，升不了级的服气。

奖金是超额劳动的报酬，设立奖金是为了激励人们超额劳动的积极性。在发挥奖金激励作用的实际操作中，应注意以下三点：

一是必须信守诺言。不能失信于员工，失信一次，会造成千百次重新激励的困难；

二是不能搞平均主义。奖金激励一定要使工作表现最好的员工成为最满意的人，这样会使其他人明白奖金的实际意义；

三是使奖金的增长与企业的发展紧密相连。让员工体会到，只有企业兴旺发达，才有自己奖金的不断提高。

奖金永远是激励士气的有效工具。没有资源配置，"又要马儿跑，又要马儿不吃草"，既要别人忠心，自己又没有诚心、诚信，这样一来战略管理、绩效管理就成了无源之水、无本之木。

不要轻易就把压力讲给下属听

……干工作就会有压力，这是毫无疑问的。但管理者的压力就是你自己的事情，你要自己想办法解决。

企业的各级管理者，尤其是中高级管理者，感受到压力之后，往往不自觉地把自己内心的压力传染给被管理者，使他们也感染上压力，这种做法是要不得的。因为，当被管理者成为压力"携带"者时，他们会以诸多的"管理难题"形式把压力再返回到管理层。如此一来二去，管理者与被管理者之间的压力传染会越来越强化压力的程度，越来越使压力原因复杂化。

干工作就会有压力，这是毫无疑问的。但管理者的压力就是你自己的事情，你要自己想办法解决，不要动不动就把压力讲给下属听。言为心表，"言说"是心理和情绪的反应。管理者的压力，会变成压力性的"言说"在管理活动中传染给被管理者。权力或者影响力越大，他们传染压力的面积和深度就越大、越深，而且占据着传染压力的主导位置。

对于被管理者，工作中在他们感到有压力的时候，管理者的"言说"自然就成了他们认为的压力源。压力是一种不安全的感觉。对来自管理者的压力，被管理者本能地有一种抵抗的冲动。抵抗是下属面对压力进行自我保护的本能。他们常常以推卸责任、阳奉阴违、离职跳槽、弄虚作假、消极怠工、假公济私、斤斤计较、你争我夺等方式进行抵抗。

对于下属的抵抗，管理者感到一种管理压力，于是继续施加或者增加压力。在管理者与被管理者的压力对抗中，时间、精力、机会、激情都被内耗掉。俗话说，狗咬狗一嘴毛。压力对抗中，管理者与下属必然是两败俱伤。

很少有管理者意识到，下属这种种破坏工作的行为，正是他们对来自管理者压力的抵抗。有些管理者认为，自己对下属的批评是有依据和充分理由的：发脾气，是因为对下属的工作错误屡教不改而忍无可忍；高要求，是为了促进下属的进步和成长；不信任，是因为下属的工作能力总是令人不放心；怀疑，是因为下属不够忠诚……

哪怕你的理由完全充分，这种做法也未必能收到良效。管理者理应有承受压力的足够能力，而不是动辄把压力转移给下属。

奖得多，不如奖得及时

……"要想达到最大的诱导效果，你应尽可能在行为发生后立即加以肯定与奖励。"及时的一个微笑，胜过事后的千言万语。

有位教育家曾经说："我们若不断地赞扬年轻人，他们必会产生自信，此时，我们便予以严格的督促。这样，他们仍会对自己的能力深具信心，因而能够摆脱低落的情绪，接受更进一步的指导。"赞美本身对于指导下属确是一项极为有用的手段，只需看准时机，适时地对下属加以赞美，往往可使下属工作的效率大为提高。

一般说来，当下属工作顺利时，上司容易认为那是理所当然的，下属由于在感情上较少有所起伏，而变成对工作漠不关心。反之，在下属成功时，如果能够适时地给予赞美，则其学习意愿相对地也会提高。

在职业球赛中，大部分的关系机构均会提供大笔奖金，作为争取冠军的诱饵，因此说正是针对"即时确认"效果所作的安排。早期的美国福克斯公司，急需一项重要的技术改造。一天深夜，一位科学家拿了一台确能解决问题的原型机，闯进总裁的办公室。总裁看到这台原型机非常精妙，简直令人难以置信，琢磨着该怎样给予奖励。他弯下腰把办公桌的大多数抽屉都翻遍了，总算找到了一样东西，于是，他对那位科学家说道："这个给你！"

他手上拿的竟是一根香蕉，而这正是他当时能拿得出的唯一奖品了。

自此以后，香蕉演化成小小的"金香蕉"形的别针，作为该公司对取得科学成就的科研人员的最高奖赏。由此看出，美国福克斯公司领导对及时表扬的重视程度。

对于下属员工，不管是多么小的构想，或微不足道的用心，只要一发现，就给予他适当的奖励。即使是简单的一句"谢谢"，也能让他感觉到上司的关怀，可促使他更加努力去工作。

不要指望感恩

……忘记感谢乃是人类的天性。如果我们一直期望别人的感恩，多半是自寻烦恼。

你如果送你亲戚 100 万美元，他应该会感谢你吧？安德鲁·卡内基就资助过他的亲戚。不过，如果安德鲁·卡内基能重新活过来，一定会很震惊地发现：这位亲戚正在诅咒他呢！为什么呢？因为卡内基遗留了 3 亿美元的慈善基金——但他只继承了 100 万。

人间之事就是这样。人性就是人性——你也不用指望会有所改变。何不干脆接受呢？

我们天天抱怨别人不会知恩图报，到底该怪谁？这是人性——还是我们忽略了人性？不要再指望别人感恩了。如果我们偶尔得到别人的感激，就会是一个惊喜。如果没有，也不至于难过。

忘记感谢乃是人的天性。如果我们一直期望别人的感恩，多半是自寻烦恼。

对于你的下属而言，你发放的工资与奖金并不能让他们感恩戴德。所以，你没有必要怨恨任何一个人。

防止出现人才断层

……一个企业要想获得长期而稳定的发展，仅仅依靠一位优秀的管理者是不够的。

史蒂夫·乔布斯，苹果公司前任总裁，在过去的很长一段时间里，他几乎就是苹果公司的代称。在他的带领下，苹果公司获得了极大的发展，成为业界的一个重要的商业标志，其产品为人们所认可和喜爱。如今，苹果公司却面临着一个重大的问题。业界专家在乔布斯没辞职前分析苹果的未来发展时就提到："重要的不是苹果的现在，而是乔布斯之后，谁能够继续带领苹果前进？"的确，接班人问题已经成为苹果公司最重要的问题，它将严重影响到公司以后的发展。

一个企业要想获得长期而稳定的发展，仅仅依靠一位优秀的管理者是不够的，即使优秀的如乔布斯一样的管理能人，也要面临退休问题。因此，企业要及早建立和完善接班人的培养制度，这是保证企业长久发展的重要前提。

英国宇宙航行组织总裁奥斯汀·皮尔斯，曾经就此提出过自己的观点："企业要追寻有效的经营发展前途，未来继任的人选是相当重要的。公司的执行主管应该将该问题提升到与企业财务收支同等重要的地位上，这是让企业逐渐走上正轨的前提。"这就是"皮尔斯定律"。它给企业提出了一个重要课题：企业要想发展得更好，就应当建立一个有效的接班人制度，这样才能够保障企业持续的竞争力。

在这一点上，通用电气的总裁杰克·韦尔奇和皮尔斯不谋而合。韦尔奇曾经说过："高效的领导者都应该意识到，对他们领导能力最终极的考验，就是要看他们能否获得持久的成功，而这需要不断地培养接班人才能完成。"正是基于这一点，韦尔奇65岁时就交出了自己的指挥棒，他亲自挑选的继任者伊梅尔特成为通用电气的新总裁。这一决定在当时让很多人不理解。人们认为，韦尔奇正值自己职业生涯的巅峰状态，这样急着退休未免太过可惜。但韦尔奇自己并不这么看，他将此视为通用电气发展的必然："我决定退休，并不是因为我对工作已经产生厌倦或我的年纪太大，而是因为我在这个位置已经待得太久。我不可能永远在公司工作下去，公司需要一个新的领导人来带领人们前进。如果日后公司有任何一点成功的话，希望是我的这个决定带来的。"

管理者建立的接班人培养制度，可以有效地帮助企业避免在今后的发展过程中遭遇到管理人才断层的尴尬，一如今天的苹果公司一样。著名的快餐公司肯德基，就规定了管理者必须要先培养好自己的接班人之后才可能升职，原因自然也是为了防止出现人才断层的问题。

对一个企业的发展来说，建立接班人制度意义重大。它能够保证企业的人力资源储备不至于出现断裂，也能有效地降低员工因辞职或离职后造成的损失。人才是企业发展的基础，只有让源源不断的人才来为企业服务，企业才能够走在健康经营的轨道上。

给下属明确的指示

……不是所有的人都和你一样内行和聪明，任何时候都要慎用"我以为"。

1941年，第二次世界大战让美国全民行动起来。由于飞机的大量生产，人员出现了短缺，飞机制造公司尽量雇用刚刚毕业的大学生做工程师。不幸的是，这些公司的领导者有一些没有受到领导能力方面的适当培训。西雅图波音飞机制造公司一名新上任的工程师主管接收了5名新近毕业的工程师。在他们工作的第一天，他习惯地给他们一个接一个地分派工作。他没有向他们解释，也没有问他们有没有什么问题。

他递给其中的一个工程师一大叠铝合金 B-17 型发动机"蓝图"模板。他告诉这位新工程师："你把这些模板清洗干净，不要有一个污点。我要求你在今天下午完成这项任务。好了,去干吧!"

这些"蓝图"模板是铝合金凸版,是发动机制造和组装说明书。它们是印制图纸的模板。这些图纸是用于生产线上的。这种铝质"蓝图"沾上了墨和润滑油,这是在使用过程中弄脏的。主管的意思是清理这个价值昂贵的模板上的墨迹和润滑油。主管要求把它们洗得干干净净,"上面不留一丝污点"。

这个粗心的工程师没有领会主管的意思。他拿来几张"布里洛"牌砂纸,费了九牛二虎之力打磨这些金属板,直到它们熠熠发光为止,把模板上的重要凸字悉数擦掉。在那天下班之前,他非常自豪地将它们呈交给总监。他当即就被解雇了。

做事先做人

……领导者要想做好管理,必须先从自我的修炼与提高开始,只有这样,才能达到人格的完美与事业有成的双重成功。

管理的最高境界是"内圣而外王",要想"外王",必须先要"内圣",是内圣成就了外王——需要注意的是:内圣与外王,是不能够颠倒次序的,即要先内圣,而后才能外王。这就是中国式管理哲学的逻辑,具体地表达出来,就是:"欲治其国者,先齐其家。欲齐其家者,先修其身。欲修其身者,先正其心。欲正其心者,先诚其意。欲诚其意者,先致其知。"

一言以蔽之,就是做事先做人。领导者要想做好管理,必须要先从自我的修炼与提高开始,只有这样,才能达到人格的完美与事业有成的双重成功。

从另一个角度来说,领导者事业成功可能是一个点的概念,在人的一生中,会有很多的机会去完成"事业",但所有的成功都是阶段性的。而领导者人格的完善与圆满,则需要毕生的精力来修炼,以便破除自己的局限,纠正自己的不足，使得内心圆满和成熟。

明代著名的哲学家王阳明先生，曾经给他的学生杨仕德写信说："破山中贼易，破心中贼难。我来铲除鼠窃毛贼，没什么了不起的；你们扫荡心腹之寇，以收廓清平定之功，这才是大丈夫不世之伟业。"这里的"心中贼"，所指的就是人们都可能具有的不足与缺陷，破除心中贼的过程，实际就是追求内圣的一个过程，必须进行持续的历练和提升，才能有所成就。

热烈欢迎，也要热烈欢送

……辞退员工应尽量及时公开辞退理由，以免引起在职员工的胡乱猜测，影响正常的工作秩序。

辞退员工应尽量及时公开辞退理由，以免引起在职员工的胡乱猜测，影响正常的工作秩序。此外，在被辞退员工离开时应当尽量做到让他体面地离开，领导要尽可能出席同事为其开的送行会，并在会上对其为公司所做出的贡献进行总结。

开送行会，不单是考虑被辞退人员，更重要的是向在职员工展示公司良好的企业文化，增加向心力。某集团花几年时间从知名公司聘请了一名总经理，来的时候迎接场面非常隆重，而辞退时，公司高层私下通知不准领导人员参加送行会，并且在半个月后才给各分公司下发了一个正式通知。尽管各分公司的领导者通过各种渠道事先获得了该消息，但在这半个月内大家纷纷猜测辞退总经理的原因，许多生产、营销工作几乎陷入瘫痪。该集团此种处理方式，也让在职的外聘领导人员感到极为不安。

很多企业对被辞退者抱有一种人走茶凉的态度，并对他们枉加批评，把许多罪状统统按到被辞退者头上，总以为反正人都走了，背点黑锅也无所谓。其实不然，员工的眼睛是雪亮的，在职员工会对领导者的道德做评价。

辞退员工后不但不应"人走茶凉"，而且应当与被辞退人员保持密切联系，随时欢迎被辞退者吃"回头草"。在节日打个电话给被辞退人员，也许会有意想不到的收获。被辞退人员往往在离开公司后会对公司的领导、营销、生产等有更理性的建议和意见，而且一般对原公司都有一种怀旧情结，很乐意帮助原公司。关心被辞退员工不但能让企业得到实惠，更重要的是让在职员工有一种归属感。

强制留人是双输的愚蠢行为

……领导强制留人，留得住下属的人，却留不住下属的心。

有这样一个寓言故事：

一天傍晚，A牧羊人和B牧羊人在把羊群往家赶的时候，惊喜地发现每家的羊群里都多了10多只，原来是一群野山羊跟着羊群跑回来了。

牧羊人A想：到嘴的肥肉不能丢。于是扎紧篱笆，牢牢地把野山羊圈了起来，不容它们再踏出篱笆一步。牧羊人B则想：对待这些野山羊好点儿，或许能引来更多的野山羊。于是他给这群山羊提供更多更好的草料和自由空间。

第二天，怕野山羊跑了的A牧羊人只把自家羊赶进了茫茫的大草原。B牧羊人则把自家羊和野山羊一起赶进了茫茫大草原。

到了夜晚，B牧羊人的家羊又带回了30多只野山羊，而A牧羊人不仅没有得到一只野山羊，反而只剩一只老家羊跑了回来，其余家羊再也没有回来。

A牧羊人非常愤怒，大骂跑回来的那只老家羊无能。老家羊怯怯地说："这也不能全怪我们，那帮野山羊都知道一到我们家就被圈起来，失去了自由的权力，谁还敢到我们家来呀！"

领导强制留人，留得住下属的人，却留不住下属的心。

某三资企业好不容易招聘到的几名德语翻译突然提出辞职，中方管理人员坚决不同意，因为合同未到期，放走几个人会跟走一大批。问题反映给外方总经理，总经理批示很简单："凡是要走的员工都应该同意他们走，强制留人，心情不舒畅，是做不好工作的。"走时，总经理专门开了个欢送会，送给每人一张名片，表示以后有困难可以找他，愿意回来也可以。一席话说得他们热泪盈眶，以后果然大家又回到这家企业，并且还引荐了几个人。

强制留人，不但对下属不利，对自己也不利，实际上是一种愚蠢的双输行为。

让你的管理"扁平化"

……不要总是高高在上地发表评论，没有深入生活的调查，就没有发言权。

在现代企业的经营中，一些必要的信息需要及时传达，就如同军队的情报，往往越是及时，越有价值。

但是绝大多数的管理模式是一个金字塔状的结构，高层管理者位于金字塔顶，他们的指令通过一级一级的管理层，最终传达到执行者；基层的信息通过一层一层的筛选，最后到达高层管理者。

但知识经济和信息时代的出现，已经对传统企业的价值观念、管理体制、营销方式等提出全面挑战，企业组织架构也将面临新的挑战。一是企业组织规模越来越庞大，企业管理层次已经多得难以有效运作；二是外部环境的快速变化要求企业快速应变，具备极强的适应性。而管理层次众多的层级结构所缺少的恰恰是一种对变化的快速感应能力和适应性。因此，我们必须改变金字塔式的层级结构，减少中间的管理层级，采用扁平化的组织结构。

所谓扁平化模式，是指通过减少中间层次，缩短经营管理通道和路径，增大管理宽度和幅度，促进信息传递与沟通，从而提高经营管理效益与效率的企业组织模式。扁平化组织的特点是：管理层次少，管理费用低，管理跨度大，信息沟通时间少，历程短。扁平化趋势表现在渠道层级减少、渠道缩短，管理幅度大大增加。

恐龙之所以在地球上灭绝，就是因为它们体格过于庞大和臃肿，它们高高昂起的头已经看不清楚地面上发生的情况了。反而，体格偏小却灵活的老鼠呀蚂蚁呀，却一直繁衍不息。如今瞬息万变的市场，管理的扁平化已经势在必行。

谁都不喜欢改变自己的决定

……谁都不喜欢改变自己的决定，也不可能在强迫和威胁下同意别人的观点，但人们肯定愿意接受态度和蔼而又友善的开导。

罗宾逊教授曾经说过："人有时会很自然地改变自己的想法，但是如果有人说他错了，他就会恼火，更加固执己见；人有时候也会毫无根据地形成自己的想法，但是如果有人不同意他的想法，那反而会使他全心全意地去维护自己的想法。不是那些想法本身多么珍贵，而是他的自尊心受到了威胁……"

卡耐基先生也讲过自己的亲身经历：

"有一次，我请一位室内设计师为我布置一些窗帘。等到账单送来后，我大吃一惊：费用远远超过了我所预计的。过了几天，一位朋友来看我，问起窗帘的价格，我告诉他以后，他说：'什么，这太过分了！他占了你的便宜了！你怎么会上当的呢？'

"我吃了亏吗？是的，他说的是实话。可是，没有人肯听别人否定自己的判断力的实话。作为一个凡人，我开始为自己辩护了。我说：'好货总有好货的价钱，你不可能以便宜的价钱买到高质量的东西。'

"第二天，另一位朋友也来拜访，他赞叹那些窗帘，表现得很有兴趣。他说要是负担得起的话，也希望在自己的家里布置上这样的窗帘。我反应完全不一样了，我说：'说实话，价钱太高了，我也负担不起，我后悔订了这些窗帘。'我甚至为自己的坦白和直率而自豪起来。"

可见，如果对方处理得巧妙而且和善可亲，我们也会承认自己的错误。但是，如果把难以下咽的事实硬塞进我们的食道里，结果就适得其反了。

谁都不喜欢改变自己的决定，也不可能在强迫和威胁下同意别人的观点，但人们肯定愿意接受态度和蔼而又友善的开导。

300多年前，意大利天文学家伽利略说："你不可能教会一个人任何事情，你只能帮助他自己学会这件事情。"

与其喊破嗓子，不如做出样子

……有以身作则，以实际行动去影响人、激励人，才能起到事半功倍的效果。

榜样激励在古今中外一直都行之有效，它是一种行为激励。通过榜样的示范来规范、引导下属的行为，从而形成合力，趋向共同的目标。运用榜样激励需要掌握以下几个方法和技巧。

首先，要树立不同的榜样，公务员有公务员的榜样，企业管理人员有企业管理人员的榜样，知识分子有知识分子的榜样；青年有青年的榜样，中年有中年的榜样，老年有老年的榜样。各行各业、各个年龄层次、各个地区、各个部门都有自己的榜样。这样一来，人们对他们感到熟悉、亲切，具有可比性，就愿意向他们学习。

其次，树立榜样要实事求是，要真实可信。人为地拔高、过分地美化，不仅不能加大榜样的影响，反而会削弱榜样的力量。

最后，榜样不应终身制，不能几十年都是那一个榜样。时代在发展，社会在前进，环境变了，榜样也应随之更新。

在海尔，常听见"云燕镜子"、"晓玲扳手"等一些奇怪叫法，那是以员工名字命名的发明创造。这样做，一是对员工发明创造的认可，二是树立一个榜样，号召广大员工向他们学习。

宗庆后分析国民党为什么失败、共产党为什么成功时说，国民党的官喊的口号是"给我上",士兵在流血,他们在花天酒地。而共产党的口号是"跟我上",将军和士兵一起在枪林弹雨中冲锋陷阵。结果是国民党退守台湾,共产党的红旗插遍全中国。

宗庆后在工作中以身作则、率先垂范,居高位而不忘工人。他说,一个住五星级宾馆的老总怎么与工人对话?

榜样的力量是无穷的,与其喊破嗓子,不如做出样子。只有以身作则,以实际行动去影响人、激励人,才能起到事半功倍的效果。如果不学无术,夸夸其谈,说得多,做得少,就会使下属失望,挫伤下属的积极性,导致离心力增强。

"其身正,不令而行,其身不正,虽令不从。"领导者在树立榜样的同时,也要注意以身作则,以自己的行动去带动别人,实际上这是对越轨行为的无声批评,其效应是正面批评无法代替的。

用好外行人

……技术太好的人往往更容易陷入技术的误区,目不斜视,心无旁骛,成为一个"唯技术论"的技术狂人。

一位开发了手写识别软件的外国人,不太会讲中文,只会写有限的几个歪歪扭扭的汉字,但是他开发的中文手写输入软件却占据了很高的市场份额。

有人问他:"在开始的时候你们为什么不开发自己熟悉的英文手写输入,而是直接选择这么困难的中文?"他愣了一下,随即一本正经地说:"因为英文不需要手写输入,用键盘输入就可以了。"

虽然道理显而易见,但是现在还是有很多的人在做与"英文手写输入"类似的无用功。

中国是个盛产技术天才的地方,但是从另一个方面看,技术太好的人往往更容易陷入技术的误区,目不斜视,心无旁骛,成为一个"唯技术论"

的技术狂人。

技术外行的人反而能够"旁观者清",容易跳出过于追求完美技术的牛角尖,全面而宏观地看待问题。

注意那些口碑极好的普通人

……好的名声是你一生的财富。

善识才者,应时刻保持清醒头脑,有自己的独立见解,不受"语浪言潮"所左右。对于已成名的显赫人才,不跟在吹奏赞扬声的后面唱赞歌,而应多听一听反对意见;对于未成名的潜在人才所受到的赞誉,则应留心在意。人们对他吹捧没有好处可得,所以,人们对潜人才的称赞是发自内心的,是心口一致的。

用人者如果听到大家对一位普通人进行赞扬时,一定要引起注意。古往今来许多人才都是用人者听到别人的赞誉而得知的。刘备就是听到人们对诸葛亮的赞誉而"三顾茅庐"请得贤才的;周文王也是在百姓的赞誉声中得知渭水边的贤才姜太公的。潜在人才多出身卑微,而出身卑微的人一旦受到人们的赞誉,就是其价值得到了"民间"的承认,用人者就要大胆启用。

有良好口碑的员工,肯定有他的过人之处。

记住失败者的名字

……失败者一样也曾为了某个目标而艰辛地跋涉着。他们付出的并不比别人少,甚至比成功者还要多。

古往今来,胜者为王,败者为寇,似乎成了亘古不变的真理。其实,这种所谓的"真理"往往是人们自身铸就的。

成功者,是因为他们付出的汗水和心血比别人要多,因此,他们理应得到鲜花和掌声,这也无可非议。但是,那些失败落魄之人呢?有谁曾想到过他们?

他们一样也曾为了某个目标而艰辛地跋涉着。他们付出的并不比别人少,甚至比成功者还要多。但总是因为这样或那样不可预知的原因,屡屡与成功失之交臂。那么他们的付出,该不该得到回报?

有些领导,往往只看到了那些少数成功的下属,于是,便毫不吝啬地将自己所能想到的溢美之词全部赠送给了他们。但是,对于大多数曾经辛勤工作并为之付出的"失败者",往往未加以重视,甚至忽略了他们的存在。所以,要记住那些失意的人们。

晋升太快,不利于人才成长

……一般来说,任何被大家视为上级特别厚爱的人,都容易招致大家的嫉妒和不满,甚至心理失衡,这种风气甚至会蔓延到整个组织。

不论你个人多么有才能,要成为一名高级主管人员,必须具有一定的经验,有协调沟通各类人际关系的熟练技巧,有处理应付各种复杂问题的知识、能力,晋升太快肯定没有这些技巧和能力,因此难免顾此失彼,并不利于本人成长。同时,一般来说,任何被大家视为上级特别厚爱的人,都容易招致大家的嫉妒和不满,甚至心理失衡,这种风气甚至会蔓延到整个组织。不管这种心理失衡正常与否,毕竟会影响大家的士气,应当尽量避免。

因此,晋升职务最好不要越过一个层级,尽量不越级提拔。另一方面要采取一系列过渡措施,让人才有相当程度的曝光,提高人才的威信和知名度。比如指派他完成公司最艰巨的任务,让其展示才能;在公司各种会议上扮演重要的角色,等等。

实际上,领导者也可以在不立即给予晋升的情况下重用人才。同时让人明白,虽然他是很有才能的,然而在这个组织中,任何晋升都必须等待适当的时机。为了不叫人才感到失望，双方可以达成默契，晋升不过是时间早晚的问题，太快了于事无补。

太快了固然会产生不良的影响，太慢了也可能导致失望、人才流失而造成损失。所以，有个过渡阶段更好！要把握住破格提拔的"度"，不可由一个极端走向另一个极端。

给下属留点发挥的余地

……信任是人与人之间交往的前提，给下属留下一个做得更好的空间，这个世界上毕竟不是只有领导者才有智慧。

某一蛋糕制作厂家，在其生产的方便蛋糕的包装纸上标明："不用加牛奶，只要加水即可"，可是销售情形并不理想。因为一般家庭主妇都习惯了由自己加入牛奶或添加其他材料来制作蛋糕。她们觉得用厂家调配好的材料制作的反而不好吃。

也就是说主妇们想表现出自己的"手艺"，认为只有自己亲手加入各种材料才能制作出可口的蛋糕。于是，厂家改变了产品的调配方式，让家庭主妇们有机会自己加牛奶或鸡蛋等材料，并且以此为特点进行了大力的宣传，结果销售量大幅度增加。

上司向部下分配工作时，如果指示得过于具体，有时反而不好。一位懂得基层人员心理的上司，在向部下分配工作时，要充分考虑到部下的自尊心，留一些可让部下发挥自己的创造力的余地，部下才会积极主动地完成任务。

也就是说，如果你把自己当成博学多才的亚里士多德，把对方当成一文不名的傻子，那么对方会本能地增强对你的防卫心理。

扶他上马，再送一程

……只有你一手培养出来的人才，才会死心塌地为你效力。

一般的主管，对于年轻人总怀有戒心，通常总喜欢留住他们而不给予重用。要知道，这样是有碍人才发展的。

正确的做法是：对于真正有才华的年轻人，应该是一开始，就把他们当成能独当一面工作的人，委以重任，让他们有机会去表现自己的能力。万一失败了，就要让他们负起责任，或查明有关原因或处理善后工作。总之，这一切责任都要由他们一肩挑起，如此，才容易促进他们的成长。若是他们成功了，自然就给予其应得的奖励。

提出问题，而不是简单地下命令

……提出问题可能比下命令更易使人接受。

当生产难题摆在大家面前的时候，是不是简单地下道命令让大家去解决就完事了呢？过去的经验已证明了它不是这么回事。提出问题可能比下命令更易使人接受。并且，它常常激发你所问的那个人的积极性。如果人们参与了下达一个命令的决策过程，他们就有可能接受这个命令。

南非约翰内斯堡有一个专门生产精度机床零件的小制造厂。有一次总公司老板伊安·麦克唐纳有机会接受一笔很大的订货，但是他深知自己无法满足预定的交货日期。车间的工作是早已计划好的，这批订货所需要交货的时间太短，以至在他看来接受这个订单似乎是不可能的。

他并没有为此催促人们加速工作突击生产这批订货，而是把大伙儿召集在一起，向他们解释一下面临的情况，并且告诉他们，如果他们能够近期完成这批订货的话，对于公司和他们将意味着什么。

然后他开始提出问题：

"我们还有什么别的办法处理这批订货呢？"

"谁能想出其他的生产办法来完成这笔订货？"

"有没有办法调整我们的工作时间或人力配备，以便有助于突击这批活儿？"

雇员们七嘴八舌提出许多想法，于是这批订货被接受了，而且近期交了货。

赋予下属更大的权力

……作为管理者，你所要做的工作只是宏观把握，高瞻远瞩，而不是关心那些具体的细枝末节。

清康熙年间，乘吴三桂、耿精忠、尚之信先后起兵反清之际，占据台湾的郑成功之子郑经也渡过海峡，占领了泉、漳、温州等地。消息传到北京那天，康熙皇帝正率领诸皇子在畅春园练习射箭。康熙得到报告后，似乎毫不在意，继续教皇子们射箭，只说了句"知道了"。不一会儿，战报又来，说郑氏军队正在攻打台州。康熙仍然没有停下来，轻描淡写地说："知道了。"又过了一会儿，战报带来了更坏的消息：整个台州失陷了！康熙皇帝仍然不慌不忙地指挥皇子们射箭。诸皇子都沉不住气了，放了弓矢跪在康熙的面前，请求父皇降旨，指挥却敌。康熙镇静自若，唤起了诸皇子，要他们继续练习射箭。皇子们不敢抗旨，但心里充满了疑惑。

射毕回宫后，康熙把皇子召到跟前，对他们说："福建离京有数千里之遥，消息传递需要时间不说，盲目地指挥前方的将领，那圣旨怎能完全符合当地的情形呢？前方督抚如果不遵旨而行吧，是违抗圣旨；遵旨而行吧，就难免误事。平时派遣督抚镇守地方，就是为有事让他们及时采取相应对策。如今不降旨，正是为了让督抚便于行事啊。"

诸皇子恍然大悟。

不久,"三藩之乱"平息,台州也被收复,郑氏军队全部撤回了台湾。

作为管理者,你所要做的工作只是宏观把握,高瞻远瞩,而不是关心那些具体的细枝末节。因此,你所决定的只是告诉你的手下去做什么事,至于具体怎样去做,你应该放心地由属下去思考,切忌搞独断专行,不管大事小事,什么都是自己说了算,那简直是管理者最大的禁忌。

笼络人心不在钱

……金钱只能解决最根本的生存问题,要想真正地笼络人心,就要以情感人。

人不单单需要物质,有时还需要精神,这就是人与动物的区别。所以从古到今,凡大政治家或事业上的成功者无不把精神奖励当做激励属下的重要手段,相应的也就产生了奖牌、奖状之类的有别于物质的东西,如蒋介石的"中正剑",其价值并不在其剑本身,而是其剑给人带来的荣誉。于是乎,有多少将官为了那把不值钱的剑无辜地丧失了生命。

唐肃宗曾问功臣李泌:"将来天下平定,你打算要什么封赏?"

李泌说:"只要能枕在陛下的大腿上睡一觉就心满意足了。"肃宗听后大笑。

后来,肃宗驾临保定,李泌像往常一样,为肃宗打点好行宫,因久等肃宗不到,就先躺在自己的床上睡着了,等他醒来睁眼一看,自己居然枕在肃宗的大腿上。李泌大吃一惊,连忙跪地谢罪,肃宗搀住李泌笑问道:"现在爱卿的愿望已经实现了,天下何时才得平定?"原来,肃宗到来时,见李泌正在酣睡,就悄悄爬上床,把李泌的头轻轻放在自己的大腿上。

肃宗以一条大腿付出片刻之劳,令功臣感激涕零,效生死之劳,那简直太值得了。

造就一批后备人才

……你要选择有才干的下属,把所有他们力所能及的工作都交给他们做。

斯蒂纳斯在德国创造了一个庞大的集团,但是他没能成功地培训一批职员。整个组织,完全是以斯蒂纳斯为中心的。结果,斯蒂纳斯公司倒闭了,斯蒂纳斯的事业也成了历史。他死后,他公司的寿命竟然维持不到两年。

究其原因,就在于他没有对其死后的公司运营有一个准备——他没有造就一批可造之材。他的组织是建筑在海滨沙滩上的堡垒。

拿破仑犯的也是同样的错误。他也没能培养出一批得力的人才。年轻的时候,他对于一切事情,都能予以处理和解决。但是,随着年纪的增大,需要处理的事情不断增多,以他一个人的精力处理不了一切事务,他不得不把许多事务委托给他手下,但这些人并没有受过充分的训练。

他在莱比锡的失败,主要就是因为他手下的人在制定作战计划时疏忽了许多细节。以往他都是把一切事情先向下面的人交待好,他们只需照着做就行了,以至于在这种危急关头,他的手下阵脚慌乱,毫无一点指挥应变的才能,面对危机只能面面相觑,还在指望他来安排一切。

所以,你要选择有才干的下属,把所有他们力所能及的工作都交给他们做。

不要过早地确定接班人

……过早决定接班人,除了不利于自己今后的管理工作之外,还会影响其他人的士气。

对于公司经营发展前途,公司的后继接班人选是件相当重要的事。接班人问题，是任何公司都要面临的问题，只是面对的形式不同而已。领导者不论是有任职期限的还是没有明确任职期限的，都要在在位时物色培养好自己的接班人，否则在你任职期满或退休后，公司就会陷入混乱，甚至使公司一蹶不振。

接班人不应只有一个，而应是多数。当然，到最后只能有一个。但未到最后关头，不要做出这个决定。过早决定接班人，除了不利于自己今后的管理工作之外，还会影响其他人的士气。接班人如果已内定，再奋斗也就无价值了——这是一般人的想法。而且对接班者本人，也容易滋长骄傲情绪，甚至萌发野心提前"抢班夺权"，使一个原本优秀的人才毁于一旦。

要多选几个，告诉他们都有做接班人的机会，但要经过观察和锻炼。这几个人就会奋力争先，相互竞争。公司再以增强扩充个人的经验为由，不停地互调职位。这不但具有训练的效果，更会显露出各人的才能和短处。

可以在适当的时候给接班人独当大任的机会。看他是否会为所欲为。这种实习对接班人是绝对必要的。

不把人固定在一个岗位上

……起用那些拥有多种不同经历、喜欢标新立异的实干家。

在领导选用人才的过程中，应当清楚地认识到能力、人格等方面的因素。这在某些时候比专业知识和学历更为重要，因此要想招聘到理想的人才，还需要灵活把握选人的标准。

早在20世纪50年代，松下幸之助就认识到，公司应招聘适用的人才，学历或资历过高，不见得就合用。松下指出：各公司的情况有所不同，老实说，人员的录用，以适合公司为标准。"适用"这两个字是很要紧的。

20世纪60年代，日本著名企业家盛田昭夫的《学历无用论》可谓一鸣惊人。因为，当时的日本还沉浸在一种过于重视文凭的氛围中，盛田昭夫的这一创新使得索尼人才济济。

索尼公司不仅拥有众多的科技人才，同时还特别重视选拔和配备具有高度创新精神的经理班子。在选拔高级领导人员这个问题上，索尼从不录用那些仅仅能胜任某一具体职位的人，而是乐于起用那些拥有多种不同经历、喜欢标新立异的实干家。

索尼公司也从不把人固定在一个岗位上，而是让他们不断地合理流动，为他们能够最大限度地发挥个人的聪明才智提供机会。在这样的环境中，索尼公司的员工特别乐于承担那些具有挑战性的工作，人人积极进取，人人奋勇争先，使整个企业始终充满了生机和活力。几十年来的辉煌历程清晰地表明，索尼之所以取得巨大的成功，正是源于索尼的用人原则。

先别忙于收获

……人在进取的时候，最需要的不是收获，而是付出。那些忙于收获的人，无论是心态还是行为，都变形了。

中国激光照排的先行者王选曾说过："一个人老在电视上露面，说明这个科技工作者的科技生涯基本上结束了。"他还说："当我26岁在最前沿，处于第一个创造高峰的时候，没有人承认。我38岁搞激光照排，提出一种崭新的技术途径，人家说我是权威，这样说也马马虎虎，因为这个领域我懂得最多，而且我也在第一线。当年我在第一线，在前沿的时候不被承认，反而有些表面上比我更权威的人要来干预，实际上他们确实不如我懂得多。我现在到了这个年龄，61岁，创造高峰已经过去，我55岁以上就没什么创造了，反而从1992年开始连续3年每年增加一个院士，这是很奇怪的。院士是什么？大家不要以为院士就是权威，就是代表，这是误解。现在把我看成权威，这实在是好笑的，我脱离第一线已经5年了，怎么可能是权威？世界上从来没有55岁以上的计算机权威，只有55岁以上犯错误的一大堆。"

正如王选所说，有些经常露面的人已经没有后劲了。因为他曾经有过成就，人们尊重他，媒体需要他，社会也需要他的影响。于是，他也转移了自己的兴趣。是他的心态老了，自己感到已经没有后劲了，便顺水推舟，随媒体支配了。是他主动转移自身的注意力，从自己的职业领域转到了媒体上，他需要媒体的炒作。这样的人，不管他是否年轻，自然是没有后劲了。

不管是哪种情况，都说明，或者他已经不再把精力集中到自己的工作上，或者他已经缺少内容，而更需要形式了。

其实，人在进取的时候，最需要的不是收获，而是付出。那些忙于收获的人，无论是心态还是行为，都变形了。

频繁"跳槽"的人不成熟

……频繁"跳槽"的人不成熟，他们根本没有给自己一个准确定位，这样的人恐怕自己的公司也留不住，不如不用，免得双方都浪费精力。

现代企业的生存所面临的压力越来越大，其中一个主要的方面，就是来自于人才的频繁流动。这种高流动率，被一些理论家认为是忠诚度下降的一个表现。虽然，每个人都有权利寻求自己最合适的工作以及最佳的工作环境，但这的确为企业的发展带来了不少的负面影响。

甚至有些人为了某些利益，不仅到竞争对手那里工作，而且带走了原公司大量有价值的资料。这不仅极大地损害了公司的利益而且伤害了公司其他员工的情感，严重地影响了其他员工正常工作的心态。

一家著名销售公司的人力资源部经理说："我最担心的一件事情就是，我们辛辛苦苦为企业培训的员工，转身他就'跳槽'了"。一些企业领导者认为，他们不愿意录用一些频繁"跳槽"的人，他们认为频繁"跳槽"的人不成熟，他们不知道自己究竟应该做些什么，做什么更适合自己，或者说他们根本没有给自己一个准确定位，这样的人恐怕自己的公司也留不住，不如不用，免得双方都浪费精力。

另一位人事部经理说:"当我看到申请人员的简历上写着一连串的工作经历,而且是在短短的时间内,我的第一感觉就是他的工作换得太频繁了,频繁地换工作并不能代表一个人工作经验丰富,而是更说明了一个人的适应性很差或者工作能力低,如果他能快速适应一份工作,就不会轻易离开,因为换一份工作的成本也是很大的。"

无知是成功的大碍

……那些杰出人物和成功者之所以受到历史的偏爱,根本原因在于他们具有丰富的知识。

刘备三顾茅庐请出诸葛亮,但关羽和张飞却不以为然,称其为"山野儒生"。后来诸葛亮充分展示文韬武略,"白河用水"、"博望用火",用兵如神,以少胜多,打得曹兵大败,才使得关张另眼相看,佩服得五体投地,从此后对诸葛亮言听计从。具有高超智慧的领导者能够看透事物的本质,清楚事物间的联系,具有战略眼光,这样在领导活动中才能得心应手。

《战争论》作者克劳塞维茨说:"高超的智慧加普通的勇气,远比出众的勇气加普通的智慧有更大的作用。"非洲也有句谚语说得很好:"有钱的人能支鬼,有智慧的人能用神。"

那些杰出人物和成功者之所以受到历史的偏爱,根本原因在于他们具有丰富的知识。知识是打开智慧大门的钥匙。

古人讲:"气血虚弱谓之身穷,学问虚弱谓之心穷。"领导者知识匮乏,或者领导者短时间的知识滞后,智慧必然低下,社会地位就要贬值,就会导致影响力的降低。如果领导者知识的增长赶不上所在领域总知识的增长,就极有可能被淘汰出局。

英国的著名思想家培根说:"最能让人怀疑一切的莫过于知识的贫乏。"

德国著名诗人歌德说:"无知是成功的大碍,其严重性远非我们想像所及。"

把工作趣味化

……每一项工作，即使是最枯燥无味的工作，也能找到做起来感到很有趣的方法。

很少人喜欢上班的刻板工作，员工之所以能忍受工作，为的是赚钱求生存，及工作之余可以娱乐。

大多数人都不喜欢工作，只有极少数人例外，这些人迫不及待要工作，离开工作反而若有所失。

为什么大家都喜欢游戏而不喜欢工作？为什么有极少数人喜欢工作？

观察那些极少数喜欢工作的人，答案就非常明显：因为工作对他们来说就是游戏。

你的员工也不例外。若是办郊游、同乐会，大家都团结一致，办得有声有色。但是一涉及工作就一脸的苦相，莫衷一是。只有在游戏时，员工才表现出你希望他们在工作岗位上具有的特质。

要激励员工做某件事，要先使那件事趣味化。比方说，你要推动一项募款活动，可以有两种不同的做法：一种是不断催促员工去搞钱，另一种是将活动设计得像游戏，激发大家的热情，使他们自发地去募款。

家里需要打扫，没有一个子女愿意帮忙，怎么办？想办法使打扫工作像玩游戏，相信不要多久，屋子就打扫干净了。

学生总是抱怨老师的作业太多太繁，怎么办？将作业游戏化，加上适当的规则和奖品，相信每个学生都会喜欢做作业的。

从分析中得知，每一项工作，即使是最枯燥无味的工作，也能找到做起来感到很有趣的方法。因此，领导者的另一项职责就是：帮助下属找到有趣的工作方法。

第五章

施霹雳手段,显菩萨心肠

惩罚不当会令人记恨

……当因惩罚而引起争端、带来麻烦时，不妨改弦更张，变惩罚为奖励，这就是"假罚"。

惩罚要根据具体的情况，考虑是否可以网开一面。《三国演义》中曹洪与糜芳等免斩两件事很值得思考。

第一件事是糜芳、傅士仁免斩后被东吴劝降。关羽受命出征，先锋糜芳、傅士仁深夜饮酒，帐后失火，烧掉了不少的火炮、军器和粮草。关羽大怒，喝令推出去斩首，司马费诗苦劝乃免。关羽余怒难消，先摘去二人先锋印绶，再对其各杖四十，罚糜芳守南郡，傅士仁守公安，且警告说："稍有差池，等我得胜回来，二罪并罚。"不久，东吴袭取荆州，傅士仁、糜芳被劝降。

第二件事是曹洪免斩后舍命救曹操。在与马超的对峙中，曹操命曹洪、徐晃坚守潼关，为期十日，十日内失关皆斩，十日外失关无事。曹洪、徐晃领命后，用心坚守关口。由于马超军队的辱骂与引诱，到了第九天时，曹洪一时性起，开关杀敌，中了马超的计谋，失了潼关。曹洪罪当处斩，然而众将极力求情，方免于一死。

次日，曹操与马超对阵，大败。他便割须弃袍，一路上仓皇逃命，是曹洪的舍命相救，才免去死难。回营后，曹操感叹说："幸亏没杀曹洪，否则，今日死于非命。"唤曹洪来，厚加赏赐。

同是不杀，为何糜、傅二人怀恨，最终背信投敌，而曹洪感恩图报，舍命救主呢？这里固然有他们之间品质的差异，但更重要的原因是由惩罚的真假决定的。糜芳等人严重失职，关羽要斩糜芳是真，放糜芳是无奈，放了以后还要"二罪并罚"，而对糜、傅的斩罚也不明确。由此，两人觉得惩罚不当而含恨投降。曹洪当斩，但由于他是曹操的族侄，曹操对他要斩是假，想免是真。

从这两件事可以看出，惩罚不当便会怀恨；只有已经受到重用的，还将继续受到重用的人，即使受罚，也不会怀恨背叛，甚至还会感恩效命。

因此，当因惩罚而引起争端、带来麻烦时，不妨改弦更张，变惩罚为奖励，这就是"假罚"。惩罚是必要的！但惩罚不当时，会引起恶性循环；惩罚过于频繁，下属对惩罚不再畏惧，惩罚就自然失去了效力。由此，当惩罚起不到应有的作用时，变惩罚为奖励也不失为一种好的方法，这样做可引起好的循环，达到"双胜共赢"。

不能有"离不开的人"

……调动是正常的，而固定是不正常的。只有调动，才能保持一定的距离，而惟有保持一定的距离，才能保证顾问和参谋的思维和决断具有新鲜感和充满朝气。

法国前总统戴高乐有一个座右铭："保持一定的距离！"这也体现在他和顾问、智囊和参谋们的关系上。在他十多年的总统岁月里，他的秘书处、办公厅和私人参谋部等顾问和智囊机构，没有什么人的工作年限能超过两年以上。

他对新上任的办公厅主任总是这样说："我任用你两年，正如人们不能以参谋部的工作作为自己的终生职业一样，你也不能以办公厅主任作为自己的职业。"这就是戴高乐的规定。这一规定出于两方面原因：一是在他看来，调动是正常的，而固定是不正常的。这是受部队做法的影响，因为军队是流动的，没有始终固定在一个地方的军队。二是他不想让"这些人"变成他"离不开的人"。这表明戴高乐是个主要靠自己的思维和决断生存的领袖，他不容许身边有永远离不开的人。只有调动，才能保持一定的距离，而惟有保持一定的距离，才能保证顾问和参谋的思维和决断具有新鲜感和充满朝气，也就可以杜绝年长日久的顾问和参谋们利用总统和政府的名义营私舞弊。

戴高乐的做法是令人深思和敬佩的。没有距离感，领导决策过分依赖秘书或某几个人，容易使智囊人员干政，进而使这些人假借领导名义，谋一己之私利，最后拉领导干部下水，后果是很危险的。

让试图偷懒的人没有好结局

……在公司里，一定要有一个明确的指示，那就是公司绝不养懒人！

在韩国，大宇集团总裁金宇中的口头禅是"牺牲精神"，他的信条是"勤奋治国，苦干成功"。1990年，金宇中在麻省理工学院演讲时说："领导者的牺牲精神，对领导力非常重要，这种牺牲精神来自对集体的热爱。"

在某种程度上，周厚健有些类似于金宇中。在海信，周厚健曾多次说："对于企业管理人员而言，责任心比事业心更重要。"事实上，周厚健自己就是这么干的。自1992年掌权以来，他用近乎自虐的方式放弃了几百个节假日，放弃了大量的休息时间。有时候生病了，打着吊瓶也要办公。

做过周厚健秘书的陈宏，曾经奇怪为什么周厚健每天晚上睡得很晚，早上却能按时上班？后来他发现了周厚健的一个秘密：周厚健只要一挨上枕头，就开始打呼噜——他太疲劳了。

在海信，疲劳的人不只周厚健一个，整个海信高层都是"睁着眼睡觉"，都是任劳任怨。

事实上，那些试图偷懒的人都没有得到好的结局，海信不养懒人。海信集团总裁于淑珉有一次说："当干部就没有休息日，想有休息日就别当干部。"

的确，在海信，所有员工都只有一个目标，为了这个目标，其中一些人不可避免地做出牺牲。认同、理解、支持这种牺牲的人，就是那些具有"牺牲精神"的人。

海信的服务宗旨是"天下事，客户的事是头等大事"。在海信电器股份有限公司,它被修正为"用户永远是对的"。

以此为指导,海信电器售后服务中心创造了鲜活的服务规范——再想想,用户还是对的!

在海信电器售后服务中心工作的年轻姑娘,每天都要接到消费者打来的五花八门的投诉电话。事实上,很多电话属于"电话骚扰"的性质。有的消费者在电话里说了一些不负责任、不理性、甚至是威胁的话,有的则对接听电话者进行谩骂与人身攻击。

有时候,这些姑娘们也十分愤怒,"血直往头上涌"、"恨不得把听筒扔了",或者"与对方展开对骂"。但是,当她们抬头看看那句"用户永远是对的",再想想那句"再想想,用户还是对的"后,她们很快便明白:在这里,她们代表的不是个人,而是代表海信。

作为海信的雇员,她们有义务维护集团的利益,通过自身的修养和素质来展示整个海信的修养和素质;通过自己的行为来展示整个海信的行为。

"作为服务人员,就应该时时刻刻为广大消费者着想。"一位女员工说,"哪怕自己受再大的委屈,也不能在电话里与消费者争短长,因为,消费者是上帝,是我们的衣食父母,他们永远是对的。"

在企业中,不要求全部的人,但一定要有,就是在关键时刻有"向我开炮"的勇气。当我们拥有了这样的员工,我们还愁什么事业不成吗?

对待冥顽不化者,不必顾虑重重

……当你对其施加压力或进行处罚时,必须让他知道:这种压力是对事而不是对人的。

有一些下属,工作效率高、完成任务好、才能出众,但同时他们自身又存在着一些小毛病、小缺点,如忽视工作纪律,常做一些违反工作纪律的错误事情。他常犯一些小错误的原因,是因为他对本单位的贡献很大,想摆一些资格给大家看。遇到这种下属,显然容忍绝对不是一个周全的办法,也不是一个长久之计。

凡事只有做得公平合理,才能得到大家的信服,对于这种下属,处理的办法是耐心开导说服,和他摆明利害关系,说清道理。让他知道,他这样做于你于他都不是一件好的事情。然后,你可以用协商的语气,确定一个解决问题的办法,并征求一下他的意见。如果他是一个聪明人,肯定会买你的账,就势下台阶的。

但如果谈话之后,他的缺点并没有改正,毛病照犯,那么,你就需要以一定的形式向其施加一些压力了。如果他冥顽不化,你也大可不必顾虑重重,应当按照规定给予其处罚,以保证部门和单位整个机体的健康。当你对其施加压力或进行处罚时,必须让他知道:这种压力是对事而不是对人的。

警惕下属的"中国式"不满

……在西方企业中,员工对这种限制性的做法会明确表示自己的不满,而在中国,员工们通常选用很"中国式"的做法来解决这个问题。

在中国企业里,员工会服从命令,同时他们也会用一种"中国式"的方式拒绝命令。他们可以通过不违反规定,甚至一字不差地遵守规定而达到这种效果。

有一家公司,员工不多。在公司聘请办公室经理之前,员工们在办公室常规工作之外享受着某种自由——可以自由安排工作时间在全城兜揽生意、寻找推销机会,或在咖啡馆跟客户或同事喝杯咖啡。

可是不久,公司聘用了一位办公室经理,他担心员工不在办公室工作,于是出台了一个新政策——除非得到他的批准,员工不得外出,大家必须待在办公桌前。

几个月后他离职了。原因是他要求公司的员工翻译一些简单的文件,两个星期过后翻译工作还没有做完。他对工作延误的情况进行了多方调查,原来，员工们需要一本英汉字典，而办公室里没有，所以没有完成——谁也不能离开办公室——按照规定要求，没有得到批准谁都不准离开办公室去买字典。

员工们通过严格遵守规定，从而提出了沉默但是有效的抗议。这个例子表明他们是在"遵守规定"，但更重要的是他们在利用这个机会表达自己的不满。

在西方企业中，员工对这种限制性的做法会明确表示自己的不满，而在中国，员工们通常选用很"中国式"的做法来解决这个问题。

距离产生威严

……再伟大的人其实都是凡人，都有平庸琐碎的一面，要让人对你保持敬畏，最稳妥的办法就是只让人看到应该看到的。

美国是个讲究平等自由的国家，对任何人公然的歧视都有可能引来法律的麻烦。但是在美国的军队里，军官有军官的俱乐部，士兵有士兵的俱乐部，泾渭分明。不同军衔的人进各自不同的门，从来不会混淆，理所当然。

一个军官，如果让士兵看到你喝得烂醉、东倒西歪，还被几个女子嘻嘻哈哈地推来搡去，第二天，他还怎么能在士兵面前厉声训斥而不被觉得滑稽可笑呢？

距离产生威严。

上级和下级之间，偶尔的亲近可以让人感动，太多的亲近则失去威严，不分彼此的哥们弟兄，更是让你的姿态再也不可能高起来。

仰视一旦变成平视，那么俯视就不可避免。而俯视是极可能导致藐视和鄙视的。

适当地有点"架子"

……如果领导过分随和，不注意树立对下属的权威，下属很可能就会因为轻慢上司的权威而怠惰、拖延甚至是故意进行破坏。

提起领导，多数人的感觉是"架子大"、"官气十足"。而且人们总是习惯用"架子大"来形容某些领导者脱离群众，目中无人。但是我们要说，"架子"绝不仅仅是一个消极、负面的东西，而有着它积极且微妙的意义，成为许多领导和管理下属的一种十分有效的艺术性方法。

"架子"其实可以理解为一种"距离感"。许多领导正是通过有意识地保持与下属的距离，使下属认识到权力等级的存在，感受到上司的支配力和权威。而这种权威对于领导巩固自己的地位、推行自己的政策和主张是绝对必须的。如果领导过分随和，不注意树立对下属的权威，下属很可能就会因为轻慢上司的权威而怠惰、拖延甚至是故意进行破坏。所以，领导通过"架子"来显示自己的权力，进而有效地行使权力是无可非议的，对于上司很好地履行自己的职责也是十分必要的。

许多领导还喜欢通过"端架子"，从而使自己显得比较神秘。因为领导处于各种利益、各种矛盾的焦点上，他若想实现自己的目的，就必须懂得掩藏自己，使自己的心机不被窥破。如果下属很容易就揣摩到上司的心理，他就很可能利用这点来达到自己的某种目的，从而危及或破坏上司意图的实现。而不暴露自己的最好办法莫过于与下属保持一定的距离，使自己增加一点神秘感。

曾有政治学家论证说，一般人都有服从权威的倾向。而领导者通过得体的"架子"而表现出来的自信心、意志力、傲视群雄的态度以及凌驾于众人之上的气势则有助于增加自己的权威，使自己显得更有魅力，显得更像领导者，更能从形象上唤起别人的敬佩和好感。

可见，领导者的"架子"绝不仅仅为了炫耀，还是一种因为害怕下属而采取的防范性措施。

所以，领导的"架子"绝非是一个简单的道德问题，它还包含相当的领导艺术的奥妙，更有着心理学上的微妙含意。

不合理的晋升，对于双方都是一种折磨

……一个人被提拔到更高的职位，并不意味着就具备胜任该职位的能力和素质。你可能在中层里是一流的人才，但被提到高层位置上时就可能不称职，甚至变成一个平庸者、一个废物。

1969年，美国著名的管理学家劳伦斯·彼德在分析了数百件工作上不能胜任的案例后，公布了他的著名的"彼得原理"。

"彼得原理"若用一句话来表述，就是："在层级组织里，每位员工都将晋升到自己不能胜任的阶层。"

在现实生活中，"彼得原理"所示的现象无处不在：一名称职的教授被提升为大学校长后，却无法胜任；一个优秀的技术人员被提升为主管研发的经理，而无所作为。即一旦员工在低一级职位上干得很好，组织就会将其提升到较高一级的职位上来，一直到将员工提升到一个他所不能胜任的职位上之后，组织才会停止对他的晋升。

结果本来可以在低一级职位施展才华的人，却不得不处在一个自己所不能胜任而级别却较高的职位上，并且要在这个职位上一直熬到退休。这种状况不仅不是对本人的奖励，使其无法很好地发挥才能，反而也给企业带来损失。

一个人被提拔到更高的职位，并不意味着就具备胜任该职位的能力和素质。你可能在中层里是一流的人才，但被提到高层位置上时就可能不称职，甚至变成一个平庸者、一个废物。

在一个企业里，一个人不可能干得好就被重用、被提升。因为每个人干得好就提，即使不胜任、不称职仍占据较高的职位，以至于最后整个企业、整个组织的每一个职位都被一个不称职的人所霸占，而真正胜任的人却因为没有机会、没有位置而得不到晋升。

"彼德原理"强调学习的重要。如果一个人不学习、不提高素质，那么就会停留在原来的素质和职位上；相反，如果能在较低职位上加强学习，提前主动学习，不断提高个人素质，就有可能得以晋升，并胜任更高一级的职务，成为一个名副其实的称职者。

要下属明白"军令如山倒"

……如果每次都因下属的抱怨而重新修正原来的计划，任务的内容就会变得含糊不清，计划也就失去了权威性。

若部属能够依照你的意愿完成所交给的任务，是很好的事。但是在现实生活中，并非一切皆如此顺利，相信你一定有过因遇到阻碍而无法达成工作目标的经历。

无法达到预期的营业额、经费超出预算、拿不到预约的原材料、无法在约定期限内交货、无法收回成本……诸如此类的情况，相信你经常碰到。或许你也可能经常听到下属的申辩："这很难办呢"，"请再多宽限几天"，"我已经尽力了"等等。遇到这种情况，你应该如何处理呢？

基本的原则是，不可轻易地向部属妥协。虽然达成目标并非易事，既然目标已定，就应该照着去做，并按时间要求去完成。如果每次都因下属的抱怨而重新修正原来的计划，任务的内容就会变得含糊不清，计划也就失去了权威性。

即使部属有些不情愿，你仍然坚定地重复你的命令。你需要明确告诉对方："不要净说些丧气的话，努力去做！"不能纵容下属养成讨价还价的毛病。对下属来说,上司的命令不容辩解,这就是军令如山倒。

不妨来点喜怒无常

……对于做大事的人来讲,宁让人憎恶而恐惧,也不让人夸奖而轻视。

喜怒无常常被人们形容为无道昏君的典型性格。事实上,这正是君主高明之处。他们有时把刺杀过他们的仇人任为高官;有时把自己最亲密的朋友残酷杀害;有时你吹捧他他会很高兴;有时赞美他却可能被杀头。君主这种"神秘叵测"的特性,源于对皇权垄断的特别占有欲,及对这种极端权力所产生的高度恐惧感。在封建社会君臣关系已完全为利害、血泪、仇杀关系所笼罩时,制度化的力量,道德伦理的制约作用,已变得微乎其微,只有依赖这种残酷、无常的皇权来控制了。

对于做大事的人来讲,宁让人憎恶而恐惧,也不让人夸奖而轻视。他们将臣属视为草芥,顺我者昌,逆我者亡,难以容忍臣属拥有自己的独立人格和个人主见。对于喜怒无常的君主来说,臣属更是他们滥施淫威、肆意凌辱的对象,臣属动辄得咎,战战兢兢,如履薄冰。

他这看似无理的行径,其实自有更深层的考虑:他宁肯让人们认为他喜怒无常而惧怕他,也不让人们揣摩透他的心思而为所欲为。

除掉"烂苹果"

……组织里一旦出现了"烂苹果",就一定要把它及时地清除掉,一分钟也不能迟疑。

把一匙酒倒进一桶污水里,得到的是一桶污水;如果把一匙污水倒进一桶酒里,得到的还是一桶污水。这就是管理学上有趣的"酒与污水定律"。

在任何组织里，几乎都存在几个难以管理的人物，他们存在的目的似乎就是为了把事情搞糟。

更糟糕的是，他们像果箱里的烂苹果，如果不及时处理，它会迅速传染，把果箱里其他苹果也腐蚀掉。

"烂苹果"的可怕之处，在于它那惊人的破坏力。一个正直能干的人进入一个混乱的部门可能会被吞没，而一个无能无才者能很快将一个高效的部门变成一盘散沙。组织系统往往是脆弱的，是建立在相互理解、妥协和容忍的基础上的，它很容易被"烂苹果"侵害和毒化。

所以说，组织里一旦出现了"烂苹果"，就一定要把它及时地清除掉，一分钟也不能迟疑。

让别人对你产生依赖

……你能期盼的最好状况是其他人越来越依赖你，因此你能够享受某种独立：他人对你的需要使你得以自由。

许多人误以为权力是独立的，是不偏不倚的，其实权力牵涉到人际之间的关系，你永远需要别人作为盟友。完完全全独立自主的人可以住在森林中的小屋里，他拥有来去自如的自由，但是他不会拥有权力。你能期盼的最好状况是其他人越来越依赖你，因此你能够享受某种独立：他人对你的需要使你得以自由。

法国国王路易十一酷爱占星术。他养了一名宫廷占星师，并对他佩服万分。有一天，这名占星师预言宫中一名贵妇会在8天之内死亡。预言果然实现了，路易也吓坏了。他想，要不是占星师谋杀了贵妇以证明他的准确性，就是他太精于此道。而不管是哪一种情况，他的法力威胁了路易本人，这名占星师必须得死。

一天晚上路易召见占星师。在占星师到来之前，国王告诉埋伏在周围的士兵们，一旦他给了暗号，就冲出来抓住占星师，把他从窗户上丢到数百尺下的地面摔死。

不久，占星师到了，在下达讯号之前，路易决定问他最后一个问题："你声称了解占星术而且清楚别人的命运，那么告诉我你自己的命运如何，你能活多久？"

"我会在陛下驾崩前3天去世。"占星师回答说。

国王一直没有下达暗号。占星师的命不但保住了，而且在他有生之年国王不仅全力保护他，慷慨地赏赐他，还聘请高明的宫廷医生来照顾他的健康。最后占星师甚至比路易还多活了好几年，虽然他否定了他的预言能力，但却证明了他操控权力的一流手腕。

让别人相信除掉你可能会招来灾难，甚至死亡，他们就不敢冒此大险找出答案，这才是占星师真正的法力。

严师出高徒

……只有该宽时宽，才能凝聚人心，调动积极性；该严时严，下属才不敢掉以轻心！

在企业管理中，领导者的过分柔弱往往是致命的。丹佛萨拉斯维达拉工业公司总裁杰克·伦德伯格说："不要等太阳落山了，还做不出决定。不管做出什么样的决策，总会有一些人不满意。但是，如果拖延不决，那会使更多的人生气。反正你总得有所抉择。与其晚干，不如早干。"

娃哈哈的宗庆后就是一位崇尚强势领导的企业家。

宗庆后本人并不否认自己在娃哈哈集团乃至整个国内饮料行业的"强势地位"。他说：

"我和员工的关系概括为一句话就是：怕我不恨我。没有人怕你的话，这个企业绝对搞不好。但是你管他要管得有道理，同时也要关心他，那样他跟着你干才会觉得有前途。一个大企业，商场如战场，没有一个统一号令，没有一个统一行动，这个仗怎么打？根本打不了。

"强势领导并不是绝对领导。在公司里大的决策我们也会和中高层干部一起讨论，定下来就一定要执行。当然，由我来拍板。"

有一次开会的时候，他还提醒各位老总们，一定要理解一个道理，那就是古人讲的"严师出高徒"和"棍棒之下出孝子"，其中蕴含着很深的哲理。

在海信，周厚健也相信"慈不带兵"。他说："因为一个干部没有原则地做老好人，他所带的队伍一定是没有凝聚力的。企业的凝聚力一靠文化，二靠机制，两者是相互作用的，好的机制将丰富我们的企业文化。"周厚健不提倡发放平均分配的福利，也就是不提倡非激励性福利。他希望久而久之，海信会形成一种文化，亦即员工都认可的"海信信条"：得到一定要付出。

一般说来，上司和职员是平等的。但在公司体制内，上司与下属之间的关系，绝对不是平等的，而是上与下的关系。在对下属下达命令时，不可忽略了自己的立场。

昨天你仍和大家在同一岗位上，如今却只有你被擢升为领导，相信你必定有些顾虑。周围的同事亦习惯了以前的做法，在说话的语气和态度上，也不会有所改变。

起初由于众人无法适应新的转变，因此你亦不必太在意。但是，你必须尽早制造机会来明示你们之间的关系。若忽略了这一点，则有可能发生下属不服从命令的情形。

虽然你是以领导的口吻向下属交待工作的，然而对方却误以为你只是单纯地与他聊天或者商量某件事情而已。

我们经常可以听见下面这样的对话：

科长说："你认为A案和B案，哪一个比较妥当？"下属回答："A案不是比较好吗？"于是那位科长说："好吧，那就请你做吧！"

虽然这位下属说话的用词并不妥当，但是那位科长的语气更犯了大错误。因为无论你再如何地等待，下属也不会主动地去做事。此时，你应当明白地告诉他："那就这么决定了，你在这个星期内将它完成。"

只有该宽时宽，才能凝聚人心，调动积极性；该严时严，下属才不敢掉以轻心！

强势领导并不是绝对领导。在一些企业里面某些领导者总希望把自己看作是企业的大脑，其他都是没有大脑的人，这样他就可以支配所有的人了，这是不足取的。

警惕"跳槽"来的人员

……在接受"跳槽"员工之前，要事先查看一下他的记录，他的工作能力固然重要，他的目的也不容忽视。

在接受"跳槽"员工之前，要事先查看一下他的记录，他的工作能力固然重要，他的目的也不容忽视。纯粹将你的部门作为跳板的人，在录取的时候要慎之又慎，不要等到他再要跳槽时你才后悔当初对他们的聘用。

这种人是不太受欢迎的，固然他们有充沛的精力、足够的能力。一旦他们再度"跳槽"，则使原单位在人才、信息、公关以及正常工作程序方面都受到重大的影响。对这类员工，你在欣赏他的优点的同时，不能不为他的野心感到担忧和焦虑。

让部属安安静静地做事情

……唠叨除了让人讨厌之外，简直是一无所获。

领导者的唠唠叨叨，大多情况下是不受部属欢迎的。尽管有的领导者完全出于对部属的关心和爱护，但部属往往不领情。

领导者必须用全力建立起对部属的信任与理解，真诚地把部属当做自己志同道合的战友，而不是当做自己的"工具"或"附属物"，更不能幻想部属与自己建立起一种人身依附关系。如果那样，性质就变了，上下级之间的团结共事就会失去政治基础。

三国时的杨颙说过一句话:"为治有体,上下不可相侵。"意思是说,为了使领导工作有秩序,有层次,上下级之间不可互相干扰,互相打搅。从这个意义上说,领导者就要干领导者的事。领导者在作出决策和部署之后,就要让部属安安静静地做事,就要放手让他们独立思考,独自根据实际情况狠抓工作落实。领导者可以跟踪督促检查,但绝对不需要天天追问,天天检查。如果那样,部属就无法静心思考自己的工作,就无法发挥主观能动性和创造性,也就谈不上对领导者负责。

少说些,也许对做好领导工作更有利。

远离薄情寡义者

……爱儿女、爱身体、爱父母这是人的天性,如果有人连自己的骨肉也忍心杀害,连自己的妻子也不恋惜,他还能爱别人吗?

有一句民谚:"薄情者寡义,尤情者无义。"就是说,缺少亲情的人也缺少忠义,没有亲情的人也就没有忠义。

春秋时,乐羊子任魏国将军去讨伐中山国,当时,他的儿子乐舒正好在中山国做官。中山国的国君姬窟就让乐舒去劝乐羊子退军,乐羊子不答应。姬窟就将乐舒杀死,做成肉羹送给乐羊子。乐羊子为表示对魏文侯的忠诚,便当着中山使者的面,吃掉亲生儿子的肉。攻下中山国后,魏文侯虽对其功劳给予了奖赏,但从此不再信任他,并罢了他的兵权。

明朝天顺年间,都指挥使马良很受明英宗的宠爱。他的妻子死了,皇上打算前去安慰,听闻他已数日不出门,皇上问其原因。左右的人说:"马良正在办喜事,新娶了妻子。"皇上不高兴地说:"这个家伙对妻子如此薄情,怎么会忠诚于我?"于是,把马良召来打了一顿,从此便疏远了他。

爱儿女、爱身体、爱父母这是人的天性,如果有人连自己的骨肉也忍心杀害，连自己的妻子也不恋惜，他还能爱别人吗？即使一时能爱别人，也是对别人有所图的，一旦目的达到或达不到，就会反目相害。从这点看，魏文侯和明英宗都是能够识人而有远见的。

日本企业巨子大山梅雄1975年就任津上株式会社社长。他曾说过："企业管理层的年轻化，是指使40岁左右的人担任企业的重要职务。但这并不是只要是年轻就可以，对于使之担任要职，既不感动也不领情的人，即使让他担任更重要的工作，他也不会真诚地去做。"短短的几句话，充分显示出大山梅雄的用人之道。

慎对上访者

……不管哪个层级，不管是否属于自己的职权，来人就谈，有求必应。这样，就引起更多的职工上访。

如果员工上访不是为了个人问题，而是对领导者提出批评，对工作提出建议，或反映一些有价值的情况和问题，领导者就应当热情接待，认真听取他们的意见，并对他们勇于负责的精神给予表扬和鼓励。

如果员工上访是为了个人问题，则要首先区分是否应该由自己处理。一般来说，领导者不要代替下属处理这类问题：凡是下一层次或职能部门职权范围内的事，即使员工找上门来，领导者也不应直接处理。

特别是领导层次较多的大单位，上面的领导者更不应直接干预隔层次的员工的个人生活问题。长期以来，在下属和群众中有一种印象，似乎越找高层次领导者，越找主要领导者，就越能解决问题。有些领导者也有意识地在群众中树立这种形象，不管哪个层级，不管是否属于自己的职权，来人就谈，有求必应。这样，就引起更多的职工上访，找你的人就会越来越多，而你并不了解那个层级的实际情况，往往处理不得当，弄得下属领导者不好工作。如果明知道是不该自己处理的，就请来访者到其所在单位和部门去谈；如果事先不知道，谈完之后发现不应由自己直接过问，那么就请他到应去的地方。如果问题比较重要，上级可以提醒和督促下属单位或有关部门及时、正确地予以处理。

有些上访内容虽属个人问题，但在自己职责之内，是自己的直接下属，就不应支吾搪塞，而应认真地听取意见，做出正确处理。比较简单的问题，能立即解决当然最好，如果问题较复杂，工作量较大，则可以责成信访部门、有关职能部门或自己身边的工作人员，搞好调查研究，拿出解决意见，然后再做决定。这样可以减少自己的工作量。

对关系员工切身利益的带有普遍性、倾向性的问题，领导者要多从整体上采取措施，尽量多创造一些条件，积极主动地给予解决。一时解决不了的，应在创造条件的同时做好宣传解释工作，取得群众的理解，从而减少上访。

令行禁止

……君子讷于言而敏于行，说得再多再好听，没有行动也于事无补。

为什么满街的便利店，只有 7 - Eleven 一枝独秀？为什么满街的咖啡店，只有星巴克宾客满座？其实各家店策略基本相同，结果却大大相反，原因便在于执行力不同！权威人士说，一个企业的成功：30%靠策略，40%要靠执行。显然，执行比策略更重要。

我国东北一家企业破产，后来被日资收购。厂里的人都翘首盼望着日方能带来让人耳目一新的管理办法。出人意料的是，日本人来了，什么都没变：制度没变，人员没变，机器没变。日方就一个要求：把先前的制度坚定不移地贯彻下去。结果怎样？不到一年，企业扭亏为盈。日本人的绝招是什么？执行，不折不扣地执行！

你可以不进行模式的创新，只需要像绝大多数企业那样采取尾灯战略，但是，你却不能没有完成任务的能力。而且即使你靠独创的经营模式，拉开了与竞争对手之间的距离，但若执行的力度不够，就一定会被模仿者追上。

规定的生命在于执行。行胜于言，最终也只有结果才能够说明问题。优良的规定，一定是有利于创新的规定，而有了规定，就需要执行，需要严格地执行到位。规定的成败在于我们如何正确地执行，否则再好的规定都不过是一纸空文。

不要轻易道歉

……一句"对不起"，说起来很容易，但说出来就要负责。员工眼里的好领导未必就是毫无瑕疵的，但绝不是一无是处的。

所谓"知错能改，善莫大焉"，是劝告大家：发现错误时，就要改正。但是，领导者太过轻易的道歉，却也不见得是件好事。

一个领导者对人说"对不起"，那就意味着他做错了。如果偶尔为之，下属也许会认为他光明磊落，知错就改。如果他总是这样，下属就会对他的能力产生怀疑，长此以往，会损害领导在下属心目中的威望与形象。

"不要轻易道歉"这句话，更深一层的解释应该是：做什么事之前要深思熟虑，不要等到问题出现了，才去仓促面对，这样于己于人都没有好处。

保持这种工作态度的领导者，一定都会得到下属们的信任。

胡萝卜加鞭子

……做人要有方有圆，有软有硬，不能一根筋。

自古以来，驾驭马有两项必备之物，那就是胡萝卜和鞭子。

但是，只有胡萝卜和鞭子并不一定就能把马驾驭得很好，这还得看御者懂不懂得如何运用这两样东西。换言之，驾驭的要点有赏、罚及赏罚的运用之术。

　　胡萝卜是用来引诱马的，当马表现得好的时候，便赏它一根胡萝卜，这就和人表现得好的时候，给他称赞或奖励一样。

　　鞭子用来鞭策马，当马表现得不如人意时就给它一鞭子，这就如同人表现得不好时加以处罚一样。

　　这赏罚之术如果运用得当的话，御马者就能让马心服，而领导人亦能让人心服。

　　以上就是御马和管人的原理。这从实际的经验中也不难得到印证。

打造自己的"嫡系部队"

……纵观那些职场中战斗力强的团队，我们会发现，他们往往都是自己的嫡系部队。所谓"嫡系部队"就是由自己一手挑选、一手训练，历经战斗而磨练出来的队伍。

　　作为团队的管理者，在激烈的竞争中所扮演的角色，不仅要让自己立于不败之地，而且更要打造出一支攻无不克、战无不胜的团队。纵观那些职场中战斗力强的团队，我们会发现，他们往往都是自己的嫡系部队。所谓的"嫡系部队"就是由自己一手挑选、一手训练，历经战斗而磨练出来的队伍。

　　谈到"嫡系部队"，会令我们想到曾国藩的部队。正是凭借着"屡败屡战"的斗志和嫡系湘军，使曾国藩最终平定了太平天国。仅就军事意义而言，嫡系部队的战斗力是显而易见的。

　　首先，嫡系部队具有相对相同的价值观和认同感。因为他们共同接受严格的培训，共同经历各种痛苦的考验，能够坚定地留下来参与战斗，本身就表明了他们对所在团队价值观的认同。更值得注意的是，强烈的价值观认同会演变成感情上的纽带。

　　其次，嫡系部队可以降低信任成本。嫡系部队通常都拥有一个伟大的精神领袖，也就是团队的管理者，他使成员在思想上具有高度的一致性。即便是存在某些误会或分歧，只要精神领袖出面也会使得问题迎刃而解。

再次，嫡系部队可以降低沟通成本。沟通是很多团队所面临的最大问题，长期的合作、战斗，可以磨练出难得的默契，达到"心有灵犀一点通"的境地。

最后，嫡系部队具有凝聚力强的特点。部队的成员有着共同的目标和相同成果的追求，他们都把自己融入到"嫡系"这台发动机上，协调地运转产生出巨大的动力。

当然，很多人可能会对嫡系部队的说法持不同意见，因为嫡系容易让人想到"家族"、"任人唯亲"和"沾亲带故"，与现代职场规则不相匹配。但只要是存在激烈竞争、希望通过强大团队攻城略地，嫡系部队便有其绝对的优势和存在的必要。

不要助长告密的风气

……千万不要助长告密的风气，这种风气一旦形成，会影响整个团队的士气。

管理者在处理冲突的时候，一定要注意爱打小报告的员工，来说是非者，必是是非人。管理者在进行管理的过程中需要注意，不要让打小报告成为一种文化。

"打小报告"在道德上是难以被人接受的，因为它使人与人之间失去信任；"打小报告"的人或告密者之所以遭人唾弃和孤立，是因为他们使周围的人感到不安全。如果企业里总有人"打小报告"，企业气氛一定是紧张不安的，员工关系、上下级关系也一定是疏远的、戒备的。这样容易根植一种不信任在每一个员工的内心深处，使他们很难坦诚、轻松地面对他人。为了处理好人际关系，他们不仅会损耗大量的心理能量，而且还会因此影响他们在工作中的情绪。

因此，对于管理者来说，千万不要助长告密的风气，这种风气一旦形成，会影响整个团队的士气。管理者要保证整个团队的有效运转，使每个员工都能发挥自己的能力，并迅速成为企业的骨干，纪律和约束是不可或缺的。因此优秀的管理者要有能力在企业里创造一种氛围：鼓励员工相互帮助团结协作，而不是通过"打小报告"来明争暗斗相互拆台。

更要看重败军之将

……要想成为一名出色的领导者，不能只重视那些圆满完成任务的人。

1945年9月2日，最后一个轴心国——日本，将要签署投降条约。

在太平洋上的美军"密苏里"号战舰上，人们翘首以待，都想目睹这一历史性的时刻。

上午9时，盟军最高司令官道格拉斯·麦克阿瑟将军出现在甲板上，预示着这个令全世界为之瞩目和激动的伟大时刻到来了。

随后，日方代表登上军舰，仪式开始了。

就在麦克阿瑟将军即将代表盟军签字时，他却突然停止了。现场数百名记者和摄影师对此大惑不解。他们谁也不知道麦克阿瑟将军想要干什么。

将军转过身，招呼陆军少将乔纳森·温斯特和陆军中校亚瑟·帕西瓦尔，请他们走过来站在自己的身后。

麦克阿瑟将军的这个举动，再次让现场的人们既惊讶又嫉妒。因为那两名军官占据着的是历史镜头前最显要的位置。一般来说，应该属于那些战功显赫的常胜将军才对。而现在，这个巨大的荣誉却给了两个在战争初期就当了俘虏的人。

1942年，温斯特在菲律宾、帕西瓦尔在新加坡率部下向日军投降。两人都是刚从战俘营里获释，然后乘飞机匆匆赶来的。

后来，人们明白了麦克阿瑟将军的良苦用心。这两个人都是在率部下苦战之后，因寡不敌众，又无援兵，并且在接受上级旨意的情况下，为了避免更多人的牺牲，才率部下忍辱负重放弃抵抗的。

从他们瘦得像两株生病的竹子似的身体和憔悴的面容、恍惚的神情中就可以看出，他们在战俘营受尽了精神上和肉体上的残酷折磨。

虽然说战争胜利结束了，但作为败军之将的温斯特和帕西瓦尔同样也是英雄，他们为这场战争的最后胜利同样做出了贡献。

在麦克阿瑟将军的眼里，似乎让他们站在自己身后还不够，他还做出了更惊人的举动，他将签署英、日两种文本投降书所用的5支笔其中的2支，分别送给了温斯特和帕西瓦尔。

麦克阿瑟用这种特殊的方式，向两位尽职的失败者表示尊敬和理解，向他们为保全同胞的生命，而做出的个人名誉的巨大牺牲和所受的苦难表示感谢。

要想成为一名出色的领导者，不能只重视那些圆满完成任务的人，你必须认真对待那些已经尽力，甚至作出了巨大牺牲但出于其他无法克服的原因，而未能完成任务的下属。一次失败可能使他们丧失了自信，没了斗志，如果你能适时鼓励或者表扬一下，让他们明白自己的心血没有白费，他们肯定会重新恢复自信，找回自我。那么，下一次他们很有可能就不再是失败者了，而是成功者。

真正的官兵平等是危险的

……一定要让喜欢耍小聪明的人明白，一个在工作中投机取巧偷懒耍滑的人是不会被重用的，脚踏实地地工作才是唯一的发展之路。

也许你会遇到这样的员工，当你要求晚上加班时，他会说："我今天有特别重要的事，必须早走一会。"如果你一再坚持时，他会说："领导也应该尊重人权呀！我今天不能加班，你没有理由逼迫我加班。而且，拒绝不想做的事又有什么不对呢?"假如你要知道他的理由,他则会耸耸肩:"请你不要干涉我的个人隐私。"

在这一关键时刻,你一定要强硬对待。你得让他们知道很多事情是没得商量的。

比如加班问题,你一定要用"只此一次,下不为例"的态度强调:"这次小杨帮你做了,但下周二晚上你一定要补回来。"不要让他以为自己的小计谋能次次得逞。一定要让喜欢耍小聪明的人明白,一个在工作中投机取巧偷懒耍滑的人是不会被重用的,脚踏实地地工作才是唯一的发展之路。

虽然,你不能因为自己是领导就可以对别人颐指气使,吆五喝六;但也不能因此就去讨好他们,让他们与你平等到瞧不起你,不把你当回事儿的程度。否则,你的领导位置也肯定坐不长久。作为领导者,你应该既和蔼可亲、平易近人,又令出禁止、威严有度。

别让一条鱼腥了一锅汤

……一个正直能干的人进入一个混乱的部门可能会被吞没,而一个无德无才者能很快将一个高效的部门变成一盘散沙。

在任何组织里,几乎都存在几个难弄的人物,他们存在的目的似乎就是为了把事情搞糟。最糟糕的是,他们像果箱里的烂苹果,如果不及时处理,它会迅速传染,把果箱里其他苹果也弄烂。"烂苹果"的可怕之处,在于它那惊人的破坏力。一个正直能干的人进入一个混乱的部门可能会被吞没,而一个无德无才者能很快将一个高效的部门变成一盘散沙。

组织系统往往是脆弱的,是建立在相互理解,妥协和容忍的基础上的,它很容易被侵害、被毒化。破坏者能力非凡的另一个重要原因在于,破坏总比建设容易。一个能工巧匠花费时日精心制作的瓷器,一头驴子一秒钟就能毁坏掉。如果一个组织里有这样一头驴子,即使它拥有再多的能工巧匠,也不会有多少像样的工作成果。如果你的组织里有这样一头驴子，你应该马上把它清除掉；如果你无力这样做，那就应该把它拴起来。

这个定律与我国的一句民间谚语——"一粒老鼠屎坏了一锅粥"说的是一个道理。

企业中的人往往是鱼龙混杂、良莠不齐的，这种现象几乎没有一个组织能够幸免。如果你的企业中存在这样一个烂苹果，你应该马上采取行动将其清除，否则的话，后果将不堪设想。

在企业中，常常有一些自称是文武全才的人，他们自视本领高强，老认为自己大材小用，没有施展才华的舞台，但当企业起用他们的时候却不能担当大任，破坏了整体计划。这些人的存在会大大阻碍企业的发展进程，他们就像箱子中的烂苹果一样会慢慢腐蚀企业的组织机构，降低企业的整体运作效率。对于这些人，管理者要在合适的时机让他们下课。

"严刑重罚"与"法外施恩"开施

……领导者以豁达宽宏的姿态出现，网开一面，当罚而不罚，本应受到惩罚的下属得到了宽恕，必然会产生强烈的负疚和报恩心理，死心塌地地为上司效力。

领导者既应懂得运用"严刑重罚"的威吓手段，也应懂得"法外施恩"的笼络手段。也就是在某些情况下，领导者以豁达宽宏的姿态出现，网开一面，当罚而不罚，本应受到惩罚的下属得到了宽恕，必然会产生强烈的负疚和报恩心理，死心塌地地为上司效力。

春秋时代的秦穆公曾走失一匹钟爱的宝马，歧下300余山民将马杀后给吃掉了。承办此案的官员准备将这300多人全都杀掉，穆公却想马既然已经被吃掉了，处罚吃马的人也不能令其生还，还不如索性人情做到底。于是对那些山民说："吾闻食善马肉不饮酒伤人……皆赐酒而赦之"。几年后，秦国与晋国发生战争，秦穆公受伤被围。当年吃马肉的人"皆推锋争死，以报食马之德"，解救了秦穆公的危难，并生俘了晋国国君。

在下属犯错误时，领导者先给下属冠之以严重的罪名，使他们自知问题的严重性。可是，当下属陷入绝望的境地之后，领导者又略施薄恩，在一定程度上减轻处罚。不难看出，领导者的这种"法外施恩"，在一定条件下非但不会松弛对下属的控制，反而会增加领导者人格上的感召力，驱使下属更加自觉自愿地为上司效力。

叫下属既爱又怕

……就是说，不只是制度上的严格，还有人对人的严格。平时可以很随便，很亲热，但工作上却绝不让你有一点松动。

松下幸之助主张主帅温和，副手严厉，可以互补。这话确有道理，但有一个浅显的道理：下级对上级总得有点怕，既喜欢，又害怕。就是说，不只是制度上的严格，还有人对人的严格。平时可以很随便，很亲热，但工作上却绝不让你有一点松动。领导者需要建立这样一种人格，只因为你在领导岗位上。

周恩来的形象绝不是严厉的，但工作中的周恩来却全然是另外一个样子。他的秘书程华说："总理工作很严格认真，对部长们也不客气。因此国务院各部的部长们也都有点怕他，不敢随随便便的，马马虎虎的。比如有时对某个部的工作不满意，或有什么问题，他就让我们去把那个部长找来，当着我们秘书的面，总理就对那位部长不客气地说：'你看一看，这文件搞得什么嘛。'并把文件摔给他，'这就是你们弄的文件，难道还要我来给你们当秘书吗？'这就够份量了，第二回哪个部长还敢不认真，谁也不敢再马虎了。这样的事不止一次。"

不要一次给人太多的好处

……不要施恩太多，使人无法回报。感恩而无法报答，他们便不再跟你来往。

给你的下属好处，要一次一点儿，但要经常。不要施恩太多，使人无法回报。给予太多不是给，而是出售。

不要使别人的感激耗尽。感恩而无法报答，他们便不再跟你来往。想失去他们，你只需让他们欠你很多便可以达到目的。若他们不想偿还，便走得远远的，甚至与你为敌。

雕像不想见雕塑他的雕刻师，受恩的人宁愿再也不见施恩于他的人。切记施恩的微妙所在：只有迫切想得到而又不贵的礼物才是接受者喜欢的。

圆而不方，难成大事

……集中精力在一点，是千古以来所有伟大人物成功的要诀之一。

所谓方圆，圆为灵活，方为原则。

一个人为人处事如果只圆不方，就像打"太极拳"，奉前迎后，方向不清。说话态度不鲜明，模棱两可；做事不果断，犹犹豫豫。这样只圆不方的人，没有个性，缺少魄力，不会得到别人的敬重，更难成就一番事业。

大凡立德立功立言者，总是要有个主张，心牵挂于物便役使于物，心牵挂于名便役使于名，心牵挂于利便役使于利，心牵挂于欲便役使于欲。无所不挂，就无所不役，无所不役就无所不病。如果外受物欲役使，内心方寸已乱，哪能做半分主宰？

办实事的人求实效，求实效的人一就是一，二就是二，方就是方，圆就是圆。集中精力在一点,是千古以来所有伟大人物成功的要诀之一,也就是道家的"凝神集一"的功夫,在心性修养中,妙用无穷。

不要做"老好人"

……一心想做好人、不得罪人,只能会让你离权力越来越远。

周末,一个渔夫在他的船边发现有条蛇咬住一只青蛙,他替青蛙感到难过,就过去轻轻把青蛙从蛇嘴里拿出来,并把它放走。但他又替饥饿的蛇感到难过,由于没有食物,他取出一瓶威士忌酒,倒了几口在蛇的嘴里。蛇愉快地游走,青蛙也愉快地离开,渔夫也为自己的善行感到快乐。他认为一切都很妥当,但在几分钟后,他听到有东西碰船边的声音,便低头向下看,令人不敢相信的是,那条蛇又游回来了——嘴里叼着两只青蛙。

这就是我们企业常见的"照顾主义"、"大锅饭"现象。

我们本应该鼓励员工正确的行为,给他们掌声、鲜花和提拔,对不正确的行为要冷落、批评和惩罚。但现实中我们并不是激励不够,而是激励错了——正确的行为被忽视或被惩罚,而错误的行为却被奖励——就像那个渔夫一样,奖励了错误的事情:那条蛇因错误而得到奖励。

如此,你所成就的,只是一场不公平的游戏。

人善被人欺,马善被人骑

……任何事都怕成定式,一旦造成这种结果,你就会像立在田地里的稻草人一样,连小鸟都敢在你头上拉屎。

事实上,许多现实的例子都在反复告诉人们:人善被人欺,马善被人骑。老实人其实在社会上并不一定吃香，反而常常成为受打击和迫害的对象，至少会被别人欺骗和利用。

许多老实人认为："人欺天不欺。"自我安慰老天爷终究是不会亏待自己的；还有一些人认为，吃亏就是占便宜，虽然吃小亏，但有可能占到大便宜。这种阿Q式的精神胜利法，会使外人看来你是逆来顺受，天生老实可欺。任何事都怕成定式，一旦造成这种结果，你就会像立在田地里的稻草人一样，连小鸟都敢在你头上拉屎。在这种情况下，老实就真的是无能、沉默确实是懦弱的表现了。如果你心中因此而感到窝囊，就爆发一回勇敢地变成钢铁石头，别再甘心做人见人捏的软柿子，那样，只会被捏得越来越软，最后被人吃掉。

有两个人走到一条河边，河稍宽不能跨过去。一人便把河边石刻的菩萨雕像抛入河中，踩踏而过；另一人见状大惊，急忙下到河中把雕像抱出来，擦拭，扶正，毕恭毕敬，连称罪过。当上天打算降灾难于其中一人，请菩萨裁决时，菩萨却选择了后者。有人大惑不解问菩萨："前者对你不恭，后者对你虔诚，为何如此安排？"菩萨说："其实，我也很怕那个人！"

做人不可不老实，但也不可太老实。有人说过，老实就是窝囊的代名词。这句话是有一定道理的。"神鬼怕恶人"，人如果老实得过分，就会成为别人打击迫害的对象，变成别人欺侮、利用的棋子，永远不会有人生的好运。

要对人"狠"一点

……鹰在鸡群里待久了，便会变得和鸡没有两样，只有让它回到自己的世界里，它才能找回到本真的自己。

中日两国的教育有一个明显的区别之处，就是日本的学校，每年都要组织些野外活动，父母也很支持。但是中国的父母普遍反对孩子探险，一旦发生了意外伤害，则往往把学校告上法庭，许多学校因此而不敢组织孩子参加一些探险活动。于是青少年的生存能力越来越差，从而形成了恶性循环——自我窒息。日本的父母则普遍支持孩子探险，发生意外自己负责，对起诉学校的中国现象不可理解。

他们甚至认为，一旦发生意外，是自己给集体添了麻烦，应当个人负责，严重伤害要靠保险来解决，而不是追究组织者的责任。

日本在教育上的严厉，的确值得我们中国的家长反省。一个让孩子置之死地而后生，一个让孩子置于蜜罐而后苦，或许这两种态度之间的差异，正是两个民族的真正差异，也是两个民族之间的真正较量。

鹰在鸡群里待久了，便会变得和鸡没有两样，只有让它回到自己的世界里，它才能找回到本真的自己。

在生活中，我们很多的爱大多停留在浅表层：只是给予对方需要的。可是人归根到底是要靠自己的。中国有句话：置之死地而后生。有多少人能够为帮助对方"后生"而想办法"置之死地"呢？这是需要非凡的勇气的，要准备背一世的骂名。

比较起来，在管理过程中，"对人好"要比"对人狠"容易得多。

授权但不弃权

……授权但不弃权，就不会过分依赖下属，造成"将能而君难御"反受其乱的局面。

尽管从某种角度说，领导者能够授出的权越多越好，但并不是说将所有权都授出去，而自己挂了空衔最好。授权是指一方面对下属职责范围内的工作不大包大揽，不干涉完成任务的具体方法，不强求按自己的模式去办，不越级下达工作任务；另一方面又要确定好大的原则、方针政策和严格控制授权范围。除特殊情况外，一般不准越权、不准"先斩后奏"，更不准"斩而不奏"。通过这种可控性，把领导与被授权者有机地联系在一起，使授权者能够有效地对被授权者实施指挥、监督和检查。

善用人者不恃人。授权但不弃权，就不会过分依赖下属，造成"将能而君难御"反受其乱的局面；授权但不弃权，既能避免"反客为主"，授权成了丢权，也可以防止"反授权"，让下属牵着鼻子走，使上级成为下级的"下级"。

带兵如带虎

……一个领导者，如果能做到让下属甘心情愿为你赴汤蹈火，那就不只是管理层面上的问题了，那要靠情感、靠领导者领袖的魅力。

在军队管理中，如何处理上下级关系，尤其是官兵关系是老大难问题。因为，军队是武装集团，讲求集中和秩序，强调命令与服从；军队管理是全时段、全方位的，官兵成天生活在一起，而且大都是年轻的小伙子，性情急躁，容易冲动，出现矛盾的概率比较高。

地方单位中管理者与被管理者之间发生矛盾，顶多就是拌拌嘴，吵吵架，大不了后者一走了之，或被"炒了鱿鱼"，很少发展到动手的程度。即使双方真动起了手来，也没什么大不了的，一个警察就可以搞定。可军队却不同，士兵手中常握有武器，一旦矛盾激化，情绪失控，很容易酿成大祸。在这一点上，古今中外的军队概莫能外。三国时期蜀汉有名的大将张飞，就是因为虐待部属，被手下的士兵刺死的。越南战争中美军共阵亡了5600多名军官，其中1013人是被自己的部属打了黑枪，占了近18%。伊拉克战争开战当天，便有士兵往自己人住的帐篷里扔手榴弹。这些都是很有说服力的事例，所以，自古以来一直有"带兵如带虎"之说。

与之形成鲜明对照的是，毛泽东领导下的人民军队在官兵关系方面却处理得非常成功。无论战争年代，还是和平时期，我军的官兵关系和上下级关系都十分融洽。官兵一致是我军团结战斗的根本保证和克敌制胜的力量源泉。正如毛泽东所说，我军"历来依靠官兵一致，获得了光荣的胜利"。

和平环境下成长起来的现代青年,很难想象战火中凝成的情谊是多么深厚。最近热播的电视连续剧《亮剑》中有这样一组镜头:师长李云龙负了重伤,侦察连长带人将他从战场上抬下来送往医院抢救,一路上心急如焚,横冲直撞。到医院后,战士们争着为师长输血。一听说师长伤太重,有可能抢救不过来了,侦察连长拔出枪来就要找医生算账,被闻讯赶来的老政委一脚踹倒,臭骂一通,这才冷静下来。当他转身看到刚为师长输过血的女护士,这个刚才还在撒野的汉子,当着众人的面,"扑通"一声跪下,连磕三个响头,代表全师官兵感谢护士对师长的救命之恩。上下级之间关系处到这个分儿上,部属还有什么不能为首长做的!

作为一名领导者,是希望部属为你挡子弹呢,还是希望有人在背后打黑枪?

不要做暴君

……想要所有人都认可几乎是不可能的,但也不要得罪所有的人,历史上的暴君都没有好下场。

心存"顺我者昌,逆我者亡"思想的领导,在下属眼里是不会有好印象的,"专横跋扈"会成为这类领导的代名词。作为领导,不管是处世,还是待人,都要坚持以理服人的原则,不能胡乱而为。

有"顺我者昌,逆我者亡"思想的领导凡事好搞专权,喜欢把下属们管得严严实实,让他们服服帖帖。在具体事情上,喜欢对下属工作吹毛求疵,甚至过问干涉他们的私事,所有这些都是不明智的。

追求自由是人的天性,没有人喜欢被别人严格控制。一般人都会对这种专制型的做法持逆反心理,把这样的领导认作与暴君无异。如果总是干涉下属们的私事,向他们提出不甚合理的要求,久而久之,他们会对你采取抵制、敌视态度,正所谓"假做真时真亦假"。你的一些公务上的合理的要求与建议也许一并被他们置之不理,或许他们还会在工作中搞些小聪明来"回敬"你,让你防不胜防,最终吃亏的还是你。

过分的固执和专权,必然会引起下属们的反感。长时间的"顺我者昌,逆我者亡",必然会引起你的下属们的报复,到那时候,恐怕你是无法再和你的下属们一起工作了。

重视任何一个挑战者

……你是不是能看见这些新的挑战者,是不是能够尽早地把他们扼杀在摇篮里,或者当他们崛起以后,你至少能够看得懂,挡得住。

当你的企业成为行业的领先者,在业内享有广泛的知名度,被别人羡慕的称为"成功企业"的时候,也就是越来越多的竞争者向你发起挑战的时候了。

20世纪70年代的美国航空产业,美联航、大陆航空等老牌劲旅已经取得了霸主的地位,但是航空管制的解除,给了刚刚建立的西南航空一个发展的机会。这时候,一个很有趣的问题产生了:对于这些刚刚起步的竞争对手,行业领先者首先是看不见这些新的竞争对手,就是我们经常讲的这些企业"不在雷达范围之内"——他自己这么成功,占有市场多少份额,他根本没有看到新的竞争对手的存在。

但是,总有人在默默地想办法,企图从你那边挖去一块奶酪,你最初是"看不见",等到有竞争对手开始成长起来了的时候,这时候的态度往往是"看不起"——西南航空公司有什么了不起的,不就做了一个小的支线直航,德州就让给你玩嘛,可能也玩不出什么花样。在戴尔公司刚刚发展的时候,没有谁瞧得起一个退学的大学本科生在自己家里搞的PC直销业务,IBM、惠普、康柏这些企业,根本不会把小小的戴尔放在眼里。

但是,在你"看不起"他们的时候,这些竞争者在默默地努力,5年、10年,总有一些挑战者会发展起来。这时候,行业领先者从"看不起"变成了"看不懂",他们无法理解,这些快速崛起的企业所采用的商业模式,为什么会被市场接受?20世纪90年代中期,美联航、大陆航空就在苦苦地寻找答案,西南航空为什么能够一下子做得这么大、这么成功?他成功的原因究竟在哪里?

行业领先者先是看不见、看不起、看不懂,感觉到恐惧之后开始想学习、模仿竞争对手的成功模式,但这时却发现——学不会。大陆航空、美联航花了很大的力气去琢磨,去模仿,去学习西南航空,但无论是用这种方法,那种方法,反正学不会。到这时候,企业就开始真正走向了末路,你会发现别人的进攻你根本挡不住,正所谓"兵败如山倒"。

你是不是能看见这些新的挑战者?是不是能够尽早地把他们扼杀在摇篮里?或者当他们崛起以后,你至少能够看得懂,挡得住。

言语要严厉,胸怀要大度

……记住,你的职责是借助于他人的帮助来完成工作。解雇或惩罚雇员或恶化你与雇员之间的关系,是不能完成工作的。

如果员工因拒绝执行你的命令而被你处罚,必然会导致不良后果,可能影响其他雇员,并难以说服受罚的雇员,你较明智的行动应是转而求助另一位愿意执行命令的人。这样,你可以使他"靠边站一下",先回去工作,待他冷静后,你再通过解释性的方法与他私下交换意见。

记住,你的职责是借助于他人的帮助来完成工作。解雇或惩罚雇员或恶化你与雇员之间的关系是不能完成工作的。你讲话要坚决,但要宽宏大度,你是在与他一起工作,而不是与他作对。

如果这些都做了,他依然有反对你的迹象,你就需要让他知道,如果他再不与你合作,你将给予他适当的处分或是解雇。但是,这是最后手段,只有其它办法都无效时才使用。

警惕有能力而又奉承你的人

……有才无德的人是最危险的。

对于那些确有较强能力却也喜好溜须拍马的人,你一定要小心对待,这些人可是巨型"炸弹",弄不好会造成极大的麻烦。

对待这种人,首先你要依据他的实际能力委以相应的职务。起码在他们的眼中,你不能成为不识才的领导者。这不仅影响着他们的工作热情,而且也带动着一批人。但一定要明察秋毫,对于用心险恶的人决不可重用,以免养虎贻患,悔之莫及。

另外,你应当保持清醒的头脑。哪些是实事求是的评价之辞,哪些又是阿谀奉承之辞;在阿谀奉承之中,哪些人是出于真心而稍稍过分地赞美几句,哪些人又是企图通过恭维领导而达到自己的某种目的;哪些奉承之辞中含有可吸取的内容,哪些奉承话都是凭空捏造、子虚乌有等等,诸如此类,绝对不能糊涂。

人才都是逼出来的

……工作越忙碌,员工能力提升越快;工作多而人员少,员工不得不寻找最有效率的工作方法。

其实每个士兵都有成为元帅的可能,关键是看他有没有一个能逼他成才的上级。

有些下属精力充沛,足智多谋,但由于没有压力,因此就会安于现状,不思进取,纵然有好的素质,也在实际工作当中成绩平平,并无起色。

人才都是逼出来的,越多的挑战,越加速逼迫其成为有用人才。

据权威研究显示,工作越忙碌,员工能力提升越快;工作多而人员少,员工不得不寻找最有效率的工作方法。如果任务紧迫，大家就不能再懒懒散散、得过且过，必须设法使速度加快，大家只得加强合作，加快与其他人的配合。

一个领导必须牢记，加大压力，促其忙碌最能出人才，当部下每个人都有事可做时，整个组织就会呈现出一片繁忙且生机勃勃的景象。每个人的精神面貌会大大增加，个人的业务能力也会有所提高，组织的风气会不断改善，其效率自会不断地提高！

但是，利用压力逼出人才时也要注意到两点：

一是要注意加量适度，遵从适量原则。

人不是机器，他的心理和生理的承受能力是有限的，因此，领导不能一味增加工作量，不管部下的死活，否则部下的能力没有得到提升，却有折损部下的危险，这种管理就是不成功的管理了。

二是要注意劳逸结合，要适时为部下提供度假和休息的机会。

部下能从充实的工作中得到快乐和成就感，但为了进一步促使其激发热情，还要对其体力和精神适当投资，适量的休息机会既会提高部下的工作效率和工作热情，又能为领导树立起"仁慈"的形象，这一来又可增进上下的团结，有利于顺利管理。

如果水不够深，就不要养大鱼

……我们要的是忠诚的人才，我们会提供人才发展的平台，但我们绝不做人才的跳板。

在职场中，流行一句话叫"骑驴找马"，也就是求职者对你的工作不是很满意，但又临时没有什么好的选择，就只好先做着，等机会来临，拍屁股走人。

常有一些应届大学生在大学四年级就来公司求职，而一旦被公司录用，他们就常常借故请假，实际上并没有给企业做多少事。其中的很多人只不过是为了取得学分,同时又有薪水可领,加上又可以积累一定的工作经验,毕业后一旦有更好的机会,就会马上跳槽走人。

一些未毕业的大学生应聘时,往往不对老板讲清楚,有的老板也不怀疑,并且把他们当成公司新兵积极培养。但是一旦录用之后,问题也陆续产生:

首先,这些谎称已经毕业的学生所领取的薪水往往并非是实习生的薪水,而如果老板知道他们是在校学生,本来可以大大降低员工成本,而且还可以省去花在他们身上的培训费用。

其次,实习阶段的学生必须常请假回学校,就会出现一些相关事项:比如写实习报告或搞毕业设计或毕业论文,以及一些必要的考试,这样必然对公司的工作进度和业绩有所影响。

第三,雇主也许会忍气吞声,辛辛苦苦训练他们直到毕业,期盼他们可以全心全力为公司打拼,但是,这种美妙算盘往往打错了,一旦他们找到好的工作机会,就会马上跳槽。到头来你才发现,原来自己的公司是他们骑驴找马的那头驴。

尽量不要去选择那些有很多人争的人才,因为他的选择余地越大,对公司的忠诚度就越小,这是人的本性,没有办法克服。如果你的水不够深,就不要去养大鱼,这是我的经验之谈。

明确地下命令

……若能明确威严地下命令,相信一切事情皆能如你所愿。

我们常遇到这样的情景:领导对三位下属说:"去把那个样本拿来。"但是三个人只是相互看了看,并未做任何回应——此时若你还没有明确由谁来做,结局是谁也不会去做。

这就是下命令者犯的错误。你要指明:"小林,拜托你了!"

我们也经常会听到这类的指示："谁来把这份原稿打好？""那个资料，谁帮我拿过来？""谁来帮一下忙？"

领导说的"谁"到底在哪儿呢？下属经常是一头雾水。

如何下一道有魄力的命令，使下属能顺从地依自己的期望来完成所交待的任务，并且不能有犹豫的机会呢？

大声下命令。若你的声音太小，有可能被部属误以为是在说一件不重要的事情。因此，你必须明确地表示：这是上司在对部属下命令。

在众人面前下命令。如此，下属便能拒绝其他任务，或者先完成你交待的任务。

表情严肃，并且威严地下命令。这并不代表逞威风，你必须让部属感受到你的决心和意志：对于这件工作我很认真，拼了命也要完成它。我绝不会原谅那些违抗企业命令，或者浑水摸鱼的家伙。

当断不断，必留后患

……一个优柔寡断、患得患失的领导者没法赢得下属的信任，强硬有力、果断坚定的领导者才能得到下属的信任和尊敬。

历代皇帝都说"得民心者得天下"，可明建文帝朱允炆明明大得人心，依然被叔叔燕王朱棣夺了皇位，这里面重要的原因之一，就是因为他在削藩事件上不能当机立断之故。

明太祖朱元璋建国伊始，鉴于功臣权重而皇族孱弱，故而大举封藩。四十六子除第九子朱杞及幼子朱楠早亡，皆封为藩王，并手握兵权。他一死，藩王对继位者建文帝威胁甚大。

基于情势需要，朱元璋死后不到三个月，建文帝就暗中和亲信黄子澄和刘泰等人研究削藩。

令人不解的是，太祖驾崩，诸王奔丧，这本是一个很好的机会留给建文君臣，可建文帝却明诏诸王不得与丧。燕王走到淮安又折回了北平，后人以此论为可惜。实际上，建文帝本人不是没有考虑到利用诸王来京的机会一举削夺他们的权力，但是，他既准备夺去诸王手中的兵权，又不想丢了皇族亲情和脸面。如果采取这个办法虽然避免了后来的征伐，可又担心会因此"惊动"皇祖的陵寝，感觉对不住九泉之下的朱元璋和朱标父子。建文帝直到后来讨伐燕王时仍下令："勿使朕有杀叔父之名。"建文帝试图通过仁政和说教，来掩盖政治活动中必须采取的血腥的举措，这位年轻的皇帝的东宫生活显然是在一种宽松良好的氛围中度过的，自然不能和北疆征战的燕王的戎马生涯相提并论。

所谓"擒贼先擒王"。按照这样的方针，建文帝削藩应该先找实力最强的朱棣，但建文帝先下手的竟然是朱棣的同母弟弟周王朱橚。这种做法无疑是打草惊蛇，给燕王敲了警钟。

其实，当时的大臣卓敬也给建文帝提出了另外一种解决方案："燕王智虑绝伦，雄才大略，酷类高帝，北平形胜地，士马精强，金、元年由兴。今宜徙封南昌，万一有变，亦易控制。夫将萌而未动者，几也；量时而可为者，势也。势非至刚莫能断，几非至明莫能察。"卓敬论述削藩的核心在于不动干戈的情况下，先以迁徙的办法消祸乱于无形，应该说是相当高明的一招。而这样做理由光明正大，即使燕王一百个理由也不会不同意，更不会拿出祖制靖难的招牌说事。可是，这么一个"天下至计"竟然得不到建文帝的任何响应。这样，建文帝又一次失去解除燕王朱棣威胁的机会。

周王之后，建文帝把矛头对准了其他诸王，先后处置了四位藩王。这段时间里，燕王韬光养晦，暗蓄势力，终于起兵发难。

当代企业管理中，对领导者当机立断的能力要求更高。它体现在各种各样的决策中。对于管理者而言，做出决策的时机极为重要，要把握住不可重来的瞬间机遇。决策正确，但机会错过了，会使决策效果大打折扣。

果断的性格，可以帮你在形势突变的情况下，迅速分析形势，当机立断，不失时机地做出正确决策以适应变化了的情况。当机立断的决策魄力是领导者应该必备的能力。

一个优柔寡断、患得患失的领导者没法赢得下属的信任，强硬有力、果断坚定的领导者才能得到下属的信任和尊敬。领导者必须显得果敢有力,如果你以优柔寡断的形象示人,人们就会在心底怀疑你的能力。

一件事一抓到底

……领导作出一个决策之后,在向下传达过程中都有衰减或偏差。如果你不能一直盯住,很多事你以为已经到位,下面往往是刚开始干。

张瑞敏说过:"在中国企业里,往往是领导作出一个决策之后,在向下传达过程中都有衰减或偏差。如果你不能一直盯住,很多事你以为已经到位,下面往往是刚开始干。我们的做法:一件事从头到尾抓出一个模式来,然后再'克隆'它,成功率非常高,这恐怕也是一种中国特色吧!"

只要有一种对一件事一抓到底、在一段时间内集中做一件事情,把这件事情做完做好的韧劲,才能使效率最高,效果也最好。

让能者上劣者下

……在平静的水面上练不出来好的水手。

现代社会上人际关系,错综复杂。它不仅造成编制膨胀,人才流动困难,形成盘根错节的社会关系网,而且会导致正气下降、邪气上升、是非无标准、亲疏定界限、赏罚失当、群众有怨气、单位有惰性。更为严重的是,在少数单位,它还成了徇私舞弊、权钱交易、裙带关系等腐败现象滋生的温床。对此,我们各级领导决不能掉以轻心,必须引起足够的重视。

大家都知道挪威人爱吃沙丁鱼,但沙丁鱼非常娇贵,极不适应离开大海后的环境。当渔民把刚捕捞上来的沙丁鱼放入鱼槽运回码头后,用不了多久,沙丁鱼就会死去。而死掉的沙丁鱼味道不好,销量也差。倘若抵港时沙丁鱼还存活着，鱼的卖价就要比死鱼高出若干倍。为了能让沙丁鱼卖个好价，渔民想方设法让鱼活着到达港口。后来，渔民想出一个法子，将几条沙丁鱼的天敌——鲇鱼放在鱼槽里。因为，鲇鱼是食肉鱼，放进鱼槽后，鲇鱼便会四处流动寻找小鱼吃。为了躲避天敌的吞食，沙丁鱼自然加速游动。如此一来，沙丁鱼就一条条活蹦乱跳地回到渔港。

这在经济学上被称做"鲇鱼效应"。

其实人也一样，一个公司，如果人员长期固定，就缺乏活力与新鲜感，容易产生惰性。尤其是一些老员工，工作时间长了就容易产生厌倦、懒惰、倚老卖老的情绪，甚至这些老员工的消极情绪还会影响到其他员工的工作激情。这时，作为企业的管理者，就要找些外来的"鲇鱼"加入公司，制造一些紧张气氛，让员工积极起来。利用"鲇鱼效应"加强干部队伍交流，引进竞争机制，使干部队伍真正活起来，打破清一色，造成一个"能者上，劣者下"的生动局面。建立一套科学完善的用人机制，使干部选拔使用更加科学化和法制化，做到有章可循，有法可依，从根本制度上解决干部队伍素质的蜕化问题。

既允许报喜，更鼓励报忧

……作为较高层次的管理者，应努力坚持走群众路线，注意实际和调查研究，既允许下属报喜，更鼓励下属报忧，并大力支持和保护敢讲真话的人。

由于地位的不同，使人容易形成上位心理与下位心理。具有上位心理的人因处在比别人高的层次而有某种优势感，具有下位心理的人因处在比别人低的层次而有某种自卑感。一个有上位心理者的自我感觉能力，等于他的实际能力加上上位助力，而一个有下位心理者的自我感觉能力，等于他的实际能力减去下位减力。我们在实际工作和交往中也常有这样的体验，在一个比自己地位高或威望大的人面前往往会表现失常，事前想好的一切常在手足无措中乱了套，以致出现许多尴尬的场面。可是如果在一个地位能力都不如自己的人面前，每个人都可以应付自如，乃至有超常的发挥。

上下级的对话在表现上是民主平等的，但因上下级双方处在直接或间接的隶属关系之中，各自的权限和地位是不平等的，因而必然形成了习惯性的"心理定势"。上级容易产生上下级地位的归属感，自觉不自觉地表现出居高临下的心理状态，总觉得下级的言论带有片面性、虚伪性，因而很难听进去；下级却容易产生"服从地位"的归属感，相应存在自贱或戒备心理压力，表现出不同程度的不安或恐惧，不敢大胆坦诚地敞开心扉，即使身不由己地发言，也往往是试探性地询问，或是看上级脸色应对，投其所好，顺水推舟。

作为较高层次的管理者，首先，应努力坚持走群众路线，注意实际和调查研究，既允许下属报喜，更鼓励下属报忧，并大力支持和保护敢讲真话的人。其次，应加强自己民主意识的修炼，平易近人，谦虚谨慎，不耻下问。人都有自己的短处，作为一个管理者若能适时地表露一下自己的弱点，不仅不会有失体面，反而更能增加他的威望。最后，要去掉虚荣心，勇于承担责任，使组织内部形成浓厚的批评与自我批评气氛，并且自己率先垂范，以身作则，万不可惟我独尊，总在下属面前摆出"一贯正确"的架势。

赏得太滥就失去了诱惑力

……要给下属点好处，但是要一点点给，绝对不能让他们一次吃饱——因为人都没有满足的时候。

在事业上，一旦你飞黄腾达，面对昔日的同事或者原来的上司，千万别有什么不好意思，脸上平静如常，并且必要时一点也别手软，更不能留情面。因为以新的身份与过去的同事打交道，该不好意思的应该是他们而不是你。同样，对下属的使用和提拔要用技巧，正所谓"小功不赏，则大功不立"，因而要给下属点好处，但是要一点点给，绝对不能让他们一次吃饱。

因为人都没有满足的时候，你的下属也是人，也不会有满足的时候。另外，立点小功就给你部下吃饱了，那么他下次再立功时，你也就不知道再拿什么来奖励他了。

有一个车夫为了使拉车的驴子跑得快些，就将一把鲜嫩的青草拴在前面，恰巧离驴的嘴巴有半尺远。驴子为了得到那把绿茵茵的青草，便拼命地向前跑，可无论怎样用力，那把青草也到不了嘴里。官场上毕竟是粥少僧多，官位就像是一把"青草"，不可能随意授人，再说如果封得太滥，也就不值钱，失去了诱惑力。太平天国后期，为了挽回败局和鼓舞士气，洪秀全先后封了2700多个王。然而数量一多，时间一长，这一招也就不灵了。

不要给对手反咬一口的机会

……心慈手软对政治家、军事家来说，都应该算是致命的弱点。他们面对的是你死我活、你上我下的斗争，对敌人的仁慈就是对自己的残忍。

社会是现实的，竞争是残酷的，对自己的对手心慈手软，下不了手，就是对自己的残忍。

心慈手软对政治家、军事家来说，都应该算是致命的弱点。他们面对的是你死我活、你上我下的斗争，对敌人的仁慈就是对自己的残忍，这个道理是显而易见的。比如楚汉之争，本来是你死我活的事情，项羽在关键时刻，却来个"妇人之仁"，放刘邦一马。放的结果是虎归山、龙入海，结局只能是"霸王别姬"。

对于已经被"赶走"的竞争对手，并不能放任不管，也不能放虎归山，而应该紧紧地尾随其后，稍松一些，不过分紧逼罢了。而不紧逼的目的是为了"疲其气力，消其斗志"，进而减退其势，达到最后消灭的目的。

如果你对已经被"赶走"的竞争对手不能将之彻底打垮，就等于放虎归山，后果将不堪设想，往往等对手喘过气之后还会反咬一口。

每个人都知道"人在矮檐下,不得不低头"的道理,那只是他在失势时的一种不得已,然而他一旦反过身来,就会让你好看。对于品性恶劣而又心怀叵测的下属来说,领导者决不可面慈心软。你看历史上成大事的人,有几个靠温柔取得天下?

要平等,但不要平起平坐

……我们只要弄清楚,一个人所扮演的是什么样的社会角色,就知道该如何去跟他人打交道。

"人与人是平等的",这是人们在谈到人际关系时的一种普遍观念。客观上人与人应该是平等的,然而,当人们扮演着一定社会角色来进行交往时,却并不总是能够平起平坐的。人在社会中扮演的角色不同,就需要树立起不同的社会形象,为了维护这种社会形象,就不可能平起平坐。

试问,在饭店里服务人员能够与客人平起平坐吗?显然不能。在饭店服务人员当中,早就流传着这样的顺口溜:"客人坐着你站着,客人吃着你看着,客人玩着你干看。"不管这种说法带有怎样的情绪色彩,你都不能不承认,它的确反映了一个事实:服务人员不可能与客人平起平坐。

在单位内部,在上级与下级之间呢?从下级服从上级这个意义上来说,他们也是不能平起平坐的。一个上级的"上",一个下级的"下",这两个字,已经把不能平起平坐的意思,说得再清楚不过了。

总之,无论在服务人员与客人的关系中,还是在上级与下级的关系中,如果大家都平起平坐,那就不存在谁为谁服务和谁管谁的问题了,各人的社会形象也就难以区分了。

必须清楚的是,人们由于扮演着特定的社会角色,而不能平起平坐,这和人与人之间是不是平等,是两个不同性质的问题。能不能平起平坐,这是角色与角色之间的问题,而是不是平等,这是人与人之间的问题。

在社会生活的许多场合,我们只要弄清楚,一个人所扮演的是什么样的社会角色，就知道该如何去跟他人打交道。人们扮演着不同的社会角色，就有了不同的权利和义务。因此，人们一旦进入角色，就往往不能平起平坐。

及早拆散小圈子

……小圈子之于整个组织，就如肿瘤之于人体，一旦肿瘤恶性膨胀，就有吞噬整个机体的危险，就会形成癌症，威胁人的生命。

　　小圈子一词中的"小"不是指其能量小，人数少，而是针对它只为少数人谋私利，在组织上排斥大部分人，只注重自己群体的利益，不管全局的利益而言的。有时候，"小"圈子实际上人数众多，其成员大多占据要位，活动能量很大。

　　管理者一旦纵容小圈子的发展，任其势力膨胀而不加干预的话，那它就会变大，或割据一方，搞独立王国，或藐视领导，或公然向最高领导挑战。这种尾大不掉之势一旦形成就很难处理了。有时管理者即使发现了小圈子的存在，由于气候已成，处理时也不免投鼠忌器，难以下手。

　　小圈子之于整个组织，就如肿瘤之于人体，一旦肿瘤恶性膨胀，就有吞噬整个机体的危险，就会形成癌症，威胁人的生命。所以管理者决不能容忍小圈子的存在。

　　具体做法就是要么剔除小圈子中的头目，要么整个小圈子一并拔除。总之，不能坐视不理，要及早发现，及早处理。

重用有情有义的人

……有情才能有义，无情者无义。

　　明英宗时，都指挥使马良深受英宗的赏识。有一年，他的妻子死了，英宗便派人去安慰他，得知他已数日不出门。英宗惊问其故，有知内情的人说："马良正在办喜事，新娶了一个妻子。"于是英宗心想："这家伙对前妻如此无情无义，又怎会忠心于我？"于是，从此疏远马良。事实也是这样，一个连爱妻之心都没有的人又何谈爱人？更无须谈爱国忠君了，这样的人又怎么能重用呢？

人们交友，爱交有情有义之人，用人亦是如此。用有情有义之人，他们会尽职尽责地把工作做好，同时他们为报知遇之恩，也会鞠躬尽瘁。有一大批有情有义的下属，攻城不怕城不破，办事不怕事不成。这些人一旦被领导予以重任，便会脚踏实地地工作，成为领导的得力助手。所以，要想振兴企业，创造辉煌，做领导的一定要重用有情义的人。

树立一个不好惹的形象

……树立一个不好惹的形象，可以确保自己不受欺侮。因为，这一形象在时刻提醒别人，招惹你是要承担后果并付出更大的代价的。

如果你看起来软弱可欺，最终也必然为人所欺。因为一个人表面上的软弱，事实上也助长和纵容了别人侵犯你的欲望。

行世者应该有一点锋芒的，虽然没必要像刺猬那样浑身带刺，至少也要像那些凶猛的动物一样，让人觉得你不好惹才是，这样才能保护自己的利益。特别是对于那些没事找事的恶人，更应如此。树立一个不好惹的形象，可以确保自己不受欺侮。因为，这一形象在时刻提醒别人，招惹你是要承担后果并付出更大的代价的。

因此，通过某些形式、某种物品、某个动作，给小人一种暗示，自己绝对不是好惹的，更不是好欺负的。实际上是告诉小人，一旦被逼急了，羔羊也会变成猛虎的，"兔子急了还会咬人"，更何况人！这里，虽然没有明火执仗的对抗，没有拳脚相见的冲突，但它也是一种较量，是一种力量和意志、人格的显示。

树立一个不好惹、不受气甚至敢玩命的形象是很重要的。有了这一形象，就再也不用担心别人敢平白无故地欺侮和招惹你，你的权利也自然就保住了！

不做和事佬

……在你所属的团队发生内部冲突时，你最好保持中立态度。否则，在这种状况下很容易被拖下水。

许多企业的资深主管，都会提到他们在工作中遇到的同样的一个难题："我一直被员工拉进去做和事佬，要我替他们解决问题。"如果有人建议他们别介入时，他们的反应常常是："如果员工有问题，其实也是我的问题。因此，我会觉得为了让自己的工作更轻松，干脆帮他们把问题解决掉。"没错，从短期来看，或许这么做是对的，但就长期来看可就不是这样了。你一直居中协调，好像冲突三角形的顶点，最后只会让成员互相对立，不再直接沟通，只靠你做媒介。

小心这种微妙的三角关系，通常大家的目的就是要让你同意他们的看法，借以抵制另一方。手腕高明者可以运用得相当巧妙。这种派系间的斗争不断上演，但是如果身为领导者的你一不小心支持了其中的一方，就等于让他们成为赢家。

在你所属的团队发生内部冲突时，你最好保持中立态度。有时候，你该扮演的角色就好像是"公平的证人"一样，是在旁观但不插手的旁观者，但最后却能成功地处理纷争。否则，在这种状况下很容易被拖下水。

这倒不是说你绝不可以提供意见或做决策去影响某个派系。但问题是，你必须知道，当你身为中间人时，就得问问自己这么做的用意何在。如果你觉得有些阴谋正在酝酿，相信自己的直觉，这个讯号绝不会错。相信内心警讯的领导者就不会偏离正轨。

迫使对方先亮出底牌

……沉不住气的人在冷静的人面前最容易失败，因为急躁的心情已经占据了他们的心灵，他们没有时间考虑自己的处境和地位，更不会坐下来认真地思索有效的对策。

一个人想处理掉自己工厂里的一批旧机器，他在心中打定主意，在出售这批机器的时候，一定不能低于50万元。

在谈判的时候，有一个买主针对这台机器的各种问题，滔滔不绝地讲了很多缺点和不足。但是这个工厂的主人一言不发，一直听着那个人口若悬河地讲个不停。到了最后，那位买主再没有说话的力气了，突然说出一句："我看你这批机器，我最多只能给你80万元，再多的话，我们可真是不要了。"

于是，这个工厂主轻易地多赚了30万元。

长时间的沉默会给人造成极大的心理压力。因为人性是排斥黑暗和沉默的，沉默使人感到没有依靠，有的时候真的可以让人为之疯狂，所以人常常会沉不住气。

许多心理战的高手经常利用"沉默"这一策略来击败对手。他们可以制造沉默，也有方法打破沉默，他们往往借此达到目的。

沉默并不是简单地指一味地不说话，而是一种成竹在胸、沉着冷静的姿态，尤其在神态上表现出一种运筹帷幄、决胜千里的自信，以此来逼迫对方沉不住气，先亮出底牌。如果你神态沮丧，像霜打了的茄子一般，只能是自讨苦吃了。沉默只是人们表达力量的一种技巧，而不是本身就具有的优势力量。

"静者心多妙，超然思不群"，沉不住气的人在冷静的人面前最容易失败，因为急躁的心情已经占据了他们的心灵，他们没有时间考虑自己的处境和地位,更不会坐下来认真地思索有效的对策。在最常见的讨价还价中,他们总是不等对方发言,就迫不及待地提出建议价格,最后让别人钻了自己的空子。

以德报怨,应该缓行

……对待侵犯我们的人,要以直报怨,在适当的时机让他知道你的厉害。

什么是"以德报怨"?就是别人对我有怨恨,我不但不报复,还用恩惠来对待他。

唐朝时有一个人叫娄师德,官至宰相。他的弟弟要去代州当官。临行前,娄师德对弟弟说:"我没有多少才能,现位居宰相,如今你又做了州官。得的多了,会引起别人的嫉恨,你该如何对待?"

他的弟弟回答:"假如今后有人往我脸上啐唾沫,我也不说什么,自己擦了就是。"

娄师德说:"这正是我担心的。别人啐你,是对你有怨恨。你把唾沫擦了,这就是抵挡别人发泄怒气。唾沫不擦,自己也会干的,倒不如笑而接受呢。"

娄师德的做法,就是"以德报怨"。

"以德报怨"好不好?也好,也不好。说它好,是因为这种做法可以避免激化矛盾,还可能感化对方,化敌为友。说它不好,是因为有时候对方不但不领情,还认为你软弱可欺,于是变本加厉伤害你。

如果对方明明不对,你还"以德报怨",那就会助长他的气焰,使他在错误的路上越走越远。而你实际上是在纵容、鼓励他的错误,你就有罪过了。

《论语·宪问篇》记载,有人对孔子说:"拿恩惠来回答怨恨,怎么样?"孔子说道:"那拿什么来酬答恩惠呢?应该是以直报怨,就是拿公平正直来回答怨恨；以德报德，就是拿恩惠来酬答恩惠。"原文是："或曰：'以德报怨，何如？'子曰：'何以报德？以直报怨，以德报德。'"

就是当别人做了对不起我们的事，或者对我们有怨恨，我们既不去作相应的报复，你打我一拳，我就踢你一脚；也不委曲隐忍，人家打了我们左脸，我们不但不生气，还把右脸送过去让他打。我们要以正直之道来回应他。

有小人嫉妒我们，怨恨我们，造我们的谣，我们不要"以其人之道还治其人之身"，反造他的谣；也不要吃哑巴亏，一味忍让。我们要在适当的场合，适当的时机，采取适当的方式揭露他，要他赔偿我们的名誉损失。

应该说，"以德报怨"不失为一种处理人际关系的方法。当我们在一些无关原则的问题上与人产生矛盾时，我们"大人不计小人过"，迁就、忍让，用恩惠来回答对方的无理举止，这显出了我们的涵养、度量，也能够使人际关系的矛盾得到缓和。但是，事关原则，我们依然迁就、忍让，就是是非不分了。

转移抱怨者的注意力

……对不满意和充满抱怨的下属，要采取一定的方法进行疏导，转移下属的注意力。这样，就能够避免长期积怨。

领导者在日常管理中，难免会遇到不满意和充满抱怨的下属，此时，正确的做法不应该是压制，强行让下属服从；也不应该是漠视，不管下属有多少怨气，采取听之任之的态度。比较适当的做法是：动动脑筋，采取一定的方法进行疏导，转移下属的注意力。这样，就能够避免长期积怨，而导致在预料不到的时候突然爆发，给工作造成损失，彼此造成伤害。

一家公司的老板今年想少发一点花红，可是却担心员工闹情绪。

于是，他就暗地里放出风声，说公司今年的效益不好，怕发不出工资来,甚至有可能裁员。这下子,人心惶惶,员工非但不再指望发多少年终花红,只担心自己被裁了。

结果,到了年底,老板不但没有裁员,反而说:"亏损由我吃下,员工福利不可少!"并发了原本预定的较少数额的花红。这时,员工无不感激涕零,觉得真幸运,遇上了个体谅下属的好老板。

不施霹雳手段,难显菩萨心肠

……一个对员工滥施"妇人之仁"的领导者,并不是真正的关心和爱护员工,而是在拿企业和员工的前途做代价,维持一时的绥靖。

一般人都喜欢温暖而厌恶寒冷,喜欢凉爽而厌恶炎热。然而如果冬天不冷,夏天不热,那么不仅万物无法生长,人也容易患上各种疾病。领导者如果在执行规章制度的过程中过分仁慈,实际上是在诱导员工违章受罚。以过分宽大开始,往往会以十分严厉结束;追求少用处罚的人,将来必然导致频繁处罚。

佛家有一句话叫:"不施霹雳手段,难显菩萨心肠。"所谓"霹雳手段",就是对存在的违规行为,依法治理,绝不手软;所谓"菩萨心肠",就是在严格管理之中,体现对员工根本利益的尊重和维护,该严则严,该宽则宽,该帮的则一定要帮。只有如此,领导者才能与员工形成根本利益上的一致性,使可能出现的矛盾在这个基础上得到化解。

我们都知道孙武为吴王训练女兵,为正军纪而杀吴王爱姬的故事。如果他心慈手软,对各种违反军中规定的行为不加以惩罚,特别是对皇帝宠姬的犯规行为加以纵容甚至刻意讨好,那么必然会军纪废弛,军心涣散。这样一支军队上了战场,必然会溃不成军,损失惨重,不知有多少士兵要因此而丢掉性命。

这样的话,本来想讨下属喜欢的领导者,反而会落得天怒人怨的下场。

一个对员工滥施"妇人之仁"的领导者，并不是真正的关心和爱护员工，而是在拿企业和员工的前途做代价，维持一时的绥靖。

不要重用告密者

……即使告密型下属能充分博取上司的欢心和信任，若上司是一名精明能干的人，他断不会考虑提拔告密型下属成为自己的接班人。

"告密者"看准了上司需要人在公司内充当他的耳目，把办公室里的小道消息或情报传达给他，让他更了解公司内部人事的实际情况。于是他便选择了这条途径，来取得上司的信任。

这类下属一般的特性是喜欢四处刺探同事之间的秘密，连一句闲言碎语也不放过。因为，这便是他向上司汇报的材料。

他们这样做的最大目的，是要在上司心目中建立起忠心耿耿的形象。说他们甘当上司的鹰犬也不为过。

据说，的确有些主管喜欢有这类下属在机构内充当"探子"，借此知道职员对公司、对自己的态度。他们相信，这种情报对本身更好地管理下属有一定帮助。

即使告密型下属能充分博取上司的欢心和信任，若上司是一名精明能干的人，他断不会考虑提拔告密型下属成为自己的接班人。因为这类告密型下属在办事能力方面肯定不会太突出，所以才走捷径，做探子，博取上司的青睐。

如果主管贸然地把告密型下属升上自己的位置，除了引起公司内职员的反感外，也显示出这名上司的天真无能。试问，一个全公司的职员都提防甚至讨厌的人，怎能当一名令人信服的好主管？

不要让人觉得你是在笼络人心

……把功劳让给下属,不过是小恩小惠,但就是这滴水之恩,却可以令下属以涌泉相报。

当你将功劳让给下属时,切勿要求下属报恩,也不要摆出威风凛凛的架势。因为下属可能会感到自尊心受损,甚至因此闹别扭,采取反抗的行动,如此反而得不偿失。

你应该心甘情愿地把功劳让给属下,并且对其表达感谢之意。换言之,你该换个角度想,由于你身在一个可以使你"施恩"的公司,并且拥有值得你"相让"的下属,你才能尝到满足的滋味,这一切都是值得珍视的。如果你能持有这种心态,相信你所得到的喜悦将是不可限量的。

把功劳让给下属,不过是小恩小惠,但就是这滴水之恩,却可以令下属以涌泉相报。即使仅有一次受惠经验的下属,也必定会将此恩惠牢记在心,在公司出问题时即可发挥作用,而在平时下属也会体谅上司。在如此充满和谐气氛的公司,下属与上司绝不会发生摩擦。

只有权杖在手,你才是国王

……时时刻刻紧握你的权杖,只有它在你的手中,你才是国王。

狮子爱上了一只年轻的母斑马,向她求婚。母斑马不愿意把终身托付给猛兽,又不敢拒绝,就想了一个办法。

于是,母斑马对狮子说:"你是动物王国的英雄,我很愿意嫁给你。但是,我很害怕你的尖牙利爪,如果你能拔掉尖牙、磨平利爪,我将立即与你结婚。"

狮子立刻答应回去拔掉尖牙、磨平利爪。可是如此一来，母斑马就再也不怕狮子了。当狮子再次来到他的心上人跟前时，母斑马居然转过身去，用后腿一下把他踢倒在地。

狮子放弃了自己的权力，以为可以得到梦寐以求的爱情，是一种多么愚蠢的行为！在这个世界上，只有当你牢牢地拥有权力的时候，才可以得到你想得到的东西。

记住，时时刻刻紧握你的权杖，只有它在你的手中，你才是国王。

重视新人的观点

……新人独特的视角，正是久经沙场的老将们所不及的地方，有时候他们所提出的方案可能就是最有效的。

元朝画家何澄，根据刘义庆《世说新语》中记载的故事绘制了一幅《陶母剪发图》。画的意思是说，晋国有一个叫陶侃的贫困青年，有一天，他的朋友陆逵来拜访他，因为没有钱买酒招待他，陶侃的母亲在仓促之间，便把她的头发剪下来去卖钱换酒。

这幅画被他年仅8岁的孩子看到了，便毫不客气地指出了画中矫情悖理之处：陶侃的母亲手上戴着金手镯，却要剪下头发去换取酒食，这是不合情理的。因为金首饰很值钱，完全可以用它去换酒，何必匆匆忙忙把头发剪了去换酒招待客人呢？

作为一个孩子，他考虑的不是《陶母剪发图》所宣扬的魏晋名士风度，而是根据自己对生活、对人事有限的直观认识，去理解画面的意思，所以他的诘问一针见血、切中问题的要害。

在多数企业中，改善工作流程的方案都是由企业管理者来倡议并讨论，进而实施。有的管理者甚至很看不起员工的新创意，他们总是认为自己经历过的事情太多了，总是在强调一种成熟。其实有时候社会新人独特的视角正是久经沙场的老将们所不及的地方，他们所提出的方案可能就是最有效的。

也许管理者在很多的时候被利益、利润，被太多美好的东西蒙蔽了双眼，使他们看不见问题的症结所在。

没必要征求每个人的意见

……一个人不能同时选择两种不同的价值观，否则，他的行为将陷于混乱；一个团队不能由两个以上的人来指挥，否则这个团队将是一盘散沙。

　　生活中有个很有趣的现象。当你只有一只手表，可以知道是几点，拥有两只或两只以上的手表，却无法确定是几点；两只手表并不能告诉一个人更准确的时间，反而会让看表的人失去对准确时间的信心。同样，为了知道时间，只向一个人询问就行了，没有必要找另一个人来验证。这就是著名的"手表定律"。

　　这就像销售人员在做销售时，我们理解那种群策群力的做法可以使集体成员们感觉到温暖和安慰，然而对于销售人员来讲，那纯粹是在浪费时间。

　　如果能够避免，千万不要对一群人做销售。买主们常会聚集在一起寻求彼此间的保护，但这对销售人员来讲，却太可怕了。我们宁愿多花时间单独约见5个顾客，也不愿节省时间一起接待他们。

　　认定其中的一个是最好的，然后努力去追求。那么你一定会有更大的进步的。

　　对同一个人或同一个组织不能同时采用两种不同的管理方法，不能同时设置两个不同的目标，否则将使这个企业无所适从；一个人不能同时选择两种不同的价值观，否则，他的行为将陷于混乱；一个团队不能由两个以上的人来指挥，否则这个团队将是一盘散沙。

　　同样的道理也适用于你在与人打交道方面，在你做出决策之前，向他们征求意见越少越好。

　　何必费时费力地去征求每个人的意见呢？预备——瞄准——开火！这就

是成功者的哲学。

打脱牙和血吞

……忍受暂时的屈辱，磨练自己的意志，寻找合适的机会，是一个成功者必不可少的心理素质。

在中国历史上，政治斗争极其复杂，有时更是瞬息万变。忍受暂时的屈辱，磨练自己的意志，寻找合适的机会，也就成了一个成功者所必不可少的心理素质。

曾国藩在历史上最令人称奇的原因，既不是他以文人带兵剿灭了声势浩大的太平天国，成了拯救大清命运的"中兴之臣"，也不是他是清朝二百年来权势最大的汉人，而是因为他的成功是在朝廷对汉人的猜忌和不得不用之的矛盾中获得的。一百多年来，人们最津津乐道的是，曾国藩是如何在朝中大员和地方大吏双重挤压的"夹缝"中，"忍辱包羞，屈心抑志"，一步步走向强大的。

曾国藩最初办团练的时候，没有任何人相信他能够成什么大气候，别说湖南官场士绅普遍心存疑虑，就连他的至交好友，也不愿将自己的命运与曾国藩绑在一起。他最好的朋友刘蓉虽然碍于情面而出来帮着曾国藩干了一段时间，可时间不长，还是离开了。即使最初极力怂恿曾国藩出山的郭嵩焘，也不愿意待在他的身边。

咸丰四年闰七月中旬，曾国藩率湘军在多次败仗后，终于打下岳州，并肃清岳州城周边地区，这是湘军自组建以来所取得的最大一次胜利。期间曾国藩分别于七月初三和初九，两次上奏朝廷报捷，而朝廷对他的奖励，仅仅是"赏三品顶戴"。可是曾国藩早在京城时就已是正二品的礼部侍郎，因此，"三品顶戴"的赏赐对他来说，根本算不上什么赏赐，甚至很有点滑稽和羞辱的味道。八月四十七日，曾国藩率湘军一举收复武昌、汉阳两城，取得了空前的胜利。朝廷虽然赏给曾国藩二品顶戴、署理湖北巡抚和赏戴花翎，但马上又收回了署理湖北巡抚。

就是在这样一种常人难忍的情况下，曾国藩不仅自己"打脱牙和血吞"地坚持下来，并且劝说心高气傲、性情暴躁的曾国荃"功名之地，自古难居"。

由此可见，曾国藩的忍功，的确是常人难及。也正是凭借着这种过人之"忍"，曾国藩率军攻安庆、围金陵、剿捻军、办洋务，一路拖着病躯，咬牙坚持，而成为大清的"中兴之臣"。

变无用为大用

……高明的领导善于变无用为大用，把合适的人安排到合适的岗位上去，让每个人都成为一道"风景"。

老子说过："四十辐，共一毂，当其无，有车之用。"这句话是什么意思呢？是说古时候，人们造大木车，车轮的中心支点只是一个小圆孔。从中心点小圆孔的圆弧上有四十根支柱呈放射状向外延伸，我们称之为"辐"，与车轮相接，由此构成车毂，担当起负重载远的任务。这四十根支柱每一根都很重要，也都不重要。因为它们是平均用力，真正起决定作用的是中心的那个小圆孔，可这个小圆孔的中心却空无一物，既不偏向支持任何一根支柱，也不做任何一根支柱的固定方向。因此才能活用不休，使车轮滚滚向前，完成负重载远的任务。

老子还说过："涎埴以为器，当其无，有器之用。"涎，捏土。埴，黏上。黏土烧制成陶器，陶器的中间是空的，正因为是空的，所以才能用它来盛东西，发挥器皿的功用。

同样的道理，建造房屋，必须在墙上开凿门窗，通风换气，屋子的中间必须是空的，才能住人和存放东西，发挥房屋的功用。

所以"有"固然是好东西，"无"同样是个好东西，"无"不是"没有"，说到底，"无"也是"有"，只不过你看不见，摸不着，闻不到。

所以，"无"不是没有，你可以说"无"是"空"，但不能说是"没有"，空的口袋才能装东西，空的房子才能住人，空的管道才能送水，空的宇宙才能容纳日月星辰，肚子空空才能吃下东西。所以千万不要小看了"无"，没有它，这天地万物就成了摆设，没有任何用处。

所以，人生在世千万不要抱怨自己什么都没有，正因为你什么都没有，所以，你才什么都可以拥有。作为一个领导者，千万不要说某某无用，其实每个人都是人才，高明的领导善于变无用为大用，把合适的人安排到合适的岗位上去，让每个人都成为一道"风景"。

官做得越大，越是需要包装

……领导气质是修炼出来的，没有规矩不成方圆，规矩越练越熟，习惯成了自然，气质就出来了。

一个人刚当上领导，往往不像个领导，但是当过一段时间，慢慢就像了。

人的气质总是随着他的处境而变迁。基层的领导，总和群众打交道，口里就多了些街巷俚语，穿的也多是市井流行，偶尔要去见大官，刻意打扮一下，反而显得像刘姥姥进城似的。

慢慢官当大了，见的场面也大了，交往的对象层次也高了，气宇也就越来越轩昂。越大的官越是需要包装，需要注意形象。会晤贵宾时，步子该迈几步，握手该伸成哪种角度，留影该坐在什么位置，头发是往侧梳还是往后梳，都很有讲究。没有规矩不成方圆，规矩越练越熟，习惯成了自然，气质就出来了。

气质不是天生的。再大的官，当有人亲切地称呼他小名的时候，架子都得放下，不知不觉就卸了武装。

气质是修炼出来的，但并不是一个人独自修炼的结果，而是周围的人共同渲染的产物。当你位卑言轻，你只能说话小心谨慎，对人毕恭毕敬，别人看你是个小角色，你自己也无法摆出大架子。而当你终于混出名堂来了，周围的人都低眉顺眼敬请你指示的时候，你的气度自然就不凡了。

慈不掌兵

……管理者要有狠心肠，才能使被罚者有切肤之痛，并让其他人受到警示，避免犯同样的错误。

一个杰出领导者的经验是：一旦采取坚决的措施，就变得冷酷无情。即使当他们不得不解雇某人时，也并不因内疚而变得犹豫不决。一旦认准时机，便要出手利落，坚决果断，毫不容情，决不犹豫不定，反复无常，拖沓累赘。这样做也是在众人面前显示：我的做法是完全正确的，适宜的，我对我的做法毫不后悔，充满信心，这是最好的选择。同时要加强对员工的约束，有强化纪律的书面规范，保证下属受到公平的对待，避免一时冲动给他们不恰当的惩罚。

管理者要有狠心肠，才能使被罚者有切肤之痛，并让其他人受到警示，避免犯同样的错误。面对一个犯错的部属，一旦采取温和的做法，下次别的人犯同样的错误时，也就无法斥责了。渐渐地你的刀口越来越钝，没有了锋芒，最后你会落得谁也不敢批评的境地，无法继续领导部属。领导要站在公司的立场上向员工摊牌，详细说明开除的原因，即使当时员工接受不了，相信你客观公正的态度也不会让任何人有异议。当然，开除员工这样重大的事情一定要慎重，同时还要照顾到大家的情绪。

有大勇者，猝然临之而不惊

……变化之中，要坚守"稳慎"二字。

苏东坡曾总结成大事者的心理素质时说："天下有大勇者，猝然临之而不惊，无故加之而不怒。"就是说，这些人不论在多么困难、危险的情况下，不论遇到多大的打击，都不会惊慌失措，而是能保持冷静，不乱方寸，以平静的心态去应对。

许多人在紧急关头，往往仓促变化，结果反而自暴其短。此时如果保持平静，稳住阵脚，根本不需要什么变化，反而更有利。即使变化，也应站稳脚跟，计议成熟才可付诸实行。一般情况下，变化之中，要坚守"稳"字和"慎"字。稳则不失根本，慎则不轻举妄动。曾国藩无论用兵为政，都把这两个字视为基本原则，一再告诫部下切记不忘。

曾国藩的性格就十分谨慎，这恐怕也是所有大人物的共同特征。因为他们所关心的多是大事，享有大名，握有大权，稍有不慎，其结果就非同小可。所以，越是居高位的人，越容易谨慎。

李鸿章就曾指出曾国藩行事"懦缓"，也就是胆子小。其实说胆小未免过当，因为曾国藩办事常常"生死以之"，已将生死置之度外，为官则"弃官如履"，对权力并非孜孜以求，他又怕什么呢？"懦缓"，说明他心有顾忌，不敢过于放纵，以至于造成恶劣后果。

曾国藩曾说，聪明之人，往往觉得天下事都很容易办，实则恰恰相反。对于一个人来说，自己的聪明才智毕竟是有限的，而天下之大，事变之多，绝非一两个人的才智所能解决。因此儒家传统思想时时提醒人们，要时时有临渊履薄的谨慎，这样才会不至于犯下太大的过错。

左宗棠、李鸿章都属于自负聪明之人，他们的行事风格与曾国藩就不一样。左宗棠为人刚猛狂傲，很少忌讳，他对曾国藩过于谨慎的风格也很看不惯，一度十分鄙视，他行事则大胆率直，办了很多大事。但也正因为这种性格，使他一度还有性命之忧，后来更吃了大亏。李鸿章与之相比更多机智狡诈，因此青云直上，操纵晚清政局20余年，但他耍的聪明多是小聪明，掌权时间虽长，却无重大建树，反而背上了骂名，至今也无法洗清。曾国藩的谨慎，正使他避免了这两个人的毛病。

中庸之人是天下最厉害的角色

……中庸至德的人，阴阳调和，水火既济，柔中带刚，刚而不脆，脆中含韧，韧而有力，是天下最没脾气又最为厉害的角色。

对于理想的性格，我们常听到的赞美词语有这些：勤劳勇敢、刚直不阿、疾恶如仇、严于律己、胸怀宽广、处变不惊、高瞻远瞩等。三国时的刘邵是这样评论的："咸而不碱、质而不缦、文而不缋、能威能怀、能辩能讷，变化无方，以达为节。"翻译成现代文的意思是："像含盐的海水虽咸没有苦涩，虽淡却非索然无味，质地朴素的丝织品并非了无纹饰，而是颜色斐彩又不炫耀过度，这种人望之俨然即之而温，既能辩说无碍，也能缄默不语，变化无穷，唯以通大为标准。"刘邵分析的理想性格，实际上是指要具有中庸之德。

"中庸"二字，给大多数人的感觉是胆小怯懦，唯唯诺诺，是谁都可以欺负他，而他谁也不敢得罪的老好人，这种看法是错误的。真正的中庸是：道德高尚、品行端正、不偏不倚，性情柔和而刚正，如水虽为天下至柔之物，但又有滴水穿石之功，破坏力强大，无坚不摧。德行崇高而厚，如天地一样广远辽阔，又不脱于众人的目光。这样的人，佩天地之德，怀人和之功，是天下纯德纯美的人，可做圣人明君。

中庸至德的人，阴阳调和，水火既济，柔中带刚，刚而不脆，脆中含韧，韧而有力，是天下最没脾气又最为厉害的角色。平时的行为举止无声无息、无形无色，一旦动事，疾如江堤决口，迅若长空奔雷，无往不利，无坚不摧。一旦事成，又静若处子，举若虚空，精精华妙，几不着物。在生活中，能威严，能温和，能强辩，能沉默，能开疆拓土，奋力进取，又能四平八稳，坐守功业。

要么根除，要么安抚

……如果仅仅是轻微的惩戒，被报复的可能性几乎百分之百。

三国时，袁绍谋士许攸截获曹操的情报，建议袁绍夜袭许都，可擒曹操。这本是上上之策，袁绍却怀疑许攸与曹操有旧，为曹之奸细，令其留头待罚。许攸无可奈何之下，投奔曹操，献上奇计，曹操夜袭乌巢，焚烧其粮草辎重，袁军大乱，曹军乘胜追击，大获全胜。官渡之战，乃用人的关键时刻，袁绍对怀疑对象既不安抚，又不根除，采用放逐待惩的办法，实乃逼良为娼，反为其害。

如果想惩罚而不遭报复，应做到：

一是惩罚之前，先造声势，使人们认为他是罪有应得，起码不能使人们同情惩罚对象；

二是查证问题稳、准、狠，定成铁案，永远不能翻烧饼，起码不能让其回头咬人。

对于无心改正错误的人，或怀疑位高权重的人物，要么根除，要么安抚，二者必选其一，如果仅仅是轻微的惩戒，被报复的可能性几乎百分之百。

领导者要稍微掩饰一下锋芒

……领导者的表现如果过于敏锐，这种精明将成为部下充分发挥潜能的障碍。

头脑太聪明、个性太精明的人，通常都是很难应付的人。

作为一名领导者，脑子整天转个不停，不论什么事情都会事先预测好，就会有一种让人松懈不得的感觉。同时，一发现别人的缺点，便会立即指出来，即使没有当场表明，也会让对方觉得："这个人不知道有什么企图！"警戒之心油然而生。这种让人随时心生警戒的人，怎么还有魅力可言呢？所以，如果让这种类型的人物登上领导者的宝座，部下们恐怕都没有好日子可过了。

"一个好汉三个帮"，领导者的主要任务，就是让部下的能力得以充分发挥。

如果领导者的作风太过敏锐、精明，与之接触的人都会受其指责，如此一来，部下当然不会轻易将自己的真正想法告诉领导者，并将自发性的活动压抑下来。领导者虽没有实际采取指责部下缺点的行动，但平常所表现的行为过于敏锐，部下也会自然畏缩，因为他们的内心会认为："我何必自找麻烦，以致被上司挑毛病？"

由此可见，领导者的表现如果过于敏锐，便会成为部下充分发挥所能的障碍。如果领导者能稍微掩饰自己的锋芒，使部下的能力得以充分发挥，才是一位魅力十足的成功领导者。

保持距离，适度冷漠

……当你的威严渐渐失去时，也是你纵容下属的开始。

美国有军官、士官和士兵这三个等级的俱乐部，为什么要将俱乐部分为三个级别呢？再比如：日本公司在有类似活动时，也分为三个层级，部长级的活动由总经理、副部长代开，经理级的由主任、科长代开，业务员活动由业务代表代开。原因是什么？

东西方公司都有一点共识，就是作为公司的领导者，必须要有个领导的样子。你不可以整天和下属称兄道弟地打成一片，不可以和下属肆无忌惮地开玩笑，不能让自己没有威严。当你的威严渐渐失去时，也是你纵容下属的开始。慢慢你会发现，这将成为你的包袱。要记住：和下属在一起，永远是工作关系。

如果公司要办一个郊游活动，对于员工来说，这是娱乐，他们可以上车就睡觉，只管享受。但对于领导来说，这就是业务，你要时刻关注此行的目的是什么，要花多少钱，大家行程是否妥善，最后的总结会怎么开……

要保持领导者的威严，一定要和下属保持距离，并适度冷漠。这也很像我们中国传统的伦理意识，领导永远是领导，是威严和权力的象征。这可以使你在需要对下属下达任务、批评错误、甚至是裁员的情况发生时，做出客观的评价而不带有个人的感情色彩，并且有助于你更好地在下属中树立起威信。

用人不疑，疑人不用

……作为领导，无故怀疑下属，实乃一大忌。

大家都有过这样的感受，当你的上司怀疑你的人品时，你定会火冒三丈。要找他理论一番，脾气稍微温和者从此会士气大减，更有毒辣者，会暗中使坏。这些都源于一个"疑"字，结果会给你和公司带来了极坏的影响。

因此，身为公司领导，一定要引以为戒。

三国时，刘备有一次被曹操追至当阳长阪，忙乱之间，有人来报说赵云已投奔曹操。刘备当即说："赵云乃忠义之士，知交故友，此患难之际，必会忠贞不贰。"果然不久，赵云救回后主而归，流言不攻自破。

这里体现的就是一种信任下属、团结下属的精神。下属为何要为你鞠躬尽瘁？正是因为你衷心欣赏他的才华，肯定他的努力奉献，把他视为兄弟朋友。作为领导，无故怀疑下属，实乃一大忌。

对下属信任，一来可以展示你广阔的胸襟与忠实的人品，换取下属对你的信任与尊敬，二来可以作为一支兴奋剂，刺激下属竭尽全力，办好事情。因为谁也不愿在别人面前丢面子，显得自己很无能，得到了上司的信任，正是表现自己的绝佳时机，谁也不愿放过。所以，一句信任的话，一个鼓励的眼神都是展示领导魅力、换取下属忠心的有效办法。